PROCÈS-VERBAL

DE

L'ASSEMBLÉE DE NOTABLES

PROCÈS-VERBAL

DE

L'ASSEMBLÉE DE NOTABLES,

Tenue à Verſailles ;

EN L'ANNÉE M. DCCLXXXVII.

A PARIS,

DE L'IMPRIMERIE ROYALE.

M. DCCLXXXVIII.

PROCÈS-VERBAL

DE

L'ASSEMBLÉE DE NOTABLES,

Tenue à Verſailles, en l'année M. DCCLXXXVII.

L'AN de grâce mil ſept cent quatre-vingt-ſix, du règne de LOUIS XVI, Roi de France & de Navarre, le treizième, le vendredi vingt-neuf Décembre, à l'iſſue du Conſeil des Dépêches, SA MAJESTÉ a déclaré que ſon intention étoit de convoquer une Aſſemblée compoſée de perſonnes *de diverſes conditions & des plus qualifiées de ſon État, pour leur communiquer les vues qu'Elle ſe propoſe pour le foulagement de fon peuple, l'ordre de fes finances & la réformation de plufieurs abus.* SA MAJESTÉ avoit fait Elle-même une première Lifte de ces perfonnes, qu'Elle a remife aux Secrétaires d'État chargés du département des provinces, afin qu'ils expédiaffent les Lettres de convocation. Il y a eu quelques changemens peu confidérables dans cette Lifte : pour ne pas la rapporter deux fois, on la donne ici telle qu'elle s'eft trouvée fixée au moment de l'ouverture de l'Affemblée, avec les notes que ces changemens ont rendues néceffaires.

N. B. Il a paru convenable de donner non-feulement le nom de famille des perfonnes compofant l'Affemblée, mais encore leurs noms de baptême & leurs qualités, parce qu'on a reconnu que ces omiffions dans les Procès-verbaux antérieurs rendoient difficile de diftinguer quel étoit précifément chacun de ceux qui avoient été convoqués.

LISTE

DES NOTABLES CONVOQUÉS.

Princes.

Monſeigneur LOUIS-STANISLAS-XAVIER DE FRANCE*, Comte de Provence, MONSIEUR, Préſident.

Monſeigneur CHARLES-PHILIPPE DE FRANCE, Comte d'Artois.

Monſeigneur LOUIS-JOSEPH-PHILIPPE D'ORLÉANS, Duc d'Orléans.

Monſeigneur LOUIS-JOSEPH DE BOURBON, Prince de Condé.

Monſeigneur LOUIS-HENRI-JOSEPH DE BOURBON-CONDÉ, Duc de Bourbon.

Monſeigneur LOUIS-FRANÇOIS-JOSEPH DE BOURBON, Prince de Conti.

Monſeigneur LOUIS-JEAN-MARIE DE BOURBON, Duc de Penthièvre.

Nobleſſe.

Meſſire ALEXANDRE-ANGÉLIQUE DE TALLEYRAND-PÉRIGORD, Archevêque Duc de Reims, premier Pair de France, Légat-né du Saint-Siége & Primat de la Gaule Belgique.

Meſſire CÉSAR-GUILLAUME DE LA LUZERNE, Évêque Duc de Langres, Pair de France.

Meſſire ANNE-CHARLES-SIGISMOND MONTMORENCY-LUXEMBOURG, Duc de Luxembourg, de Piney & de Châtillon-ſur-Loing, Pair, premier Baron, & premier Baron chrétien de France, Maréchal des camps & armées du Roi, Lieutenant général pour Sa Majeſté de la province d'Alſace.

Meſſire ARMAND-JOSEPH DE BÉTHUNE, Duc DE BÉTHUNE-CHAROST, Pair de France, Baron d'Ancenis & des États de Bretagne, Comte de Roucy, Vidame de Laon, Baron de Pierrepont; Maréchal des camps & armées du Roi, Lieutenant général pour Sa Majeſté dans les provinces de Picardie & Boulonois, Gouverneur des ville & citadelle de Calais & du Calaiſis ou pays reconquis, Membre de la Nobleſſe à l'Adminiſtration provinciale du Berry.

Meſſire ANTOINE-ÉLÉONORE-LÉON LE CLERC DE JUIGNÉ, Archevêque de Paris, Duc de Saint-Cloud, Pair de France.

Meſſire FRANÇOIS-HENRI, Duc DE HARCOURT, Pair & Garde de l'Oriflamme de France, Marquis de Beuvron, Grand-bailli de Rouen, Lieutenant général des armées du Roi, Chevalier de ſes Ordres, Gouverneur & ſon Lieutenant général en la province de Normandie & y commandant en chef pour Sa Majeſté, Gouverneur de Monſieur le Dauphin, Surintendant de ſa Maiſon, premier Gentilhomme de ſa Chambre, & Grand-Maître de ſa garde-robe.

Meſſire LOUIS-JULES-BARBOU-MAZARINI-MANCINI, Duc DE NIVERNOIS & Donziois, Pair de France, Chevalier des Ordres du Roi, Grand-d'Eſpagne de la première claſſe, Prince du Saint-Empire, Noble Vénitien, Baron Romain, Gouverneur pour le Roi des provinces de Nivernois & Donziois, ville, bailliage, ancien reſſort & enclave de Saint-Pierre-le-Moutier, Lieutenant général des duchés de Lorraine & de Bar, ci-devant Ambaſſadeur extraordinaire de Sa Majeſté auprès du Saint-Siége & des cours de Pruſſe & d'Angleterre, Brigadier des armées du Roi, l'un des Quarante de l'Académie Françoiſe, & de celle des Inſcriptions & Belles-Lettres.

Meſſire LOUIS-ALEXANDRE, Duc DE LA ROCHEFOUCAULD & de la Rocheguion, Pair de France, Maréchal-de-camp, Honoraire de l'Académie royale des Sciences, de celle de Suède, de la Société royale de Médecine, de celle d'Agriculture, de la Société philoſophique de Philadelphie.

Meſſire JULES-CHARLES-HENRI, Duc DE CLERMONT-TONNERRE, Pair de France, Chevalier des Ordres du Roi, premier Baron, Connétable, Grand-Maître héréditaire du Dauphiné, premier

Commis-né des États de cette province, Lieutenant général des armées du Roi, & son Lieutenant général & Commandant en chef dans ladite province.

Messire LOUIS-GEORGE-ÉRASME DE CONTADES, Maréchal de France, Chevalier des Ordres du Roi, Commandant en chef en Alsace, Gouverneur des ville & château du Fort-Louis du Rhin, & de Beaufort-en-Vallée en Anjou.

Messire VICTOR-FRANÇOIS, Duc DE BROGLIE, Prince du Saint-Empire Romain, Maréchal de France, Chevalier des Ordres du Roi, Gouverneur des ville & citadelle de Metz & de la province des Évêchés, y commandant en chef, ainsi que sur le cours de la Meuse, frontière du Luxembourg & de la Champagne, & ci-devant Général en chef des armées du Roi en Allemagne.

Messire PHILIPPE DE NOAILLES, Maréchal, Duc DE MOUCHY, Grand-d'Espagne de la première classe, Baron des États de Languedoc, Chevalier des Ordres du Roi, Grand-croix de l'Ordre de Malte, Lieutenant général de la basse Guyenne.

Messire AUGUSTIN-JOSEPH DE MAILLY, Comte de Mailly, Maréchal de France, Chevalier des Ordres du Roi, & Grand-croix de l'Ordre de Malte, Gouverneur d'Abbeville, Lieutenant général du Roussillon, & Commandant en chef dans cette province.

Messire JOSEPH-HENRI-BOUCHARD

D'ESPARBÈS DE LUSSAN, Marquis D'AUBETERRE, Maréchal de France, Chevalier des Ordres du Roi, Conſeiller d'État d'Épée.

Meſſire CHARLES-JUST DE BEAUVAU, Maréchal de France, Prince du Saint-Empire Romain, Grand-d'Eſpagne de la première claſſe, Chevalier des Ordres du Roi, Gouverneur & Lieutenant général du pays & comté de Provence, Marſeille, Arles & terres adjacentes, Marquis de Craon, Baron de Lorquin, Saint-George, Gouverneur & Grand-bailli de Lunéville & de Bar-le-Duc, l'un des Quarante de l'Académie Françoiſe, Honoraire de celle des Inſcriptions & Belles-Lettres.

Meſſire NOËL DE VAUX, Maréchal de France, Seigneur & Comte de Vaux, Baron de Roche & des États du Vélay, & de la terre d'Iroüer au duché de Bourgogne, Gouverneur de Thionville, Commandant en chef au comté de Bourgogne, & Grand-croix de l'Ordre royal & militaire de Saint-Louis.

Meſſire JACQUES-PHILIPPE DE CHOISEUL, Comte DE STAINVILLE, Maréchal de France, Chevalier des Ordres du Roi, Gouverneur de Straſbourg, Commandant en chef dans la province de Lorraine & moitié de Champagne.

Meſſire ANNE-EMMANUEL-FERDINAND-FRANÇOIS, Duc DE CROŸ, Prince du Saint-Empire, Grand-d'Eſpagne de la première claſſe,

Maréchal des camps & armées du Roi, Chevalier de ses Ordres.

Messire CASIMIR D'EGMONT-PIGNATELLI, Comte d'Egmont, de Braine, de Berlaimont, de la Cirignole, Duc de Bisache au royaume de Naples, Prince de Gavres & du Saint-Empire Romain, Pair du pays d'Alost & du comté de Hainault, l'un des quatre Seigneurs Haut-justiciers de l'État des châtellenies de Lille, Douai & Orchies, Grand-d'Espagne de la première classe & de la première création, Chevalier de l'Ordre de la Toison d'Or, Lieutenant général des armées du Roi, Gouverneur & Lieutenant général de la province & ville de Saumur, pays Saumurois & haut Anjou.

Messire GABRIEL-MARIE DE TALLEYRAND-PÉRIGORD, Comte de Périgord, Grand-d'Espagne de la première classe, Chevalier des Ordres du Roi, Lieutenant général de ses armées, Gouverneur & Lieutenant général de la province de Picardie & pays reconquis, Commandant en chef dans celle de Languedoc.

Messire CHARLES-HENRI, Comte D'ESTAING, Vice-Amiral de France, Lieutenant général des armées du Roi, Chevalier de ses Ordres, Grand-d'Espagne de la première classe, & Gouverneur général de la province de Touraine.

Messire ANNE-LOUIS-ALEXANDRE DE MONTMORENCY, Prince DE ROBECQ, premier

Baron

Baron chrétien de France, Grand-d'Eſpagne de la première claſſe, Chevalier des Ordres du Roi, Lieutenant général de ſes armées, & Commandant en chef des provinces de Flandre, Hainault & Cambreſis.

Meſſire LOUIS-ANTOINE-AUGUSTE DE ROHAN-CHABOT, Duc de Chabot, Lieutenant général des armées du Roi, Chevalier de ſes Ordres.

Meſſire ADRIEN-LOUIS, Duc DE GUINES, Lieutenant général des armées du Roi, Chevalier de ſes Ordres, Inſpecteur d'Infanterie, Gouverneur de Maubeuge, & ci-devant ſon Miniſtre plénipotentiaire près du roi de Pruſſe, & ſon Ambaſſadeur près du roi d'Angleterre.

Meſſire LOUIS-MARIE-FLORENT, Duc DU CHÂTELET-D'HARAUCOURT, Chevalier des Ordres du Roi, Lieutenant général de ſes armées, Colonel-Lieutenant-Inſpecteur de ſon régiment d'Infanterie, ci-devant Ambaſſadeur de Sa Majeſté auprès des cours de Vienne & de Londres, Gouverneur général de la province du Toulois.

Meſſire ANNE-ALEXANDRE-MARIE-SULPICE-JOSEPH DE MONTMORENCY-LAVAL, Duc de Laval, Maréchal des camps & armées du Roi, & Gouverneur en ſurvivance de la ville de Sedan.

Meſſire HENRI-CHARLES DE THIARD-BISSY, Comte de Thiard, Lieutenant général des armées du Roi, Gouverneur des ville & château de Breſt, & des îles d'Oueſſant, Commandant pour Sa Majeſté dans sa province de Bretagne, & premier Écuyer de Monseigneur le Duc d'Orléans.

Messire PIERRE-LOUIS DE CHASTENET, Comte DE PUYSÉGUR, Lieutenant général des armées du Roi, Commandant en chef dans les provinces de Poitou, Saintonge & Aunis, Grand-croix de l'Ordre royal & militaire de Saint-Louis, & premier Gentilhomme de la Chambre de Monseigneur le Duc de Bourbon.

Messire PHILIPPE-CLAUDE, Comte DE MONTBOISSIER, Lieutenant général des armées du Roi, Chevalier de ses Ordres, Gouverneur de Bellegarde en Roussillon, Commandant en chef dans la haute & basse Auvergne.

Messire HENRI, Baron DE FLACHSLANDEN, Maréchal-de-camp employé pour le service du Roi en Alsace, l'un des Directeurs de la Noblesse immédiate de la basse Alsace.

Messire CLAUDE-ANTOINE-CLÉRIADUS, Marquis DE CHOISEUL-LA-BAUME, Lieutenant général des armées du Roi, & des provinces de Champagne & de Brie, ancien Inspecteur général de Cavalerie & de Dragons, Gouverneur des ville & citadelle de Verdun, Commandant en second en Lorraine.

Messire AIMERY-LOUIS-ROGER, Comte DE ROCHECHOUART, Maréchal des camps & armées du Roi, Gouverneur général de l'Orléanois.

Messire CHARLES-CLAUDE ANDRAULT DE LANGERON, Chevalier, Marquis de Maulévrier, Baron d'Oyé, Lieutenant général des armées du Roi, Chevalier de ses Ordres, Chevalier de l'Ordre royal & militaire de Saint-Louis, Gouverneur des ville & fort de Briançon.

Messire LOUIS-MARIE-ATHANASE DE LOMÉNIE, Comte DE BRIENNE, Lieutenant général des armées du Roi.

Messire FRANÇOIS-CLAUDE-AMOUR, Marquis DE BOUILLÉ, Lieutenant général des armées du Roi, Chevalier de ses Ordres, & son Gouverneur de la ville de Douai.

Messire LOUIS-FRANÇOIS-MARIE-GASTON DE LÉVIS, Seigneur, Marquis DE MIREPOIX, de Leran & autres places, Maréchal héréditaire de la Foi, Brigadier des armées du Roi, Baron des États de Languedoc.

Messire ALEXANDRE-LOUIS-FRANÇOIS, Marquis DE CROIX-D'HEUCHIN, ancien Capitaine de Cavalerie au régiment de Beauvilliers, & Chevalier de l'Ordre royal & militaire de Saint-Louis.

Messire MARIE-PAUL-JOSEPH-ROCH-YVES-GILBERT DU MOTIER, Marquis DE LA FAYETTE, Maréchal des camps & armées du Roi, ancien Major général dans l'armée des États-Unis de l'Amérique septentrionale.

Messire PHILIPPE-ANTOINE-GABRIEL-VICTOR

DE LA TOUR-DU-PIN-DE-LA-CHARCE-DE-GOUVERNET, Lieutenant général des armées du Roi, Lieutenant général du duché de Bourgogne au comté de Charolois, Commandant en chef pour le ſervice du Roi dans les provinces de Bourgogne, Breſſe, Bugey, Valromey, pays de Gex & principauté de Dombes.

N. B. LE ROI avoit d'abord nommé Monſieur le Comte DE MONTMORIN; mais dans l'intervalle qui s'eſt écoulé entre la convocation des Notables & l'ouverture de l'Aſſemblée, Sa Majeſté l'ayant choiſi pour remplacer Monſieur le Comte DE VERGENNES, en qualité de Miniſtre & Secrétaire d'État au département des Affaires étrangères, lui a ſubſtitué Monſieur le Marquis DE GOUVERNET.

Conſeil du Roi.

Meſſire LOUIS-JEAN BERTIER DE SAUVIGNY, Chevalier, Conſeiller d'État & au Conſeil des Dépêches, Doyen du Conſeil.

Meſſire CHARLES-ROBERT BOUTIN, Chevalier, Conſeiller d'État ordinaire, & au Conſeil royal des Finances.

Meſſire MICHEL BOUVARD DE FOURQUEUX, Chevalier, Conſeiller d'État ordinaire au Conſeil des Dépêches, & au Conſeil royal du Commerce.

Meſſire JEAN-CHARLES-PIERRE LENOIR, Chevalier, Conſeiller d'État otdinaire, & au Conſeil royal des Finances, Bibliothécaire du Roi.

Meſſire JEAN-JACQUES DE VIDAUD, Chevalier, Marquis de Velleron, Conſeiller d'État ordinaire &

au Confeil privé, Directeur général de la Librairie & Imprimerie de France, Docteur d'honneur de la Faculté de Droit.

Meffire CLAUDE-GUILLAUME LAMBERT, Chevalier, Baron de Chémerolles, Confeiller d'État, Confeiller du Roi honoraire en fa Cour de Parlement de Paris, & Grand'Chambre d'icelle.

Meffire GUILLAUME-JOSEPH-DUPLEIX DE BACQUENCOURT, Chevalier, Seigneur de Bacquencourt, Confeiller d'État, Maître des Requêtes honoraire de l'Hôtel du Roi, & Confeiller honoraire au Grand-Confeil.

Meffire ANTOINE DE CHAUMONT DE LA GALAISIERE, Chevalier, Confeiller d'État, Intendant d'Alface.

Meffire CHARLES-FRANÇOIS-HYACINTHE ESMANGART, Chevalier, Confeiller du Roi en tous fes Confeils, Maître des Requêtes honoraire de fon Hôtel, Intendant de juftice, police & finances, en Flandre & Artois.

Meffire LOUIS-BÉNIGNE-FRANÇOIS BERTIER, Chevalier, Confeiller du Roi en tous fes Confeils, Maître des Requêtes ordinaire de fon Hôtel, Intendant de juftice, police & finances de la généralité de Paris, & Surintendant de la Maifon de la Reine.

Meffire FRANÇOIS-CLAUDE-MICHEL-BENOÎT LE CAMUS, Chevalier, Seigneur châtelain & Patron DE NÉVILLE, Confeiller du Roi en tous fes

Conſeils, Maître des Requêtes ordinaire de ſon Hôtel, ancien Conſeiller au Grand-Conſeil du Roi, Conſeiller honoraire à la Cour des Aides de Paris, Intendant de juſtice, police & finances de la généralité de Guyenne.

Meſſire PIERRE-CHARLES-LAURENT DE VILLEDEUIL, Chevalier, Conſeiller du Roi en tous ſes Conſeils, Maître des Requêtes ordinaire de ſon Hôtel, Secrétaire des commandemens de Monſeigneur Comte d'Artois, Intendant de juſtice, police & finances de la généralité de Rouen.

Clergé.

Meſſire ARTHUR-RICHARD DILLON, Conſeiller du Roi en tous ſes Conſeils, Archevêque & Primat de Narbonne, Préſident-né des États généraux de la province de Languedoc, Commandeur de l'Ordre du Saint-Eſprit.

Meſſire ÉTIENNE-CHARLES DE LOMÉNIE DE BRIENNE, Conſeiller du Roi en tous ſes Conſeils, Archevêque de Toulouſe, Commandeur de l'Ordre du Saint-Eſprit, & l'un des Quarante de l'Académie Françoiſe.

Meſſire JEAN-DE-DIEU RAIMOND DE BOISGELIN, Conſeiller du Roi en tous ſes Conſeils, Archevêque d'Aix, premier Procureur-né & Préſident des trois Ordres des Etats du pays & comté de Provence, & l'un des Quarante de l'Académie Françoiſe.

Meſſire JEAN-MARIE DULAU, Conſeiller du Roi en tous ſes Conſeils, Archevêque d'Arles, Primat & Prince.

Meſſire JÉRÔME-MARIE CHAMPION DE CICÉ, Conſeiller du Roi en tous ſes Conſeils, Archevêque de Bordeaux, Primat d'Aquitaine.

Meſſire MARIE-JOSEPH DE GALARD DE TERRAUBE, Conſeiller du Roi en tous ſes Conſeils, Évêque & Seigneur du Puy, Comte de Vélay & de Brioude.

Meſſire ALEXANDRE-AMÉDÉE-ADON-ANNE-FRANÇOIS-LOUIS DE LAUZIERES-THÉMINES Conſeiller du Roi en tous ſes Conſeils, Évêque de Blois.

Meſſire SEIGNELAI-COLBERT DE CASTLE-HILL, Conſeiller du Roi en tous ſes Conſeils, Évêque & Comte de Rhodez.

Meſſire PIERRE DE SÉGUIRAN, Conſeiller du Roi en tous ſes Conſeils, Évêque de Nevers.

Meſſire FRANÇOIS DE FONTANGES, Conſeiller du Roi en tous ſes Conſeils, Évêque de Nanci, Primat de Lorraine.

Meſſire LOUIS-FRANÇOIS DE BAUSSET, Conſeiller du Roi en tous ſes Conſeils, Évêque d'Alais.

Parlemens.

Meſſire ÉTIENNE-FRANÇOIS D'ALIGRE, Chevalier, Marquis d'Aligre & de la Galaiſiere,

Conſeiller du Roi en tous ſes Conſeils, Premier Préſident du Parlement de Paris, & Commandeur des Ordres du Roi.

Meſſire LOUIS-FRANÇOIS-DE-PAULE LE FÉVRE D'ORMESSON DE NOYSEAU, Chevalier, Conſeiller du Roi en tous ſes Conſeils, Préſident de ſa cour de Parlement de Paris, Honoraire de l'Académie royale des Inſcriptions & Belles-Lettres.

Meſſire JEAN-BAPTISTE-GASPARD BOCHART, Chevalier, Seigneur DE SARON, Conſeiller du Roi en tous ſes Conſeils, Préſident de ſa cour de Parlement de Paris, Honoraire de l'Académie des Sciences.

Meſſire CHRÉTIEN-FRANÇOIS DE LAMOIGNON, Chevalier, Conſeiller du Roi en tous ſes Conſeils, Préſident de ſa cour de Parlement de Paris.

Meſſire JEAN-JOSEPH-DOMINIQUE DE SÉNAUX, Chevalier, Baron de Montbrun, Conſeiller du Roi en tous ſes Conſeils, rempliſſant les fonctions de Premier Préſident au Parlement de Toulouſe.

Meſſire ANDRÉ-JACQUES-HYACINTHE LE BERTHON, Chevalier, Conſeiller du Roi en tous ſes Conſeils, Premier Préſident du Parlement de Bordeaux.

Meſſire AMABLE-PIERRE-ALBERT DE BÉRULLE, Chevalier, Marquis de Bérulle, Conſeiller du Roi en tous ſes Conſeils, Premier Préſident du Parlement de de Grenoble, & Commandant né pour le Roi, en la province du Dauphiné.

N. B. La queſtion élevée depuis long-temps pour la préſéance entre les Parlemens de Bordeaux & de Grenoble, n'étant pas décidée, ils ont été placés alternativement l'un devant l'autre aux ſéances générales de l'Aſſemblée, celui de Bordeaux commençant.

Meſſire BÉNIGNE LE GOUZ DE SAINT-SEINE, Chevalier, Conſeiller du Roi en tous ſes Conſeils, Premier Préſident du Parlement de Dijon.

Meſſire LOUIS-FRANÇOIS-ÉLIE CAMUS DE PONTCARRÉ, Chevalier, Conſeiller du Roi en tous ſes Conſeils, Premier Préſident du Parlement de Rouen, & Préſident honoraire au Parlement de Paris.

Meſſire CHARLES-JEAN-BAPTISTE DES GALLOIS DE LA TOUR, Chevalier, Conſeiller du Roi en tous ſes Conſeils, Premier Préſident du Parlement, & Intendant de Provence, Inſpecteur du Commerce du Levant.

Meſſire CHARLES-MARIE-FRANÇOIS-JEAN-CÉLESTIN DU MERDY, Chevalier, Seigneur, Marquis DE CATUÉLAN, Conſeiller du Roi en tous ſes Conſeils, Premier Préſident du Parlement de Bretagne.

Meſſire JEAN-BAPTISTE-FRANÇOIS DE GILLET, Chevalier, Marquis DE LA CAZE, Conſeiller du Roi en tous ſes Conſeils, & Premier Préſident du Parlement de Pau.

Meſſire LOUIS-CLAUDE-FRANÇOIS HOCQUART,

Chevalier, Conſeiller du Roi en tous ſes Conſeils, Premier Préſident du Parlement, Chambre des Comptes, Cour des Aides & Finances de Metz.

Meſſire CLAUDE-IRENÉE-MARIE-NICOLAS PERRENEY DE GROSBOIS, Chevalier, Conſeiller du Roi en tous ſes Conſeils, Premier Préſident du Parlement de Franche-Comté, Conſeiller honoraire au Parlement de Paris.

Meſſire GASPARD-FÉLIX-JACQUES DE POLLINCHOVE, Chevalier, Conſeiller du Roi en tous ſes Conſeils, Premier Préſident du Parlement de Flandre, & Garde des Sceaux de la Chancellerie établie près ladite Cour.

Meſſire MICHEL-JOSEPH DE CŒURDEROI, Chevalier, Conſeiller du Roi en tous ſes Conſeils, Premier Préſident du Parlement de Nanci.

Meſſire FRANÇOIS-NICOLAS, Baron DE SPON, Chevalier, Conſeiller du Roi en tous ſes Conſeils, Premier Préſident de ſon Conſeil ſouverain d'Alſace, l'un des Membres du Directoire de la Nobleſſe immédiate de la baſſe Alſace.

Meſſire AMABLE-GABRIEL-LOUIS-FRANÇOIS DE MAURÈS, Comte DE MALARTIC, Chevalier, Conſeiller du Roi en tous ſes Conſeils, Premier Préſident du Conſeil ſouverain du Rouſſillon, & Premier Préſident honoraire de la Cour des Aides de Montauban.

Meſſire GUILLAUME-FRANÇOIS-LOUIS JOLY

DE FLEURY, Chevalier, Conſeiller du Roi en ſes Conſeils, & ſon Procureur général au Parlement de Paris.

Meſſire JEAN-LOUIS-AUGUSTIN-EMMANUEL DE CAMBON, Chevalier, Baron de la Baſtide, Conſeiller du Roi en ſes Conſeils, & ſon Procureur général au Parlement de Toulouſe.

Meſſire PIERRE-JULES DUDON, Chevalier, Baron de Boynet, Conſeiller du Roi en ſes Conſeils, & ſon Procureur général au Parlement de Bordeaux.

Meſſire JEAN-BAPTISTE DE REYNAUD, Chevalier, Conſeiller du Roi en ſes Conſeils, & ſon Procureur général en ſurvivance, avec exercice des fonctions, au Parlement de Grenoble.

N. B. Voyez la note de la *page 17*, qu'il a paru inutile de répéter ici.

Meſſire BERNARD-ÉTIENNE PÉRARD, Chevalier, Conſeiller du Roi en ſes Conſeils, Procureur général de Sa Majeſté, & Conſeiller honoraire au Parlement de Dijon.

Meſſire JEAN-PIERRE-PROSPER GODART BELBEUF, Chevalier, Marquis de Belbeuf, Conſeiller du Roi en ſes Conſeils, ſon Procureur général au Parlement de Rouen.

Meſſire JEAN-FRANÇOIS-ANDRÉ LE BLANC DE CASTILLON, Chevalier, Conſeiller du Roi en ſes Conſeils, & ſon Procureur général au Parlement de Provence.

Messire ANNE-JACQUES-RAOUL, Marquis DE CARADEUC, Chevalier, Seigneur dudit lieu, Chevalier de l'Ordre de Malte, Conseiller du Roi en ses Conseils, & son Procureur général au Parlement de Bretagne.

Messire PIERRE DE BORDENAVE, Chevalier, Conseiller du Roi en ses Conseils, & son Procureur général au Parlement de Pau.

Messire PIERRE-PHILIPPE-CLÉMENT LANÇON, Chevalier, Conseiller du Roi en ses Conseils, & son Procureur général au Parlement, Chambre des Comptes, Cour des Aides & Finances de Metz.

Messire CLAUDE-THÉOPHILE-JOSEPH DOROZ, Chevalier, Conseiller du Roi en ses Conseils, & son Procureur général au Parlement de Franche-Comté.

Messire ALBERT-MARIE-AUGUSTE BRUNEAU, Chevalier, Seigneur de Beaumez, Conseiller du Roi en ses Conseils, & son Procureur général au Parlement de Flandre.

Messire PASCAL-JOSEPH DE MARCOL, Chevalier, Conseiller du Roi en ses Conseils, & son Procureur général au Parlement de Nanci.

Messire ARMAND-GASTON-FRANÇOIS-XAVIER LOYSON, Chevalier, Conseiller du Roi en ses Conseils, premier Avocat général au Conseil souverain d'Alsace.

Messire FRANÇOIS-MICHEL-BONAVENTURE-GILLES-JOSEPH DE VILAR, Chevalier, Conseiller du Roi en ses Conseils, & son Procureur général au Conseil souverain du Roussillon.

Chambre des Comptes.

Messire AIMARD-CHARLES-MARIE DE NICOLAÏ, Chevalier, Conseiller du Roi en tous ses Conseils d'État & Privé, & Premier Président de la Chambre des Comptes de Paris.

Messire FRANÇOIS DE MONTHOLON, Chevalier, Conseiller du Roi en ses Conseils, & son Procureur général de la Chambre des Comptes de Paris.

Cour des Aides.

Messire CHARLES-LOUIS-FRANÇOIS-DE-PAULE BARENTIN, Chevalier, Conseiller du Roi en son Conseil d'État, Premier Président de la Cour des Aides de Paris.

Messire ANTOINE-LOUIS-HYACINTHE HOCQUART, Chevalier, Conseiller du Roi en ses Conseils, & Procureur général de Sa Majesté en sa Cour des Aides de Paris.

Députés des Pays d'États.

Messire ANNE-LOUIS-HENRI DE LA FARE, Docteur de la Faculté de Théologie de Paris, de la Maison & Société royale de Navarre, Vicaire général du diocèse de Dijon, Abbé Commandataire de l'Abbaye royale de Licques, Doyen de la

Sainte-Chapelle du Roi à Dijon, & en cette qualité Élu général du Clergé des États de Bourgogne.

Messire HENRI-GEORGE-CÉSAR, Comte DE CHASTELLUX, Changy, Roussillon, premier Chanoine héréditaire de l'église cathédrale d'Auxerre, Chevalier d'honneur de Madame Victoire, Brigadier des armées du Roi, Mestre-de-camp-commandant du régiment d'infanterie de Beaujolois, Élu général de la Noblesse des États de Bourgogne.

Monsieur FRANÇOIS NOIROT, Maire de la ville de Chalons-sur-Saône, Élu général du Tiers-état des États de Bourgogne.

Messire FRANÇOIS DE PIERRE DE BERNIS, Conseiller du Roi en tous ses Conseils, Archevêque de Damas, Co-adjuteur de l'archevêché d'Alby, & Député pour l'Ordre du Clergé des États de la province de Languedoc.

Messire PIERRE, Marquis D'HAUTPOUL SEYRÉ, Seigneur de la baronnie d'Hautpoul, Baron des États du Languedoc, & Député pour l'Ordre de la Noblesse des États de cette même province.

Monsieur FRANÇOIS CHEVALIER DUSUC DE SAINTAFFRIQUE, Seigneur dudit lieu, ancien Brigadier des Gardes-du-corps du Roi, compagnie Écossoise, & Député pour le Tiers-état des États de la province de Languedoc.

Messire URBAIN-RENÉ DE HERCÉ, Conseiller du Roi en tous ses Conseils, Évêque & Comte de

Dol, Député pour l'Ordre du Clergé des États de la province de Bretagne.

Meſſire MATHURIN-JEAN LE PROVOST, Chevalier DE LA VOLTAIS, Député pour l'Ordre de la Nobleſſe des États de la province de Bretagne.

Monſieur YVES-VINCENT FABLET, Écuyer, ſieur DE LA MOTTE-FABLET, Conſeiller du Roi au Préſidial, Maire & Lieutenant général de Police de la ville de Rennes, & Député pour l'Ordre du Tiers-état des États de la province de Bretagne.

Meſſire RAYMOND DE FABRY, Licencié en Théologie de la Faculté de Paris, Vicaire général du diocèſe de Saint-Omer, & Député des États d'Artois à la Cour, pour l'Ordre du Clergé.

Meſſire LOUIS-MARIE, Marquis D'ESTOURMEL, Baron de Cappy, Maréchal des camps & armées du Roi, Chevalier de l'Ordre royal & militaire de Saint Louis, Député des États d'Artois à la Cour, pour l'Ordre de la Nobleſſe.

Monſieur PIERRE-PHILIPPE DUQUESNOY, Écuyer, Seigneur d'Eſcomont, Avocat en Parlement, ancien Échevin de la ville d'Arras, & Député des États d'Artois à la Cour, pour l'Ordre du Tiers-état.

Lieutenant Civil.

Meſſire DENYS-FRANÇOIS ANGRAN D'ALLERAY, Chevalier, Comte DES MAILLIS, Conſeiller du Roi en ſes Conſeils, Honoraire en ſa Cour de Parlement, ancien Procureur général de Sa Majeſté en ſon Grand-Conſeil, Lieutenant civil en la Prévôté & Vicomté de Paris, & Conſeiller d'État.

Chefs Municipaux des villes.

Meſſire LOUIS LE PELETIER, Chevalier, Seigneur DE MORTEFONTAINE, Conſeiller d'État, Prévôt des Marchands de la ville de Paris.

Monſieur FRANÇOIS-PIERRE GOBLET, Écuyer, Conſeiller du Roi en ſon Hôtel-de-ville de Paris, premier Échevin, & Avocat du Roi au Grenier à ſel de ladite ville.

Meſſire LOUIS TOLOZAN DE MONTFORT, Chevalier, Prévôt des Marchands Commandant de la ville de Lyon.

Monſieur JEAN-PIERRE D'ISNARD, Maire de la ville de Marſeille.

Meſſire ANDRÉ-BERNARD DUHAMEL, Vicomte de Caſtel, Lieutenant de Maire de la ville de Bordeaux.

Meſſire JEAN-BAPTISTE-LOUIS DUPERRÉ DUVENEUR, Chevalier, Seigneur Duveneur, Conſeiller du Roi, Maître ordinaire en ſa Cour des Comptes, Aides & Finances de Normandie, Maire de la ville de Rouen.

Meſſire PHILIPPE, Marquis DE BONFONTAN, Chevalier, Baron d'Andouſielle, premier Capitoul Gentilhomme de la ville de Toulouſe.

Meſſire

Messire CONRAD-ALEXANDRE GÉRARD, Chevalier, Conseiller du Roi en son Conseil d'État privé, Direction & Finances, ci-devant Ministre plénipotentiaire de Sa Majesté près les États-Unis de l'Amérique septentrionale, Préteur royal de la ville de Strasbourg, Chevalier de Cincinnatus & de l'Ordre de Saint-Hubert de Bar, Membre de la Société philosophique de Philadelphie.

Monsieur LOUIS-JEAN-BAPTISTE-JOSEPH HUVINO, Écuyer, Seigneur de BOURGHELLES, Mayeur de la ville de Lille.

N. B. Il avoit d'abord été adressé une lettre de convocation à Monsieur DENYS DU PÉAGE, Reward de Lille; mais sur la réclamation du Mayeur de la même ville, en qualité de premier Officier municipal, le Roi a convoqué celui-ci par une nouvelle lettre.

Monsieur PIERRE-GUILLAUME-HENRI GIRAUD DUPLESSIX, Conseiller, Avocat du Roi au Présidial, & Procureur du Roi Syndic de la ville & communauté de Nantes.

N. B. Monsieur GUÉRIN DE BAUMONT, Maire de Nantes, qui avoit reçu une première lettre de convocation, étant décédé avant l'ouverture de l'Assemblée, Sa Majesté en a adressé une nouvelle au Procureur du Roi Syndic de ladite ville.

Messire PIERRE MAUJEAN, Chevalier, Seigneur de Labry, Maître-Échevin, Chef de Police, & Président des trois Ordres de la ville de Metz.

Messire CHARLES-FRANÇOIS DE MANÉZY, Chevalier, Maire royal de la ville de Nanci.

Noble BERNARDIN-DANIEL DEYDÉ, Chevalier de l'Ordre royal & militaire de Saint-Louis, Maire & Viguier de la ville de Montpellier.

Messire ALEXANDRE-DENYS-JOSEPH DE PUJOL, Chevalier, né Baron de la Grave, Conseiller du Roi, Commissaire principal des Guerres en Hainault, Chevalier de l'Ordre royal & militaire de Saint-Louis, Prévôt, Chef de la ville & du Magistrat de Valenciennes.

Messire FRANÇOIS-JOSEPH SOUYN, Chevalier de l'Ordre royal & militaire de Saint-Louis, Maréchal des camps & armées du Roi, Maire de la ville de Reims, sous la dénomination de Lieutenant des habitans de la ville de Reims, & Gouverneur particulier de ladite ville.

Messire ANTOINE-FRANÇOIS LE CARON, Chevalier, Seigneur de CHOCQUEUSE, Maire de la ville d'Amiens.

Monsieur CLAUDE HUEZ, Doyen des Conseillers au Bailliage & Siége Présidial, & Maire de la ville de Troyes.

Messire JACQUES-ALEXANDRE LE FORESTIER, Comte DE VENDEUVRE, Chevalier, Seigneur & Patron de Vendeuvre, Maire de la ville de Caen, & Membre de l'Académie des Belles-Lettres de ladite ville.

Monsieur FRANÇOIS-ANSELME CRIGNON DE BONVALET, Écuyer, Maire de la ville d'Orléans.

Monsieur PIERRE-JEAN-BAPTISTE-CLÉMENT DE BEAUVOIR, Écuyer, Conseiller au Présidial de la ville de Bourges, & Maire de ladite ville.

Monsieur ÉTIENNE-JACQUES-CHRISTOPHE BENOIT DE LA GRANDIÈRE, Écuyer, Conseiller au Bailliage & Siége Présidial de Tours, & Maire de la même ville.

Monsieur GUILLAUME-GRÉGOIRE DE ROULHAC, Écuyer, Conseiller du Roi, Lieutenant général en la Sénéchaussée & Siége Présidial de Limoges, Maire de la même ville.

Monsieur PHILIPPE DUVAL DE LA MOTHE, Écuyer, Chevalier de l'Ordre royal & militaire de Saint Louis, ancien Capitaine du régiment ci-devant de Belsunce, à présent Maire de la ville de Montauban en Quercy.

Monsieur LOUIS-ANNE REBOUL, Écuyer, Seigneur de Villars, ancien Lieutenant général de la Sénéchaussée & Siége Présidial de Clermont, ancien Président du Conseil supérieur, & Maire actuel de la même ville.

Messire JOSEPH VERDIER, Chevalier, Conseiller du Roi, Greffier en chef du Bureau des Finances de la généralité d'Auch, Maire de la ville de Bayonne.

N. B. Le Roi avoit nommé Monsieur DE PARVILÈ, Maire de Châlons en Champagne, qui a supplié Sa Majesté de vouloir bien l'en dispenser à cause de son âge & de ses infirmités : ce qui lui a été accordé.

LE ROI a résolu que l'Assemblée seroit présidée, en son absence, par MONSIEUR, Frère de SA MAJESTÉ; mais il n'a été expédié aucun brevet ni lettre à cette occasion.

Outre les personnes comprises dans la Liste ci-dessus, le Roi ayant décidé que les quatre Secrétaires d'État & le Contrôleur général de ses Finances assisteroient à ladite Assemblée, il a été jugé nécessaire, pour la plus grande exactitude du présent Procès-verbal, de donner ici leurs noms & qualités, comme il suit :

Messire CHARLES-EUGÈNE DE LA CROIX, Marquis DE CASTRIES, Maréchal de France, Chevalier des Ordres du Roi, Baron des États de Languedoc, Gouverneur des ville & citadelle de Montpellier & port de Cette, Capitaine-lieutenant des Gendarmes Écossois, Commandant général & Inspecteur du corps de la Gendarmerie, Ministre & Secrétaire d'État ayant le département de la Marine.

Messire PHILIPPE-HENRI, Marquis DE SÉGUR, Maréchal de France, Chevalier des Ordres du Roi, Gouverneur général, & Grand-Sénéchal des pays de Foix, Donnezan & Andore, Gouverneur particulier du château de Foix, Lieutenant général en Champagne & Brie, Ministre & Secrétaire d'État ayant le département de la Guerre.

Messire LOUIS-AUGUSTE LE TONNELLIER, Baron DE BRETEÜIL, Chevalier des Ordres du Roi, Maréchal de ses camps & armées, Conseiller d'État d'Épée, Miniſtre & Secrétaire d'État ayant le département de la Maiſon du Roi.

Meſſire ARMAND-MARC, Comte DE MONTMORIN DE SAINT-HÉREM, Maréchal des camps & armées du Roi, Chevalier de ſes Ordres & de la Toiſon d'or, Conſeiller du Roi en tous ſes Conſeils, Miniſtre & Secrétaire d'État & des Commandemens & Finances de Sa Majeſté, ayant le département des Affaires étrangères.

Meſſire CHARLES-ALEXANDRE DE CALONNE, Grand-Tréſorier Commandeur de l'Ordre du Saint-Eſprit, Miniſtre d'État, & Contrôleur général des Finances.

Dès le ſoir du même jour, & le lendemain matin, les lettres de convocation ont été envoyées par Meſſieurs les Secrétaires d'État, dans les différentes provinces de leurs départemens, par courriers dans les plus éloignées, & par la poſte ordinaire dans les autres. Il s'y eſt trouvé quelques variétés dans les expreſſions, les Bureaux n'ayant pas eu le temps de ſe concerter pour une parfaite uniformité; elles étoient, pour la majeure partie, rédigées dans la forme ſuivante :

LETTRE DU ROI,

Pour les Prélats & pour les Nobles, auxquels le Roi ne donne pas la qualité de Mon Couſin.

MONS (N.) ayant eſtimé que le bien de mes affaires & de mon ſervice exigeoit que les vues que je me propoſe pour le ſoulagement de mes peuples, l'ordre de mes Finances

& la réformation de plusieurs abus, fussent communiquées à une Assemblée de personnes de diverses conditions & des plus qualifiées de mon État; j'ai pensé, attendu le rang que vous tenez & l'estime dont vous jouissez, ne pouvoir faire un meilleur choix que de votre personne, & je suis assuré qu'en cette occasion, vous me donnerez de nouvelles preuves de votre fidélité & de votre attachement. J'indique l'ouverture de cette Assemblée, au 29 du mois de Janvier prochain 1787, à Versailles, où vous vous rendrez pour cet effet, afin d'assister à ladite ouverture, & entendre ce qui sera proposé de ma part; & m'assurant que vous ne manquerez pas de vous y rendre conformément à ma volonté, je prie Dieu qu'il vous ait, Mons. (N), en sa sainte garde. Écrit à Versailles, le 29 Décembre 1786. *Signé* LOUIS. *Et plus bas, par le Secrétaire d'État du département.*

LETTRE DU ROI,

Aux Membres de son Conseil.

MONS (N.) ayant résolu d'assembler des personnes de diverses conditions & des plus qualifiées de mon État, afin de leur communiquer mes vues pour le soulagement de mes peuples, l'ordre de mes Finances & la réformation de plusieurs abus, j'ai jugé à propos d'y appeler des Membres de mon Conseil. Je vous fais cette lettre, pour vous dire que j'ai fixé ladite Assemblée, au 29 du mois de Janvier prochain 1787, à Versailles, & que mon intention est que vous vous trouviez ledit jour à son ouverture, pour y assister & entendre ce qui sera proposé de ma part. Je suis assuré que j'y recevrai de vous le service que j'en dois attendre, pour le bien de mon Royaume qui est mon principal objet. Sur ce, je prie Dieu qu'il vous ait, Mons. (N.) en sa sainte garde. Écrit à Versailles, le 30 Décembre 1786. *Signé* LOUIS. *Et plus bas,* LE BARON DE BRETEÜIL.

LETTRE DU ROI,

Pour les Premiers Présidens, Présidens & Procureurs généraux.

MONS (N.) ayant résolu d'assembler des personnes de diverses conditions & des plus qualifiées de mon État, afin de leur communiquer mes vues pour le soulagement de mes peuples, l'ordre de mes Finances & la réformation de plusieurs abus, j'ai jugé à propos d'y appeler les Premiers Présidens, & mes Procureurs généraux de mes Cours souveraines. Je vous fais cette lettre, pour vous dire que vous ayez à vous rendre à Versailles, pour le 29 Janvier 1787, jour auquel j'ai fixé l'ouverture de ladite Assemblée, pour y assister & entendre ce qui sera proposé de ma part; & je suis assuré que j'y recevrai de vous le service que j'en dois attendre pour le bien de mon Royaume qui est mon principal objet. Sur ce, je prie Dieu qu'il vous ait, Mons. (N.) en sa sainte garde. Écrit à Versailles, le 29 Décembre 1786. *Signé* LOUIS. *Et plus bas, par le Secrétaire d'État du département.*

Pour les Chefs des Municipalités.

DE PAR LE ROI.

CHER ET BIEN AMÉ, ayant résolu de communiquer à une Assemblée de personnes de diverses conditions de notre Royaume, les vues que nous avons pour le soulagement de nos peuples, l'ordre de nos Finances & la réformation de plusieurs abus, notre intention est que vous vous rendiez à Versailles, pour le 29 de Janvier prochain 1787, jour auquel nous avons fixé l'ouverture de ladite Assemblée, pour y assister & entendre ce qui sera proposé de notre part; & nous sommes assurés que vous nous y donnerez de nouvelles preuves de votre fidélité & de votre zèle pour notre service; si, n'y faites faute : CAR TEL EST NOTRE PLAISIR. Donné à Versailles le 29 Décembre 1786. *Signé* LOUIS. *Et plus bas, par le Secrétaire d'État du département.*

ENTRE plusieurs projets relatifs au lieu où se tiendroit l'Assemblée, que Monsieur le Baron de Breteüil, Ministre & Secrétaire d'État au département de la Maison du Roi, & Monsieur de Calonne, Contrôleur général des Finances, avoient eu l'honneur de présenter à SA MAJESTÉ, Elle s'est décidée le 13 Janvier pour celui dont Monsieur le Maréchal Duc de Duras, l'un des quatre premiers Gentilshommes de sa Chambre, avoit donné l'idée, savoir, l'hôtel des Menus-plaisirs du Roi, situé à Versailles, dans l'avenue de Paris, où il se trouvoit un très-grand bâtiment neuf destiné à servir de magasin, & susceptible d'être décoré à volonté : en conséquence, Monsieur le Baron de Breteüil a envoyé ordre à Monsieur de la Ferté, Commissaire général de la Maison du Roi pour les Menus-plaisirs, d'y faire faire le plus tôt possible les dispositions nécessaires pour la tenue de l'Assemblée & la commodité de ses séances. Ce travail a été exécuté d'après les plans du sieur Paris, Dessinateur du Cabinet du Roi & des Menus-plaisirs.

Le même jour, les ordres ont été donnés à Monsieur Thierry de VILLEDAVRAY, Commissaire général de la Maison du Roi, pour le Garde-meuble de la Couronne, de fournir tout ce qui seroit nécessaire

pour

pour l'ameublement du lieu de l'Aſſemblée & des dépendances.

Le Roi ayant fait retenir un nombre ſuffiſant d'appartemens parmi ceux qui ſe trouvoient vacans à Verſailles, pour y pouvoir loger Meſſieurs les Notables, a pareillement donné ordre à Monſieur Thierry de Ville-d'Avray de fournir tous les meubles convenables pour meubler ces logemens.

Le Roi conſidérant qu'il étoit néceſſaire de donner la plus grande facilité pour l'abord & la ſortie du lieu de l'Aſſemblée, a jugé à propos de faire paver la rue Saint-Martin, qui longe l'Hôtel des Menus-Plaiſirs au levant; l'ordre en a été envoyé par Monſieur le Baron de Breteüil à Monſieur Chaumont de la Millière, Maître des Requêtes & Intendant des Ponts & Chauſſées.

Le Roi a fait choix, pour tenir la plume dans cette Aſſemblée, du ſieur Hennin, Secrétaire du Conſeil d'État & du Cabinet de Sa Majeſté, & du ſieur du Pont, Commiſſaire général du Commerce. Ils ont été nommés Secrétaires-Greffiers par brevets du 26 Janvier, dont la teneur ſuit :

Brevet de Secrétaire-Greffier en l'Aſſemblée de Notables, pour le ſieur Hennin.

AUJOURD'HUI vingt-ſixième jour du mois de Janvier mil ſept cent quatre-vingt-ſept, le Roi étant à Verſailles, ayant réſolu de faire tenir une Aſſemblée de pluſieurs notables perſonnages de ſon Royaume, que Sa Majeſté a convoqués près d'Elle, pour prendre leurs bons avis & conſeils, ſur les propoſitions importantes qui leur ſeront faites pour le bien de ſon ſervice & de ſon État; au moyen de quoi, il eſt néceſſaire de nommer quelque perſonne de capacité & de fidélité requiſes, pour ſervir de Secrétaire-Greffier en ladite Aſſemblée; entre pluſieurs ſujets qui lui ont été propoſés, Sa Majeſté a fait choix du ſieur Pierre-Michel HENNIN, Secrétaire du Conſeil d'État, & Secrétaire du Cabinet de Sa Majeſté, lequel Elle a nommé, commis & député, pour ſervir de Secrétaire-Greffier en ladite Aſſemblée, durant la tenue d'icelle: en témoin de quoi, Sa Majeſté a voulu le préſent brevet lui être expédié, qu'Elle a ſigné de ſa main, & fait contre-ſigner par moi, ſon Conſeiller-Secrétaire d'État & de ſes Commandemens. *Signé* LOUIS. *Et plus bas*, LE B.ON DE BRETEÜIL.

Le brevet pour le ſieur Pierre-Samuel du Pont, Commiſſaire général du Commerce, eſt conçu dans les mêmes termes, aux noms & qualités près.

Le 29 Janvier 1787, fixé dans les lettres de convocation pour le jour de l'ouverture de l'Aſſemblée approchant, Sa Majeſté a d'abord décidé qu'elle feroit renvoyée au 7 Février ſuivant, parce que Monſeigneur Huë de Miroménil, Garde des Sceaux de France, Monſieur le Comte de Vergennes, Miniſtre & Secrétaire d'État au département des Affaires étrangères, & Chef du Conſeil royal des Finances; & Monſieur de Calonne, Miniſtre & Contrôleur général des Finances ſe trouvoient malades en même-temps. Les lettres pour en donner avis aux Mandés, ont été expédiées le 28 Janvier.

Le Roi a écrit, le même jour, à Monſeigneur le

Prince de Lambeſc, Grand-Écuyer de France, pour qu'il eût à faire avertir le Roi-d'armes & quatre Hérauts-d'armes, qui devoient accompagner Sa Majeſté à l'ouverture de l'Aſſemblée.

LETTRE DU ROI,

À Monſeigneur le Prince de Lambeſc.

MON COUSIN, j'ai réſolu de faire, le mercredi ſept Février prochain, l'ouverture de l'Aſſemblée de Notables de mon Royaume que j'ai convoquée; & je vous fais cette lettre, pour vous dire d'y envoyer le Roi-d'armes & quatre Hérauts-d'armes, pour m'accompagner, lorſque je me rendrai en ladite Aſſemblée, ſuivant & ainſi que le Grand-Maître ou le Maître des cérémonies vous l'expliquera de ma part. Sur ce, je prie Dieu qu'il vous ait, mon Couſin, en ſa ſainte & digne garde. Écrit à Verſailles, le 28 Janvier 1787. *Signé* LOUIS. *Et plus bas,* LE B.ON DE BRETEÜIL.

LES Archevêques & Évêques convoqués ayant tous eu l'honneur d'être préſentés précédemment au Roi, SA MAJESTÉ n'a pas jugé à propos de recevoir leur hommage en corps.

La même choſe a été décidée pour la Nobleſſe & pour les Membres du Conſeil.

Mais comme il eſt d'uſage que les Membres des Cours ſouveraines & les Députés des pays d'États ſoient préſentés au Roi toutes les fois qu'ils viennent à la Cour, & que parmi les Chefs des Municipalités, il ſe trouvoit beaucoup de perſonnes qui n'avoient jamais paru devant Sa Majeſté, Elle a bien voulu que ces trois claſſes de Notables lui fuſſent préſentées en même-temps le dimanche 4 Février.

Les Premiers Préſidens & Procureurs généraux des Cours ſouveraines ont été avertis par Monſeigneur le Garde des Sceaux, des jour & heure de cette préſentation, & les Députés des pays d'États, ainſi que les Chefs des Municipalités, par le Secrétaire d'Etat de la Maiſon du Roi.

Les deux Secrétaires-Greffiers de l'Aſſemblée ont également été appelés à jouir de cet honneur, & en ont auſſi été avertis par Monſieur le Baron de Breteüil.

Le dimanche 4 Février, à l'heure du lever du Roi, c'eſt-à-dire à l'heure où Sa Majeſté, après s'être habillée & avoir fait ſa prière, rentre dans ſon cabinet, les Membres des Cours ſouveraines, mandés pour l'Aſſemblée, ont été appelés par l'Huiſſier de la Chambre, & préſentés à Sa Majeſté par Monſeigneur le Garde des Sceaux. Le Roi les a reçus dans le cabinet du Conſeil, de même que les Députés des pays d'États, qui lui ont été enſuite préſentés par Monſieur le Baron de Breteüil.

Après eux ont été appelés, par le nom de leurs places, les Chefs des Municipalités, & Sa Majeſté étant venue pour les recevoir dans la chambre de parade, ils lui ont été ſucceſſivement préſentés par Monſieur le Baron de Breteüil.

Enfin les deux Secrétaires-Greffiers de l'Aſſemblée ont été appelés par leurs noms propres, & préſentés à Sa Majeſté par Monſeigneur le Garde des Sceaux.

Dès la veille, les différentes classes de Mandés avoient été averties dans la forme usitée, savoir : le Clergé & la Noblesse, par Monsieur le Marquis de Dreux de Brézé ; les Magistrats par Monseigneur le Garde des Sceaux; & les Députés des pays d'États, ainsi que les Chefs des Municipalités, par Monsieur le Baron de Breteüil, que l'Assemblée ne pourroit avoir lieu le 7 du mois de Février. Monseigneur le Garde des Sceaux étoit rétabli, mais la maladie de Monsieur le Comte de Vergennes empiroit, & Monsieur le Contrôleur général étoit hors d'état de marcher, ce qui a décidé Sa Majesté à remettre encore l'Assemblée au 14.

Mais le 11 on s'est aperçu que le délai n'étoit pas suffisant, & les lettres pour en donner avis aux Notables, & leur annoncer qu'elle étoit fixée au 22, ont été expédiées comme les précédentes.

Le Roi desiroit beaucoup que Monsieur le Comte de Vergennes, qui avoit assisté aux comités tenus en sa présence, pour préparer tout le travail dont l'Assemblée devoit s'occuper, fut en état d'y paroître; Sa Majesté comptoit sur l'expérience de ce Ministre, sur la considération dont il jouissoit, & sur sa manière de traiter les affaires; mais Monsieur le Comte de Vergennes est mort la nuit du 12 au 13 de ce mois. Le Roi l'a regretté comme un homme aussi habile que vertueux, attaché à sa personne & à sa gloire, & la Nation a été profondément affectée de sa perte.

Pendant l'intervalle depuis la convocation jusqu'à

l'ouverture de l'Aſſemblée, le Roi a bien voulu s'occuper lui-même de régler tout ce qui concerne les rangs & le cérémonial. Sa Majeſté a en conſéquence donné ſucceſſivement ſes ordres à Monſieur le Marquis de Dreux de Brézé, Grand-Maître des cérémonies, & à Meſſieurs de Nantouillet père & fils, Maîtres des cérémonies, & c'eſt d'après leurs Mémoires que tout ce qui aura trait à ces objets ſera rapporté dans le préſent Procès-verbal.

PLAN

DE LA SALLE D'ASSEMBLÉE DES NOTABLES,

À LA SÉANCE

PRÉSIDÉE PAR LE ROI,

Avec ſon Explication.

EXPLICATION DU PLAN DE LA SALLE D'ASSEMBLÉE DES NOTABLES,

À LA SÉANCE PRÉSIDÉE PAR LE ROI.

1. LE ROI.
2. MONSIEUR.
3. Mgr Comte D'ARTOIS.
4. Mgr le Duc D'ORLÉANS.
5. Mgr le Prince DE CONDÉ.
6. Mgr le Duc DE BOURBON.
7. Mgr le Prince DE CONTI.
8. Mgr le Duc DE PENTHIÈVRE.
9. M. le Duc de Fleury.
10. M. le Prince de Lambesc.
11. Les quatre Capitaines des Gardes du Roi.
12. M. le Maréchal Duc de Duras.
13. M. le Duc de Liancourt.
14. M. le Duc de Coigny.
15. M. le Duc de Brissac.
16. M. le Maréchal Duc de Lévis.
17. M. le Bailli de Crussol.
18. Le Roi d'armes.
19. Les deux Huissiers-massiers.
20. Le G.[d]-maître des cérémonies.
21. Le Maître des cérémonies.
22. L'Aide des cérémonies.
23. Les quatre Hérauts d'armes.
24. Six Gardes de la Manche.
25. Mgr le Garde des Sceaux.
26. Deux Huissiers de la Chancellerie.

NOTABLES.

PAIRS DE FRANCE.

27. M. l'Archevêque de Reims.
28. M. l'Évêque de Langres.
29. M. le Duc de Luxembourg.
30. M. le Duc de Béthune-Charost.
31. M. l'Archevêque de Paris.
32. M. le Duc de Harcourt.
33. M. le Duc de Nivernois.
34. M. le Duc de la Rochefoucauld.
35. M. le Duc de Clermont-Tonnerre.

NOBLESSE.

36. *Bancs de Mrs de la Noblesse, sans rang;*

Voici leurs noms,

M.[rs] le Duc de Croï, le Comte d'Egmont, le Comte de Périgord, le Comte d'Estaing, le Prince de Robecq, le Duc de Chabot, le Duc de Guines, le Duc du Châtelet, le Duc de Laval, le Comte de Thiard, le Comte de Puységur, le Comte de Montboissier, le Baron de Flaschslanden, le Mis de Choiseul-la-Baume, le Comte de Rochechouart, le Marquis de Langeron, le Comte de Brienne, le Marquis de Bouillé, le Marquis de Mirepoix, le Mis de Croix-d'Heuchin, le Marquis de la Fayette & le Marquis de Gouvernet.

37. *CONSEILLERS D'ÉTAT.* Mrs Bertier de Sauvigny, Boutin, de Fourqueux, Lenoir, de Vidaud, Lambert, Dupleix de Bacquencourt & de la Galaiziere.

38. *LES MAÎTRES DES REQUÊTES* Mrs Esmangart, Bertier, le Camus de Neville & Laurent de Villedeuil.

39. *LES MARÉCHAUX DE FRANCE* Mrs de Contades, de Broglie, de Mouchy, de Mailly, d'Aubeterre, de Beauvau, de Castries, de Vaux, de Ségur & de Stainville.

40. *LE CLERGÉ.* M.[rs] les Archevêques de Narbonne, de Toulouse, d'Aix, d'Arles & de Bordeaux; les Évêques du Puy, de Blois, de Rhodès, de Nevers, de Nanci & d'Alais.

41. *Les Premiers Présidens des Parlemens & Conseils souverains;*

SAVOIR:

M.[rs] le Premier Président du Parlement de Paris, les Présidens d'Ormesson, de Saron & de Lamoignon; & les Premiers Présidens des Parlemens de Toulouse, de Bordeaux, de Grenoble, de Dijon, de Rouen, d'Aix, de Rennes, de Pau, de Metz, de Besançon, de Douai, de Nanci, & des Conseils souverains d'Alsace & de Roussillon.

42. Les Procureurs généraux des mêmes Parlemens & Conseils souverains.
43. M. le Premier Président de la Ch.[re] des Comptes de Paris.
44. M. le Procureur général de la même Cour.
45. M. le Premier Président de la Cour des Aides de Paris.
46. M. le Procureur général de la même Cour.
47. M. le Lieutenant civil du Châtelet de Paris.
48. M. le Prévôt des Marchands de Paris.
49. M. le premier Échevin.
50. M. le Prévôt des Marchands de Lyon.
51. *Bancs des Chefs municipaux des Villes, sans rang:*

Voici leurs noms,

M.[rs] le Maire de Marseille, le Lieutenant de Maire de Bordeaux, le Maire de Rouen, le premier Capitoul de Toulouse, le Préteur royal de Strasbourg, le Mayeur de Lille, le Procureur du Roi Syndic de Nantes, le Maître Échevin de Metz, le Maire royal de Nanci, le Viguier de Montpellier, le Prévôt de Valenciennes, les Maires de Reims, d'Amiens, de Troyes, de Caen, d'Orléans, de Bourges, de Tours, de Limoges, de Montauban, de Clermont & de Bayonne.

52. Les Députés des États de Bourgogne.
53. Ceux des États de Languedoc.
54. Ceux des États de Bretagne.
55. Ceux des États d'Artois.
56. M. le Baron de Breteüil.
57. M. le Comte de Montmorin.
58. M. le Contrôleur général.
59. Le sieur Hennin.
60. Le sieur Dupont.
61. Un grand Bureau.
62. Deux Officiers des G.[s] du-corps.
63. Dix Gardes-du-corps.
64. Six Poêles.
65. Porte d'entrée du Roi.
66. Porte d'entrée de M.[rs] les Notables.

PLAN

De la Salle d'Assemblée des Notables à la séance présidée par le Roi.

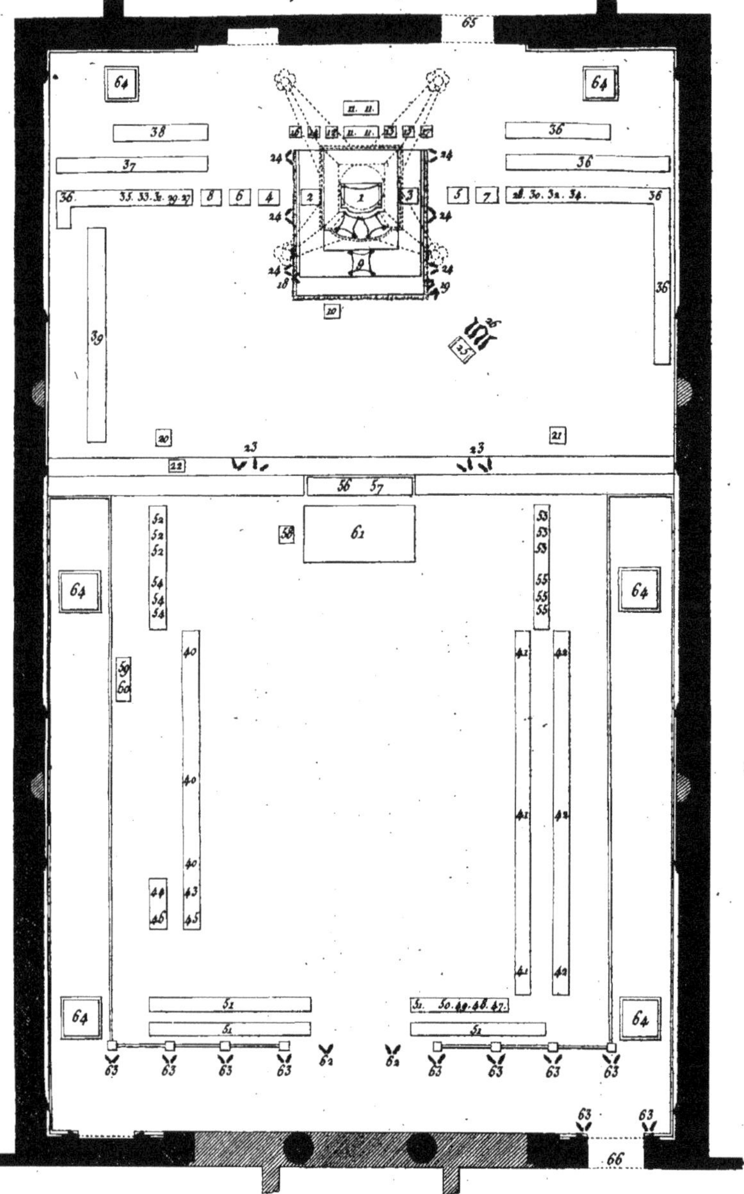

PREMIÈRE SÉANCE.

Le Jeudi 22 Février 1787.

LE jeudi 22 Février, jour auquel le Roi avoit fixé l'ouverture de l'Aſſemblée de Notables, la ſalle & toutes les pièces qui en dépendent, furent fermées dès le matin, & on n'y laiſſa entrer perſonne, non plus que dans les pièces de l'appartement deſtiné pour le Roi. Cet appartement étoit compoſé d'une première pièce pour les Pages de Sa Majeſté & des Princes ; d'une ſalle des Cent-Suiſſes, d'une ſalle des Gardes, d'une pièce dite des Nobles, dans laquelle devoient attendre les perſonnes de la ſuite de Sa Majeſté & de celle des Princes, qui n'avoient pas les entrées de la chambre : il y avoit, après cette pièce, une autre pièce repréſentant le grand cabinet de Sa Majeſté ; on y avoit placé une table, un fauteuil, & un certain nombre de ployans.

On avoit encore conſtruit, près de ce cabinet, un autre petit cabinet dans lequel on avoit mis un bureau avec un fauteuil & pluſieurs chaiſes : cette pièce étoit deſtinée à l'uſage particulier de Sa Majeſté, au cas qu'Elle voulût ſe retirer.

Du cabinet de Sa Majeſté, on paſſoit dans une eſpèce de petite galerie, qui précédoit immédiatement la ſalle d'Aſſemblée.

A neuf heures & demie du matin, la garde de Sa Majeſté, compoſée d'une compagnie de Gardes-Françoiſes, détachée de la garde du château, & d'un pareil détachement des Gardes-Suiſſes, s'eſt rendue à la porte donnant ſur l'avenue de Paris; elle y a pris poſte en dehors, & s'eſt emparée de tout le tour extérieur de la cour & des bâtimens qui en dépendent.

Quelques inſtans après, les Gardes de la Prévôté, Gardes de la Porte, Cent-Suiſſes & Gardes-du-corps, ſont arrivés & ont pris poſte, ſavoir: les Gardes de la Prévôté, en-dehors de la grille; les Gardes de la Porte, en-dedans de la même grille; les Cent-Suiſſes ont pris poſte dans leur ſalle, & ſe ſont emparés de toutes les iſſues extérieures de la ſalle d'Aſſemblée, & de l'appartement de Sa Majeſté.

Les Gardes-du-corps ont également pris poſte dans leur ſalle qui étoit la petite galerie précédant immédiatement la ſalle d'Aſſemblée, & dans la ſalle même de l'Aſſemblée, derrière les barrières qui terminoient la Séance. Les Cent-Suiſſes avoient auſſi pris poſte dans une petite pièce qui précède la ſalle d'Aſſemblée, du côté de la rue des Chantiers. Les Gardes de la Prévôté gardoient de ce côté le veſtibule, & étoient chargés de faire la police & de maintenir l'ordre dans l'anti-chambre deſtinée aux laquais & à la ſuite de Meſſieurs les Notables.

Le Roi avoit lui-même réglé toutes les ſéances & les avoit marquées de ſa main pluſieurs jours d'avance, d'avance, ſur un plan que Meſſieurs les Officiers des cérémonies avoient eu l'honneur de mettre ſous les yeux de Sa Majeſté : Elle avoit également décidé les diverſes queſtions qui avoient pu s'élever, & avoit donné ſes ordres les plus précis aux Officiers des cérémonies.

Conſéquemment à ce que Sa Majeſté avoit réglé, Meſſieurs les Prélats & Notables de la Nobleſſe avoient été avertis par le Grand-maître des cérémonies du jour & de l'heure de l'ouverture de l'Aſſemblée, ainſi que du coſtume que Sa Majeſté avoit décidé. Le Grand-maître des cérémonies avoit eu l'honneur d'aller de la part du Roi chez MONSIEUR, Monſeigneur Comte d'Artois, & chez Meſſeigneurs les Duc d'Orléans, Prince de Condé, Duc de Bourbon, Prince de Conti & Duc de Penthièvre, pour avoir celui de les inviter de la part de Sa Majeſté à la Meſſe qu'Elle devoit entendre dans ſa chapelle en bas, à l'ouverture de l'Aſſemblée & aux ſéances ſubſéquentes. Il les avoit prévenus de l'heure & du coſtume que Sa Majeſté avoit réglé.

Meſſieurs les Députés des pays d'États avoient été avertis du jour & de l'heure de l'Aſſemblée par les Secrétaires d'État dans le département deſquels ils ſe trouvoient. Monſeigneur le Garde des Sceaux avoit averti les Préſidens & Procureurs généraux des Parlemens & Conſeils ſouverains, ainſi que les Membres du Conſeil du Roi qui étoient convoqués. Monſieur le Baron de Breteüil, Miniſtre & Secrétaire d'État ayant la ville de Paris & la Maiſon du Roi dans ſon département, avoit averti Meſſieurs les Officiers municipaux des villes.

Vers les dix heures & demie du matin, Sa Majeſté ſortit de ſon cabinet en habit à manteau, précédée de Monſeigneur le Duc de Penthièvre, Monſeigneur le Prince de Conti, Monſeigneur le Duc de Bourbon, Monſeigneur le Prince de Condé, Monſeigneur le Duc d'Orléans, Monſeigneur Comte d'Artois & de MONSIEUR, auſſi en habits à manteau. Les Princes étoient accompagnés des principaux Officiers de leurs maiſons, & Sa Majeſté étoit précédée & ſuivie de ſes grands & premiers Officiers & des Huiſſiers-maſſiers. Sa Majeſté deſcendit à la chapelle, où Elle entendit une meſſe baſſe. La ſéance fut telle qu'elle eſt dans toutes les occaſions de cérémonie; on avoit ſeulement placé des deux côtés, en avant & derrière le Roi, pluſieurs rangs de bancs deſtinés à Meſſieurs les Notables, au cas qu'ils fuſſent venus à la meſſe: Sa Majeſté n'avoit pas jugé à propos de les y inviter.

Le Grand-maître des cérémonies fit diſpoſer la ſéance dans la chapelle, & y accompagna Sa Majeſté. Pendant ce temps, le Maître des cérémonies s'étoit rendu à la ſalle d'Aſſemblée pour préparer la ſéance, & indiquer à chacun de Meſſieurs les Notables, les places que Sa Majeſté leur avoit deſtinées

Pendant ce temps, Monſeigneur le Garde des Sceaux arriva, accompagné dans ſes carroſſes, des

Membres du Conſeil ; il étoit eſcorté par deux Brigadiers & douze Gardes de la Prévôté : il entra avec tout ce cortége dans la cour royale ; il deſcendit au fond de la cour, & monta par le petit eſcalier qui conduit à la ſalle des Gardes, précédant celle de l'Aſſemblée. Meſſieurs les Conſeillers d'État entrèrent dans la ſalle ainſi que les deux Huiſſiers de la Chancellerie. Monſeigneur le Garde des Sceaux fut attendre le Roi dans ſon cabinet, ainſi que Sa Majeſté lui en avoit donné une permiſſion particulière. Le cortége de Monſeigneur le Garde des Sceaux ſe retira ſur le champ. A la même heure, Meſſieurs les Notables commencèrent à arriver par la porte de la rue des Chantiers ; ils étoient tous en habit de cérémonie, c'eſt-à-dire, Meſſieurs les Prélats en ſoutane, rochet, camail & bonnet carré ; Meſſieurs les Notables de la Nobleſſe en habit à manteau, avec la cravate & le chapeau à plumes. Sa Majeſté avoit décidé que Meſſieurs les Notables, Chevaliers de ſes Ordres n'en prendroient point l'habit pour cette cérémonie. Ces Meſſieurs ne mirent point non plus le collier de l'Ordre par-deſſus leurs manteaux. Meſſieurs les Préſidens & Procureurs généraux étoient en robes noires & en bonnets carrés ; Meſſieurs les Officiers municipaux des villes étoient chacun dans l'habit de cérémonie propre à leurs places de Chefs de corps municipaux. Meſſieurs les Députés des pays d'États étoient chacun dans l'habit de leur Ordre, & Meſſieurs les Membres du Conſeil du Roi dans leurs robes de cérémonie. Sa Majeſté ayant permis à Monſieur l'Archevêque de Reims, à Monſieur l'Évêque de Langres, Pairs Eccléſiaſtiques, ainſi qu'à Monſieur l'Archevêque de Paris, Pair laïc, de ſiéger avec Meſſieurs les Ducs & Pairs, ils prirent leurs habits de Pair.

Les Gardes de la Prévôté étoient en haie & en armes au paſſage des Notables.

Quelques inſtans avant l'arrivée du Roi, le Maître des cérémonies ayant prié Meſſieurs les Notables de prendre ſéance, ils prirent leurs places dans l'ordre ſuivant, & conformément à l'ordre précis que Sa Majeſté en avoit donné aux Officiers des cérémonies.

Sur le haut dais, à la droite du trône de Sa Majeſté, le Maître des cérémonies plaça ſur un premier banc faiſant face au bas de la ſalle, Monſieur l'Archevêque de Reims, Monſieur le Duc de Luxembourg, Monſieur l'Archevêque de Paris, Monſieur le Duc de Nivernois, Monſieur le Duc de Clermont-Tonnerre; & ſur la ſuite de ce banc prolongé un peu en retour, deux de Meſſieurs les Notables de la Nobleſſe; ſur un pareil banc, à gauche du trône de Sa Majeſté, il plaça Monſieur l'Évêque de Langres, Monſieur le Duc de Béthune-Charoſt, Monſieur le Duc de Harcourt, Monſieur le Duc de la Rochefoucauld; & ſur le reſte de ce banc & ſon prolongement en retour le long du mur, pluſieurs de Meſſieurs les Notables de la Nobleſſe ſans rang. Ceux de ces Meſſieurs qui n'avoient pu être ſur ces deux premiers bancs, ſe mirent ſans aucune eſpèce de rang, ſur deux bancs derrière celui à gauche, faifant face au bas de la falle.

Du côté droit du trône de Sa Majefté, derrière le banc de la Nobleffe, il plaça Meffieurs du Confeil du Roi fur deux bancs; Meffieurs les Confeillers d'État occupant le premier, & Meffieurs les Maîtres des Requêtes le fecond.

Meffieurs les Maréchaux de France occupèrent un banc placé fur le haut dais fuivant la longueur de la falle, à la droite du trône de Sa Majefté; ce banc étoit éloigné d'environ cinq pieds du mur, & n'alloit pas tout-à-fait jufqu'à celui de la Nobleffe. Sa Majefté avoit trouvé bon que Meffieurs les Maréchaux de Ségur & de Caftries, qui n'étoient à l'Affemblée que comme Secrétaires d'État, l'un au département de la Guerre, & l'autre à celui de la Marine, occupaffent une place fur le haut dais avec Meffieurs les Maréchaux de France convoqués.

Meffieurs les Prélats occupèrent un banc placé dans le bas de la falle, parallèlement au mur du côté droit; ils y étoient fuivant leur rang de facre, Meffieurs les Archevêques les premiers.

En face de ce banc, le Maître des cérémonies plaça Meffieurs les Premiers Préfidens des Parlemens, fuivant le rang de leurs Cours, celui de Bordeaux précédant celui de Grenoble. Meffieurs les Préfidens d'Ormeffon, de Saron & de Lamoignon fuivoient immédiatement Monfieur le Premier Préfident du Parlement de Paris. Les Premiers Préfidens des Conſeils ſouverains étoient à la ſuite des Premiers Préſidens des Parlemens, ſur le même banc. Meſſieurs les Procureurs généraux des Parlemens & Conſeils ſouverains furent placés ſur un banc, immédiatement derrière celui-ci & à même hauteur que leurs Préſidens. Monſieur le Premier Préſident de la Chambre des Comptes de Paris fut placé ſur le banc & à la ſuite de Meſſieurs les Prélats; Monſieur le Procureur général de la Chambre des Comptes ſur un petit banc derrière lui. Monſieur le Premier Préſident de la Cour des Aides de Paris fut placé à côté de Monſieur le Premier Préſident de la Chambre des Comptes, & Monſieur le Procureur général derrière lui, à côté de Monſieur le Procureur général de la Chambre des Comptes.

Le Maître des cérémonies plaça Monſieur le Lieutenant civil ſur un banc faiſant face au haut dais à l'extrémité de la ſalle; il avoit à côté de lui Monſieur le Prévôt des Marchands de Paris & Monſieur le premier Échevin: Monſieur le Prévôt des Marchands de Lyon fut placé immédiatement après le premier Échevin de Paris, & Meſſieurs les Officiers municipaux des villes ſe placèrent ſans rang entr'eux ſur ce même banc; ainſi que ſur un autre banc derrière. Ces bancs occupoient toute la largeur de la ſalle, laiſſant ſeulement dans le milieu un paſſage de huit pieds. Meſſieurs les Députés des pays d'États furent placés ſur deux bancs à droite & à gauche près les marches du haut dais, attenant & un peu en arrière le banc de Meſſieurs les Prélats & celui de Meſſieurs les Premiers Préſidens.

Monſieur le Baron de Breteüil & Monſieur le Comte de Montmorin, tous deux Secrétaires d'État, Commiſſaires de Sa Majeſté, ſe mirent ſur une banquette placée ſur la dernière marche du haut du dais, vis-à-vis du bureau, faiſant face à l'Aſſemblée; Monſieur le Contrôleur général, ſur un petit banc placé au petit côté de ce bureau à droite: ils étoient, comme les Membres de la Nobleſſe, en habits à manteau.

Le Roi avoit trouvé bon que les ſieurs Hennin & du Pont, Secrétaires-Greffiers de l'Aſſemblée, fuſſent placés ſur un banc hors rang; ils furent, cette Séance derrière Meſſieurs les Prélats près les barrières; ils étoient l'un & l'autre en leurs habits ordinaires.

N. B. Le plan de l'aire de la ſalle avec la poſition de tous les ſiéges, eſt joint au préſent Procès-verbal.

Le Roi ſortit du château ſur les onze heures, étant dans ſes carroſſes de cérémonie, & eſcorté des détachemens de ſa maiſon militaire à cheval. Sa Majeſté avoit dans ſon carroſſe MONSIEUR, Monſeigneur Comte d'Artois, Meſſeigneurs les Duc d'Orléans, Prince de Condé, & Duc de Bourbon. Le Roi fut reçu à la deſcente de ſon carroſſe, par Meſſeigneurs les Princes de Conti & Duc de Penthièvre, qui s'étoient rendus d'avance, n'ayant pu avoir place dans le carroſſe de Sa Majeſté. Le Grand-maître, le Maître & l'Aide des Cérémonies, reçurent également Sa Majeſté à la deſcente de ſon carroſſe. On marcha à l'appartement dans l'ordre ſuivant: les Hérauts-d'armes, le Roi-d'armes, Meſſeigneurs les Duc de Penthièvre, Prince de Conti, Duc de Bourbon, Prince de Condé & Duc d'Orléans, tous entourés des principales perſonnes de leur maiſon; Monſeigneur Comte d'Artois, précédé de ſes principaux Officiers, & ſuivi de ſon Capitaine des Gardes; MONSIEUR, également précédé de ſes principaux Officiers, & ſuivi de ſon Capitaine des Gardes.

Les Officiers des Gardes-du-corps, le Capitaine des Cent-Suiſſes, les trois Capitaines des Gardes-du-corps du Roi, qui n'étoient pas de ſervice, mais en uniforme & avec leur bâton; Monſieur le Duc de Fleury repréſentant le Grand-Chambellan, les Huiſſiers-maſſiers, l'Aide, le Maître & le Grand-maître des cérémonies ſur les ailes, SA MAJESTÉ ayant à ſa gauche le Grand-Écuyer, à ſa droite le premier Écuyer, & ſuivi de Monſieur le Duc d'Ayen, Capitaine des Gardes de quartier, & du Grand-maître de la Garde-robe.

Il n'entra avec le Roi, dans ſon cabinet, que les perſonnes ayant les entrées.

Sa Majeſté s'étant repoſée, quelques inſtans, & ayant été avertie par les Officiers des cérémonies que la Séance étoit prête, ſe rendit à l'Aſſemblée.

Le Roi étoit précédé des Hérauts-d'armes, du

Roi

Roi-d'armes, de Monſeigneur le Duc de Penthièvre, Monſeigneur le Prince de Conti, Monſeigneur le Duc de Bourbon, Monſeigneur le Prince de Condé, Monſeigneur le Duc d'Orléans, de Monſeigneur Comte d'Artois, ſuivi de ſon Capitaine des Gardes, en habit à manteau ; de MONSIEUR, ſuivi de ſon Capitaine des Gardes, auſſi en habit à manteau; des Officiers des Gardes-du-corps, & des trois Capitaines des Gardes, non de ſervice, tous en uniforme & avec leur bâton; du Capitaine des Cent-Suiſſes, auſſi en uniforme; de Monſieur le Duc de Fleury repréſentant le Grand-Chambellan, en habit à manteau; des Huiſſiers-maſſiers en leur habit ordinaire, des Officiers des cérémonies en habits à manteau : SA MAJESTÉ avoit à ſa gauche & à ſa droite le Grand & le Premier Écuyer en habit à manteau, & Elle étoit ſuivie de ſon premier Gentilhomme de la Chambre, & du Grand-maître de la Garde-robe, auſſi en habits à manteau; Monſeigneur le Garde des Sceaux vêtu de ſa ſimarre de velours cramoiſi, ſuivoit auſſi le Roi.

Sa Majeſté entrant dans l'Aſſemblée, alla ſe placer à ſon trône, ſur une eſtrade élevée de deux marches & couverte du tapis de pied de velours tanné, avec des fleurs-de-lys ſans nombre; le trône de Sa Majeſté étoit ſurmonté d'un dais violet parſemé de fleurs-de-lys, & le Roi avoit deux carreaux ſous les pieds.

MONSIEUR ſe plaça ſur un ployant poſé à la droite de Sa Majeſté ſur la première marche de l'eſtrade; Monſeigneur Comte d'Artois ſur un ployant placé de la même manière du côté gauche. Monſeigneur le Duc d'Orléans, Monſeigneur le Duc de Bourbon & Monſeigneur le Duc de Penthièvre ſe placèrent ſur des ployans poſés à droite ſur la même ligne que celui de MONSIEUR, hors du tapis de pied. Monſeigneur le Prince de Condé & Monſeigneur le Prince de Conti furent placés également du côté gauche ſur des ployans, hors le tapis de pied & ſur la même ligne que Monſeigneur Comte d'Artois.

Monſieur le Duc de Fleury, repréſentant le Grand-Chambellan, ſe plaça ſur un carreau aux pieds de Sa Majeſté; Monſeigneur le Prince de Lambeſc, Grand-Écuyer de France, ſur un tabouret placé à droite en avant du Roi, hors du tapis de pied. Les quatre Capitaines des Gardes ſe placèrent ſur deux petits bancs poſés l'un devant l'autre, derrière le fauteuil de Sa Majeſté. Monſieur le Maréchal Duc de Duras, premier Gentilhomme de la Chambre, Monſieur le Duc de Liancourt, Grand-Maître de la Garde-robe, Monſieur le Duc de Coigny, premier Écuyer, & Monſieur le Duc de Briſſac, Capitaine des Cent-Suiſſes, ſe placèrent à droite & à gauche, ſur des tabourets, derrière Sa Majeſté. Monſieur le Maréchal Duc de Lévis, Capitaine des Gardes de quartier de MONSIEUR, & Monſieur le Bailli de Cruſſol, Capitaine des Gardes de quartier de Monſeigneur Comte d'Artois ſe placèrent ſur des tabourets à l'extrémité de ce rang.

Les Officiers des Gardes-du-corps du Roi

restèrent debout & découverts derrière le Capitaine des Gardes.

Monsieur le Chevalier de la Haye, Roi-d'armes de France, se plaça à genoux sur la première marche de l'estrade à droite, en avant du Roi, les deux Huissiers-massiers de même à la gauche. Monsieur le Marquis de Dreux de Brézé, Grand-maître des cérémonies, se plaça sur un tabouret à droite au haut des marches du haut dais; Monsieur de Nantouillet, Maître des cérémonies de même à gauche; Monsieur de Watronville, Aide des cérémonies, se plaça sur un tabouret posé près le Grand-maître des cérémonies, sur la seconde marche du haut dais. Les quatre Hérauts-d'armes étoient à genoux sur le haut des marches; six Gardes de la Manche étoient postés à droite & à gauche du tapis de pied.

Monseigneur Huë de Miroménil, Garde des Sceaux de France, se plaça sur son siége à bras & sans dossier en avant & à gauche du Roi, ayant les deux Huissiers de la Chancellerie à genoux derrière lui.

Il n'entra aucune autre personne dans la salle, Sa Majesté l'ayant expressément défendu; Elle avoit seulement permis que quelques personnes des Menus-plaisirs & du Garde-meuble, fussent placées au bas de la salle, derrière les Gardes-du-corps, pour le service qui pourroit être nécessaire.

Le Roi, après s'être assis sur son trône, avoit ôté & remis son chapeau, a prononcé le discours suivant :

DISCOURS DU ROI.

MESSIEURS, je vous ai choiſis dans les différens ordres de l'État, & je vous ai raſſemblés autour de moi pour vous faire part de mes projets.

C'eſt ainſi qu'en ont uſé pluſieurs de mes prédéceſſeurs, & notamment le Chef de ma branche dont le nom eſt reſté cher à tous les François, & dont je me ferai gloire de ſuivre toujours les exemples.

Les projets qui vous ſeront communiqués de ma part ſont grands & importans. D'une part, améliorer les revenus de l'État, & aſſurer leur libération entière par une répartition plus égale des impoſitions; de l'autre, libérer le Commerce des différentes entraves qui en gênent la circulation, & ſoulager autant que les circonſtances me le permettent, la partie la plus indigente de mes ſujets: telles ſont, Meſſieurs, les vues dont je ſuis occupé & auxquelles je me ſuis fixé, après le plus mûr examen. Comme elles tendent toutes au bien public, & connoiſſant le zèle pour mon ſervice dont vous êtes tous animés, je n'ai point craint de vous conſulter ſur leur exécution; j'entendrai & j'examinerai attentivement les obſervations dont vous les croirez ſuſceptibles. Je compte que vos avis conſpirant tous au même but, s'accorderont facilement, & qu'aucun intérêt particulier ne s'élevera contre l'intérêt général.

N. B. Les Huiſſiers-maſſiers, le Roi-d'armes & les Hérauts-d'armes auroient dû être à genoux pendant toute la ſéance, mais Sa Majeſté a trouvé bon qu'ils ſe levaſſent quand Elle a eu fini de parler.

Après le diſcours du Roi, Monſeigneur le Garde des Sceaux s'eſt approché du trône en faiſant trois profondes inclinations, la première avant de quitter ſa place, la ſeconde après avoir fait quelques pas, & la troiſième lorſqu'il a été ſur le premier degré du trône; puis il a pris, à genoux, les ordres de Sa Majeſté.

Il eſt enſuite retourné à ſa place en faiſant encore trois profondes inclinations à Sa Majeſté.

Lorſqu'il a été à ſa place, il a dit : *Le Roi ordonne que l'on prenne ſéance.* Toute l'Aſſemblée a pris ſéance. Monſeigneur le Garde des Sceaux a dit : *Le Roi permet que l'on ſe couvre.* Ceux qui avoient droit de ſe couvrir ſe ſont couverts, ainſi que Monſeigneur le Garde des Sceaux; après quoi il a prononcé le diſcours ſuivant aſſis & couvert.

DISCOURS

De Monſeigneur le Garde des Sceaux.

MESSIEURS,

LE ROI, moins touché de l'éclat dont ſon trône eſt environné, que de la véritable gloire réſervée aux Monarques uniquement occupés du bonheur de leurs ſujets, vous a aſſemblés, afin de vous communiquer les vues dont il eſt animé pour l'avantage des peuples dont il eſt le père, & pour aſſurer la proſpérité d'une Nation diſtinguée de tout temps par l'amour réciproque du ſouverain & de ſes ſujets.

Depuis l'avénement de Sa Majeſté à la couronne, chaque année de ſon règne a été marquée par des actes dignes de ſa juſtice, de ſa bonté & de ſa vigilance. On a vu les premiers tribunaux du Royaume reprendre leur ancien luſtre; les forces maritimes de la France ſe régénérer, la diſcipline militaire ſe perfectionner ; l'agriculture & le commerce recevoir de nouveaux encouragemens : telle a été, Meſſieurs, l'influence des premiers regards de Sa Majeſté, ſur les États que la Providence divine a ſoumis à ſon empire.

La vie entière d'un Monarque vertueux, eſt une longue ſuite de travaux que la néceſſité commande ſans ceſſe, & que la grandeur de ſon ame ne lui permet jamais d'interrompre. Perſuadé de cette vérité, le Roi eſt dans la réſolution de prendre de juſtes meſures pour ſoulager ſes peuples, établir dans l'adminiſtration des Finances un ordre que rien ne puiſſe altérer, & réformer les abus qui pourroient rendre moins efficaces les ſoins paternels auxquels Sa Majeſté ſe livre toujours avec un nouveau courage.

Il eſt impoſſible que tous les ſujets d'un grand Royaume jouiſſent, chacun dans leur condition, d'un bonheur égal ; mais il ne l'eſt pas d'adoucir le ſort de ceux qu'aucune puiſſance humaine ne ſauroit préſerver du malheur.

Aſſurer la tranquillité de ceux auxquels la Providence a accordé une fortune plus conſidérable, protéger les talens de ceux qui peuvent trouver dans leur induſtrie des moyens d'augmenter leur fortune & leur aiſance ; procurer au peuple la reſſource de trouver ſa ſubſiſtance dans le fruit de ſon travail : tels ſont, Meſſieurs, les objets que le Roi ſe propoſe de remplir.

Sa Majeſté s'eſt convaincue, par une étude approfondie, des avantages & des reſſources de la France, ainſi que par l'expérience que douze années de règne lui ont acquiſe, que les moyens les plus ſûrs d'y parvenir ſont de rendre plus exacte & plus équitable la répartition des ſubſides indiſpenſables pour ſubvenir aux charges de l'État ; de rendre la perception plus ſimple & moins onéreuſe, de choiſir par un juſte diſcernement les genres d'impoſitions qui tombent le moins ſur la claſſe de ſes ſujets la plus indigente ; d'aſſurer à jamais le gage des dettes de l'État, d'en diminuer la maſſe par les effets d'une ſage économie, enfin de ſe préparer des reſſources pour repouſſer, ſans être obligé de ſurcharger ſes ſujets, les efforts d'Ennemis étrangers qui voudroient un jour troubler la paix que Sa Majeſté a donnée à l'Europe.

C'eſt pour vous conſulter, Meſſieurs, ſur ces grands objets que le Roi vous a choiſis : je n'ai pas beſoin de vous faire ſentir le prix de la confiance dont Sa Majeſté vous honore, je vois dans vos yeux la reconnoiſſance dont vos ames ſont pénétrées.

Miniſtres d'une Religion ſainte que les Rois prédéceſſeurs de Sa Majeſté ont toujours défendue, & qu'Elle ne ceſſera jamais de protéger, vous avez reconnu dans tous les temps que c'eſt de la munificence du Souverain que vous tenez les biens attachés à vos égliſes, & vous vous êtes toujours portés avec zèle à contribuer aux beſoins de l'État.

Et vous, Meſſieurs, qui, à l'exemple de vos ancêtres, ne connoiſſez d'autre bonheur & d'autre gloire que l'avantage de verſer votre ſang pour la défenſe du Roi & de l'État, vous qui ſavez réunir à cette haute valeur dont vos races tiennent leur illuſtration, la ſageſſe dans les Conſeils lorſque Sa Majeſté vous y appelle.

Magiſtrats, qui partagez le dépôt précieux de la portion la plus eſſentielle de l'autorité royale, qui préſidez aux jugemens de ces corps recommandables dont le miniſtère conſiſte non-ſeulement à protéger la veuve & l'orphelin, & à rendre une exacte juſtice, mais encore à éclairer la religion du Monarque ſur tout ce qui intéreſſe le bién de ſon ſervice;

Vous enfin Chefs zélés de ces cités toujours fidèles, toujours affectionnées à leur auguſte Souverain.

Le Roi compte, Meſſieurs, que vous vous réunirez tous, afin de donner à Sa Majeſté, par la ſageſſe de vos avis, de nouvelles preuves de votre reſpect, de votre amour & de votre zèle.

Après ſon diſcours fini, Monſeigneur le Garde des Sceaux eſt remonté aux pieds du trône avec le même cérémonial que ci-dessus, pour prendre les ordres du Roi; redescendu & remis à sa place, il a fait signe à Monsieur le Contrôleur général, qui, après avoir salué & s'être assis & couvert, a dit:

DISCOURS

De Monsieur le Contrôleur général.

MESSIEURS,

CE qui m'est ordonné en ce moment m'honore d'autant plus, que les vues dont le Roi me charge de vous présenter l'ensemble & les motifs, lui sont devenues entièrement personnelles par l'attention très-suivie que Sa Majesté a donnée à chacune d'elles avant de les adopter.

La seule résolution de vous les communiquer, & les paroles toutes paternelles que vous venez d'entendre de sa bouche, suffisent sans doute pour exciter en vous la plus juste confiance: mais ce qui doit y mettre le comble, ce qui doit y ajouter l'émotion de la plus vive sensibilité, c'est d'apprendre avec quelle application, avec quelle assiduité, avec quelle constance le Roi s'est livré au travail long & pénible qu'ont exigé, d'abord l'examen de tous les états que j'ai mis sous ses yeux, pour lui faire connoître sous tous les points de vue, la véritable situation de ses finances; ensuite la discussion de chacun des moyens que je lui ai proposés pour les améliorer & y rétablir l'ordre.

Après avoir créé une Marine & rendu le Pavillon françois respectable dans toutes les mers; après avoir protégé & affermi la liberté d'une nouvelle Nation qui, démembrée d'une Puissance rivale, est devenue notre alliée; après avoir terminé une guerre honorable par une paix solide, & s'être montré à toute l'Europe digne d'en être le modérateur, le Roi ne

s'est

s'eſt pas livré à une ſtérile inaction ; Sa Majeſté ne s'eſt point diſſimulée combien il lui reſtoit à faire pour le bonheur de ſes ſujets, premier objet de tous ſes ſoins, & véritable occupation de ſon cœur.

Aſſurer à ſes peuples des relations de commerce tranquilles & étendues au-dehors ;

Leur procurer au-dedans tous les avantages d'une bonne adminiſtration ;

C'eſt ce que le Roi s'eſt propoſé, c'eſt ce qu'il n'a pas ceſſé d'avoir en vue.

Déjà d'heureux effets ont prouvé la ſageſſe des meſures priſes par Sa Majeſté.

Déjà des traités de commerce conclus preſque au même inſtant avec la Hollande, avec l'Angleterre & avec la Ruſſie, ont fait diſparoître des principes excluſifs auſſi contraires aux loix ſociales qu'à l'intérêt réciproque des nations, ont cimenté les baſes de la tranquillité publique, & ont fait voir à l'Europe ce que peut l'eſprit pacifique & modéré d'un Prince auſſi juſte que puiſſant, pour multiplier & fortifier les précieux liens de cette concorde univerſelle ſi deſirable pour l'humanité entière.

Déjà auſſi les affaires de l'intérieur ont pris la direction qui doit conduire à la proſpérité de l'État.

La plus parfaite fidélité à remplir tous les engagemens, a rendu au crédit le reſſort qu'il ne peut avoir que par l'effet d'une confiance méritée.

Des témoignages de protection donnés au Commerce, des encouragemens accordés aux Manufactures ont ranimé l'induſtrie & produit par-tout cette utile efferveſcence dont les premiers fruits en promettent de plus abondans pour l'avenir.

Enfin, le peuple a reçu des commencemens de ſoulagement qu'il n'étoit pas poſſible de rendre ni plus prompts, ni plus conſidérables, avant d'avoir rétabli l'ordre dans les finances de l'État.

C'eſt cet ordre qui eſt le principe & la condition eſſentielle de toute économie réelle; c'eſt lui qui eſt la véritable ſource du bonheur public.

Pour l'aſſeoir ſur une baſe ſolide, & pour pouvoir balancer les recettes avec les dépenſes, il falloit néceſſairement commencer par liquider le paſſé, par ſolder l'arriéré, par ſe remettre au courant dans toutes les parties.

C'étoit le ſeul moyen de ſortir de la confuſion des exercices entre-mêlés l'un dans l'autre, & de pouvoir diſtinguer ce qui appartient à chaque année, ſéparer l'accidentel de l'état ordinaire, & voir clair dans la ſituation.

Trois années ont été employées à ce préliminaire indiſpenſable, & ces trois années n'ont pas été perdues.

Lorſqu'à la fin de 1783, le Roi daigna me confier l'adminiſtration de ſes Finances, elles étoient, on ne l'a que trop ſu, dans l'état le plus critique.

Toutes les Caiſſes étoient vides, tous les Effets publics baiſſés, toute circulation interrompue; l'alarme étoit générale, & la confiance détruite.

En réalité il y avoit 220 millions à payer pour reſtant des dettes de la guerre, plus de 80 millions d'autres dettes exigibles, ſoit pour l'arriéré des dépenſes courantes, ſoit pour l'acquittement de pluſieurs objets conclus ou décidés antérieurement; 176 millions d'anticipations ſur l'année ſuivante; 80 millions de déficit dans la balance des revenus & dépenſes ordinaires; le payement des rentes exceſſivement retardé; le tout enſemble faiſant un vide de plus de 600 millions : & il n'y avoit ni argent ni crédit.

Le ſouvenir en eſt trop récent, pour qu'il ſoit beſoin de preuves; & d'ailleurs j'ai mis ſous les yeux du Roi tous les états juſtificatifs : Sa Majeſté les a vus & examinés; ils ſont reſtés entre ſes mains.

Aujourd'hui l'argent eſt abondant, le crédit eſt rétabli, les Effets publics ſont remontés, leur négociation eſt fort active, & sans le trouble causé par les effets de l'agiotage (fléau éphémère que les mesures prises par Sa Majesté feront bientôt disparoître), elle ne laisseroit rien à desirer.

La caisse d'Escompte a repris toute la faveur qui lui est dûe, & qui ne pourra que s'accroître par l'extension de son utilité.

Les billets des Fermes, & tous les autres genres d'assignation, sont en pleine valeur.

Les dettes de la guerre sont acquittées, tout l'arriéré est soldé, toutes les dépenses sont au courant.

Le payement des rentes n'éprouve plus le moindre retard; il est enfin ramené au jour même des échéances, & 48 millions d'extraordinaire ont été employés à cet utile rapprochement qu'on n'avoit pas encore vu, & qu'on n'osoit espérer.

Trente-deux millions du restant des rescriptions suspendues sous le dernier règne, ont été remboursés avant leur terme; & leur nom, qui étoit un scandale en finance, n'existe plus.

Les remboursemens à époques, dont j'ai trouvé le Trésor royal surchargé, s'effectuent à jour nommé, & la liquidation des dettes de l'État s'opère annuellement, ainsi que Sa Majesté l'a réglé par son édit de 1784, constitutif du salutaire & inébranlable établissement de la Caisse d'amortissement.

Enfin, l'exactitude des payemens a produit une telle confiance, & par elle des ressources si fécondes, que non-seulement il a été obvié à tous les dangers que la position de la fin de 1783 faisoit craindre; non-seulement il a été satisfait à la masse énorme d'engagemens & de dettes qui existoit alors, mais de plus, il s'est trouvé assez de moyens pour faire face à une infinité de dépenses imprévues & indispensables, telles que, d'une part, les sommes employées en préparatifs de précaution & autres frais politiques qu'ont exigé les affaires de la Hollande; & d'autre part, les secours, les soulagemens, les indemnités que l'intempérie des saisons, & diverses calamités ont nécessités en 1784 & 1785.

Dans le même temps, Sa Majesté convaincue par de grandes & judicieuses considérations, qu'il étoit également important & économique d'accélérer les travaux de Cherbourg, a fait quadrupler les fonds, qui d'abord avoient été destinés annuellement à cette immortelle opération, que Sa Majesté a consacrée par sa présence, dans le voyage mémorable, où Elle a goûté la juste satisfaction de recueillir les bénédictions & les acclamations attendrissantes d'une Nation qui sait si bien adorer ses Rois, quand elle se voit aimée par eux, quand elle voit les soins qu'ils prennent pour son bonheur.

Les utiles travaux du Havre & ceux de la Rochelle ont été suivis avec la même activité ; ceux de Dunkerque & de Dieppe ont été déterminés & entamés.

De nouveaux canaux ont été ouverts en plusieurs Provinces, & Sa Majesté a contribué à leur entreprise.

Elle a rendu au département des Ponts & Chaussées la totalité des fonds destinés aux routes publiques, & les a même augmentés.

Elle a supprimé plusieurs droits nuisibles au Commerce, & le sacrifice qu'Elle a bien voulu faire de leur produit, en favorisant l'exportation de nos denrées, est devenu une nouvelle source de richesses.

Sa Majesté a créé, soutenu, vivifié plusieurs branches d'industrie, qui désormais approvisionneront le Royaume de grand nombre d'objets qui se tiroient de l'Étranger.

Plusieurs établissemens de grande conséquence ont été secourus & ont reçu des marques signalées d'une protection vigilante ; tels entr'autres, celui des forges de Mont-Cenis, le plus considérable qui existe en ce genre ; & celui de la pêche de la Baleine, qui prend naissance sous les auspices les plus favorables, en même-temps que toutes les autres pêches du Royaume sont encouragées, prospèrent & préparent à la Marine une pépinière de matelots.

Notre commerce dans l'Inde prend aussi consistance ; la

nouvelle Compagnie fait les plus grands efforts pour répondre à l'objet de son établissement, & elle a doublé les effets de son zèle, depuis que le Roi lui a permis de doubler ses fonds.

En s'occupant de tout ce qui intéresse le Commercé, sa Majesté n'a pas perdu de vue ce qui, dans un royaume agricole, peut s'appeler la première & la plus importante de toutes les manufactures, la culture des terres. L'Assemblée qu'Elle a établie pour correspondre, tant avec les Intendans des Provinces, qu'avec les Sociétés d'Agriculture, & les particuliers appliqués à cet objet, a excité la plus utile émulation, & réuni les renseignemens les plus intéressans. Il s'est formé des associations champêtres entre des propriétaires, des ecclésiastiques, des cultivateurs éclairés, pour faire des expériences, & donner aux habitans des campagnes la seule leçon qui les persuade, celle de l'exemple.

L'exploitation des Mines, trop long-temps négligée en France, a fixé aussi les regards & l'attention de Sa Majesté, qui sait combien de ressources on peut en tirer. Une école publique devenue intéressante pour la curiosité même des Étrangers, des Professeurs pleins de zèle & de talens, des Élèves animés de la plus vive ardeur, des Directeurs envoyés dans toutes les Provinces pour y faire des recherches utiles, ont déjà répandu l'instruction dans le Royaume, & l'ont portée jusqu'au fond de ces dépôts des richesses souterraines qu'on n'obtient que par des efforts bien dirigés.

L'opération sur les monnoies d'Or, en faisant cesser la disproportion qui existoit entre le prix de ce premier métal & celui de l'argent, a produit le triple avantage d'arrêter l'exportation de nos louis, qui devenoit excessive, d'en rétablir la circulation qui étoit presque nulle, & de procurer un bénéfice considérable à l'État en même temps qu'un juste profit aux particuliers.

Si j'ajoute qu'il s'élève de toutes parts des monumens dignes d'illustrer un règne, c'est qu'ils sont du genre de ceux qui, réuniſſant l'utilité publique à la décoration du Royaume, ont droit à la reconnoiſſance nationale. Tel eſt le caractère de tous ceux dont Sa Majeſté m'a ordonné de ſuivre l'entrepriſe.

Les nouveaux quais qui vont embellir Marſeille, favoriſeront le commerce, ainſi que la population de cette antique cité.

La ſuperbe place qui s'érige à Bordeaux ſur les ruines d'une inutile forteresse, procurera les communications les plus intéreſſantes, en même temps qu'un des plus beaux points de vue de l'Univers.

A Lyon, les travaux deſtinés à faire ſortir un quartier habitable du ſein d'un marais fétide, étoient néceſſaires pour la ſalubrité de cette riche & grande ville.

A Niſmes, la reſtauration des Arènes fera diſparoître des maſures mal-ſaines, qui déshonoroient ces magnifiques reſtes de la grandeur des Romains.

Aix aura enfin un Palais de Juſtice, digne de l'importance de ſa deſtination.

Dunkerque verra réparer ſes longs malheurs, par le rétabliſſement de ſes écluſes & de ſon Port.

Dans la Capitale, les travaux commencés pour eſpacer les anciennes halles, pour en conſtruire de nouvelles plus commodes, pour en déſobſtruer les accès, & pour délivrer les ponts des bâtimens difformes & caducs dont ils étoient ſurchargés, ſont autant de bienfaits que Sa Majeſté conſacre à l'humanité bien plus qu'à la gloire; & ce qui rend ces importans ouvrages encore plus précieux, c'eſt que leur exécution s'opère & s'achevera entièrement par des moyens qui ne ſont onéreux, ni au Tréſor royal, ni aux peuples, des moyens qui ne dérangent aucune deſtination, qui ne retardent aucun payement.

En effet, Meſſieurs, au milieu de toutes ces entrepriſes, chaque département a reçu ce qu'il a jugé néceſſaire pour ſon ſervice; chaque Intendant a obtenu les ſecours qu'il a demandés pour sa Généralité ; chaque créancier de l'État a touché ce qu'il avoit droit de prétendre ; aucun ne se plaint, aucune partie prenante ne se présente vainement, aucune n'est repoussée par cette triste allégation *de la situation fâcheuse des finances*, qui fut si long-temps la formule des réponses de l'Administration.

SA MAJESTÉ a même fait solder plusieurs indemnités reconnues justes, mais renvoyées à des circonstances plus heureuses. Elle a fait justice à tout le monde, & Elle a pu suivre les mouvemens de sa bienfaisance sans éprouver le regret d'aggraver les charges de son peuple, sans qu'il y ait eu directement ni indirectement aucune sorte d'augmentation d'impôts, sans qu'aucuns droits nouveaux aient été établis, même pour remplacer ceux qui ont été supprimés.

PAR ce tableau raccourci des payemens & des opérations effectuées depuis trois ans, d'après les décisions du Roi qui en sont preuve, vous pouvez juger, Messieurs, si les dépenses ont été surveillées avec attention, & s'il y a eu de l'ordre dans le régime des Finances. Des effets salutaires ne permettent pas de présumer un principe vicieux ; & quels que puissent être les vains propos des gens mal-instruits, c'est toujours par les grands résultats qu'on doit apprécier l'économie dans une vaste administration.

J'ai remis au Roi des détails exacts & détaillés de tout ce qui a été *donné, acquis, échangé, emprunté & anticipé*, depuis que Sa Majesté a daigné me charger de ses Finances ; j'y ai joint tous les renseignemens, tous les titres justificatifs de l'autorisation & de l'emploi. Sa Majesté les a tous examinés, Elle les a gardés, Elle est continuellement en état d'en vérifier par Elle-même tous les articles ; & je ne crains pas que la malignité la plus venimeuse puisse rien citer de réel qui ne s'y trouve compris.

Il ne m'est pas permis sans doute de parler de moi dans

cette auguste Assemblée, où il ne doit être question que des plus grands intérêts de l'État. Mais ce que j'ai à dire sur l'économie ne leur est point étranger; & avant de développer ce qui a conduit Sa Majesté aux résolutions qu'Elle veut, Messieurs, vous communiquer, il n'est pas inutile de faire voir que leur nécessité ne peut être regardée comme suite de relâchement sur les dépenses.

En général l'économie d'un Ministre des Finances peut exister sous deux formes si différentes, qu'on pourroit dire que ce sont deux sortes d'économies.

L'une qui frappe tous les yeux par des dehors sévères, qui s'annonce par des refus éclatans & durement prononcés, qui affiche la rigueur sur les moindres objets, afin de décourager la foule des demandeurs. C'est une apparence imposante qui ne prouve rien pour la réalité, mais qui fait beaucoup pour l'opinion; elle a le double avantage d'écarter l'importune cupidité, & de tranquilliser l'inquiète ignorance.

L'autre, qui tient au devoir plutôt qu'au caractère, peut faire plus en se montrant moins; stricte & réservée pour tout ce qui a quelqu'importance, elle n'affecte pas l'austérité pour ce qui n'en a aucune; elle laisse parler de ce qu'elle accorde, & ne parle pas de ce qu'elle épargne: parce qu'on la voit accessible aux demandes, on ne veut pas croire qu'elle en rejette la plus grande partie; parce qu'elle tâche d'adoucir l'amertume des refus, on la juge incapable de refuser; parce qu'elle n'a pas l'utile & commode réputation d'inflexibilité, on lui refuse celle d'une sage retenue; & souvent, tandis que par une application assidue à tous les détails d'une immense gestion, elle préserve les Finances des abus les plus funestes, & des impérities les plus ruineuses, elle semble se calomnier elle-même par un extérieur de facilité que l'envie de nuire a bientôt transformé en profusion.

Mais qu'importe l'apparence, si la réalité est incontestable! Persuadera-t-on que les libéralités sont devenues excessives, lorsqu'il est constaté par le compte effectif de l'année dernière, que

que les penſions qui s'élevoient notoirement à 28 millions, ne montent plus qu'à environ 26, & qu'elles continueront néceſſairement de décroître chaque année par l'exécution du Règlement que Sa Majeſté a rendu le 8 mai 1785 ? Refuſera-t-on de reconnoître que, dans un royaume comme la France, la plus certaine, la plus grande des économies conſiſte à ne pas faire de fauſſes opérations ; qu'une ſeule mépriſe en adminiſtration, une ſpéculation erronée, un emprunt mal calculé, un mouvement rétrograde, coûte infiniment plus au Tréſor public, ſans qu'on le ſache, que les dépenſes oſtenſibles dont on parle le plus ; & que le titre d'adminiſtrateur économe eſt plutôt dû à celui dont on ne peut citer aucune opération manquée, qu'à celui qui ne s'attacheroit qu'à des épargnes ſouvent illuſoires, & toujours plus avantageuſes au Miniſtre qui s'en fait un mérite, qu'à l'État dont l'utile ſplendeur eſt incompatible avec une ſtérile parcimonie !

Au ſurplus, les circonſtances commandent : j'aurois tout perdu ſi j'avois pris l'attitude de la pénurie au moment que je devois en diſſimuler la réalité. Toutes mes reſſources, lorſque le Roi m'a confié la conduite de ſes Finances, conſiſtoient dans le crédit ; tous mes efforts ont dû tendre à le rétablir. L'argent manquoit, parce qu'il ne circuloit pas : il a fallu en répandre pour l'attirer, en faire venir du dehors pour faire ſortir celui que la crainte tenoit caché au dedans, ſe donner l'extérieur de l'abondance, pour ne pas laiſſer apercevoir l'étendue des beſoins. L'eſſentiel étoit alors de ramener la confiance égarée ; & pour y parvenir il y avoit beaucoup à réparer dans l'opinion. Il falloit porter l'exactitude des payemens au-delà même de l'exigibilité pour qu'elle ne parût pas reſter en-deçà. Il falloit rembourſer infiniment pour pouvoir recevoir encore plus ; il falloit abolir la terreur de ces moyens ſiniſtres dont la ſeule appréhenſion ſeroit une tache dans un règne que caractériſent la ſageſſe & la vertu ; il falloit enfin égaler aux yeux de l'Étranger les Nations les plus fidèles à leurs engagemens, & donner à toute l'Europe une juste idée de la fécondité de nos ressources.

Le Roi, à qui j'ai rendu compte de tout, a jugé mes motifs, & réglé en conséquence la marche que j'ai suivie. Sa Majesté a reconnu la nécessité de commencer par rappeler les forces & ranimer la vigueur du corps politique, avant d'oser en sonder les plaies invétérées, & sur-tout avant de les découvrir, ce qui n'est permis que quand on peut en même-temps présenter le remède curatif.

C'est le point où je suis enfin parvenu. Depuis un an, je n'ai pas cessé de travailler à prendre une connoissance plus certaine qu'on ne l'avoit eue jusqu'à présent de la situation des finances, & de méditer profondément sur ce qu'elle exige.

Il semble qu'il soit bien facile à un Ministre des Finances de former un compte exact des recettes & dépenses ordinaires & annuelles. On croiroit qu'il doit le trouver dans les états de situation qu'on lui remet à la fin de chaque année, & qu'il présente lui-même au Roi, pour le règlement des fonds de l'année suivante.

Mais ces états, quelque soin qu'on apporte à leur confection, ne peuvent servir qu'à faire apercevoir les ressources extraordinaires qu'on est dans le cas de se procurer dans l'année pour laquelle ils sont faits; on ne peut en conclure rien de précis ni de certain sur la situation ordinaire. Le nombre prodigieux de parties hétérogènes & variables dont ils sont composés, l'enchevêtrement des différens exercices, la confusion provenante des prélèvemens locaux sur des recouvremens plus ou moins retardés, le rejet des valeurs & assignations reportées d'une année sur l'autre, la multitude incalculable des causes imprévues qui peuvent changer l'ordre des dépenses & celui des remboursemens; enfin le mélange presque inévitable de l'arriéré, du courant & du futur, du fixe & de l'éventuel, de ce qui n'est que le résultat des viremens, d'avec ce qui doit être compté pour effectif; toutes ces causes réunies rendent extraordinairement difficile de discerner ce qui appartient à chaque année, pour former une balance juste de l'état ordinaire & annuel.

Persuadé qu'il est de la plus grande importance de s'en assurer, & qu'en instruire le Roi sans aucune dissimulation, c'est un devoir rigoureux de ma place, en même-temps que c'est servir, suivant ses principes, un Monarque qui aime la vérité; je n'ai rien négligé pour parvenir à mettre sous ses yeux un compte général de ses Finances, dont je pusse lui garantir & justifier l'exactitude. J'y ai distingué soigneusement, & par colonnes, les revenus dans leur intégrité, les prélèvemens qu'ils subissent avant d'arriver au Trésor royal, & leur montant net, tel qu'il s'y verse effectivement pour chaque année.

J'ai suivi le même ordre pour les dépenses; j'ai séparé tout l'extraordinaire de celles qu'il faut regarder comme annuelles; j'ai compris dans celles-ci les parties acquittées sur les lieux, & je les ai classées toutes par date, par assignat, & suivant les époques auxquelles elles doivent se rapporter.

Ces comptes dressés sous deux points de vue, l'un pour l'année 1787, l'autre pour une année ordinaire, présentent une balance très-correcte des recettes & dépenses annuelles; je les ai remis au Roi, appuyés de soixante-trois états particuliers qui donnent le détail de tous les articles, & Sa Majesté qui a bien voulu en faire une étude approfondie avec l'application qu'Elle ne refuse jamais à ce qui la mérite, est à présent plus instruite que qui que ce soit ne peut l'être dans son Royaume, de la véritable situation de ses Finances.

Les résultats de cette connoissance n'ont pu lui paroître ni douteux ni satisfaisans.

Je dois l'avouer, & je n'ai eu garde d'en rien déguiser, le déficit annuel est très-considérable. J'en ai fait voir au Roi l'origine, les progrès & les causes.

Son origine est fort ancienne ; le déficit en France existe depuis des siècles. Le système, en bouleversant les fortunes particulières, devoit du moins rétablir le niveau dans les finances de l'État : ce but a été manqué, & même sous l'administration économique du Cardinal de Fleury, on ne l'a point atteint. Ce n'est pas l'opinion commune, mais c'est la vérité ; & il est constaté par un travail fait au Trésor royal sur les comptes de ce Ministère, que pendant sa durée le déficit a toujours subsisté.

Ses progrès sont devenus effrayans sous le dernier règne. Le déficit passoit 74 millions, quand l'Abbé Terray fut appelé à l'administration des Finances ; il étoit encore de 40 quand il en sortit. Cependant par le Mémoire qu'il remit au Roi en 1774, accompagné d'un état des recettes & dépenses pour la même année, il n'avoit porté le déficit annuel qu'à 27,800,000 livres ; mais il est reconnu & prouvé par le compte effectif de cette même année, qu'en réalité il étoit alors de 40,200,000 livres.

Cette différence confirme ce que j'ai dit de la difficulté de former une balance exacte des recettes & des dépenses ordinaires.

Les Finances étoient donc encore dans un grand dérangement lorsque SA MAJESTÉ est montée sur le trône. Elles restèrent à-peu-près au même état jusqu'en 1776, époque à laquelle le déficit fut estimé être de 37 millions par celui même qui, peu de temps après, fut chargé de la direction des Finances.

Entre cette époque & celle du mois de Mai 1781, le rétablissement de la Marine & les besoins de la guerre firent emprunter 440 millions.

Il est évident que le produit de toutes les réformes, de toutes les bonifications qui ont été faites dans cet intervalle, quelqu'évaluation qu'on puisse leur donner, n'a pu compenser, à beaucoup près, l'augmentation de dépense qui a résulté nécessairement de l'intérêt de ces emprunts, qu'il faut toujours compter sur le pied de neuf à dix pour cent, soit comme viagers, soit eu égard aux remboursemens, & qui par conséquent s'est élevé à plus de 40 millions par an. Le déficit s'est donc accrû, & les comptes effectifs le prouvent.

Il s'est accrû encore depuis le mois de Mai 1781 jusqu'au mois de Novembre 1783; & l'on ne doit pas s'en étonner, puisque les emprunts faits pendant cet espace, montèrent à environ 450 millions.

J'ai constaté qu'à la fin de 1783, le déficit s'est trouvé être de 80 millions.

Il y avoit en outre 176 millions d'anticipations que j'ai compris dans la masse des dettes, lorsque j'ai dit qu'à cette époque, elles s'élevoient à plus de 600 millions. Il est prouvé par les états remis au Roi qu'elles montoient à 604, en sorte qu'en y joignant le déficit de 80 millions, je puis bien dire que le vide étoit de 684 millions dans l'exercice de 1784.

Je n'ai pu ni dû le faire porter entièrement sur cette seule année; il a fallu en rejeter une partie sur les exercices suivans, & l'on sent combien ce rejet, joint au déficit annuel, a dû les rendre pénibles; on voit combien les emprunts faits à la fin des années 1783, 1784 & 1785, même en y joignant celui fait par la ville de Paris en Décembre 1786, sont au-dessous de ce que j'avois à payer, & l'on ne doit pas s'étonner que, pour y suppléer, il ait été inévitable de recourir à d'autres ressources de crédit moins directes, moins ostensibles, mais toutes expressément approuvées par Sa Majesté, qui en a connu les motifs & l'emploi.

La réunion de tous ces moyens de crédit dont il n'a été usé qu'avec la plus grande réserve possible, ne forme pas, à beaucoup près, une somme égale à celles des acquittemens qui ont été effectués pendant le cours de ces trois années: l'ordre, l'économie & les arrangemens dont une grande manutention est susceptible, ont fait le reste, & tout est soldé.

Mais il n'en résulte pas moins que le déficit annuel a pris

de nouveaux accroiſſemens. Les cauſes en ſont trop publiques, pour que les effets en ſoient myſtérieux.

Ces cauſes s'expliquent toutes par une ſeule obſervation; le déficit étoit de 37 millions à la fin de 1776, & depuis cette époque juſqu'à la fin de 1786, il a été emprunté 1250 millions.

Vous ſavez, Meſſieurs, combien ces emprunts étoient néceſſaires. Ils ont ſervi à nous créer une Marine formidable; ils ont ſervi à ſoutenir glorieuſement une guerre qui, d'après ſon principe & ſon but, a été appelée avec raiſon, *Guerre nationale;* ils ont ſervi à l'affranchiſſement des Mers; ils ont ſervi enfin à procurer une paix ſolide & durable, qui doit donner le temps de réparer tout le dérangement qu'une dépenſe auſſi énorme a cauſé dans les Finances.

Ce ſeroit cependant prendre une idée fort exagérée du déficit actuel, que de joindre pour en meſurer l'étendue, l'intérêt de cette maſſe d'emprunts, à ce qu'il étoit déjà antérieurement. D'un côté le revenu du Roi ſe trouve augmenté, tant par le produit des ſous pour livre impoſés en 1781, que par les bonifications conſidérables obtenues dernièrement aux renouvellemens des baux des différentes Compagnies de Finance: d'un autre côté, il y a eu pour 250 millions au moins, de rembourſemens, qui ont diminué proportionnellement les intérêts, & ſuivant l'ordre réglé tant pour ceux de ces rembourſemens qui ſont à époques fixes, que pour ceux que doit opérer la Caiſſe d'amortiſſement, il s'éteindra encore, pendant les dix années prochaines, un capital de plus de 400 millions; après quoi le Roi rentrera dans la libre jouiſſance de plus de 60 millions de revenu, abſorbé préſentement, tant par les rembourſemens aſſignés, que par les intérêts.

Mais juſque-là, c'eſt-à-dire juſqu'à la fin de 1797, il eſt impoſſible de laiſſer l'État dans le danger ſans ceſſe imminent auquel l'expoſe un déficit tel que celui qui exiſte; impoſſible de continuer à recourir chaque année à des palliatifs & à des expédiens, qui, en retardant la crise, ne pourroient que la rendre plus funeste; impossible de faire aucun bien, de suivre aucun plan d'économie, de procurer aux Peuples aucun des soulagemens que la bonté du Roi leur destine, aussi long-temps que ce désordre subsistera.

J'ai dû le dire, j'ai dû dévoiler au Roi cette triste vérité; elle a fixé toute son attention, & Sa Majesté s'est vivement pénétrée de la nécessité d'employer les moyens les plus efficaces pour y apporter remède.

MAIS quels peuvent être ces moyens?

Toujours emprunter, seroit aggraver le mal & précipiter la ruine de l'État.

Imposer plus, seroit accabler les Peuples que le Roi veut soulager.

Anticiper encore, on ne l'a que trop fait, & la prudence exige qu'on diminue chaque année la masse des anticipations actuelles.

Économiser, il le faut sans doute : Sa Majesté le veut; Elle le fait, Elle le fera de plus en plus. Tous les retranchemens possibles de dépenses jusque dans sa propre Maison, tous ceux dont les différens départemens sont susceptibles sans nuire aux forces de l'État, Elle les a résolus, & ses résolutions sont toujours suivies d'effet : mais l'économie seule, quelque rigoureuse qu'on la suppose, seroit insuffisante, & ne peut être considérée que comme moyen accessoire.

Je n'ai garde de mettre au rang des ressources ce qui, en détruisant le crédit, perdroit tout ce que l'immuable fidélité du Roi à ses engagemens ne permet pas d'envisager comme possible, ce qui répugneroit à son cœur autant qu'à sa justice.

Que reste-t-il donc pour combler un vide effrayant, & faire trouver le niveau desiré?

Que reste-t-il qui puisse suppléer à tout ce qui manque, & procurer tout ce qu'il faudroit pour la restauration des Finances?

Les Abus.

Oui, Meſſieurs, c'eſt dans les abus même que ſe trouve un fonds de richeſſes que l'État a droit de réclamer, & qui doivent ſervir à rétablir l'ordre. C'eſt dans la proſcription des abus que réſide le ſeul moyen de ſubvenir à tous les beſoins. C'eſt du ſein même du déſordre que doit jaillir une ſource féconde, qui fertiliſera toutes les parties de la Monarchie.

Les abus ont pour défenſeurs l'intérêt, le crédit, la fortune, & d'antiques préjugés que le temps ſemble avoir reſpectés; mais que peut leur vaine confédération contre le bien public & la néceſſité de l'État!

Le plus grand de tous les abus, ſeroit de n'attaquer que ceux de moindre importance, ceux qui n'intéreſſant que les foibles, n'oppoſent qu'une foible réſiſtance à leur réformation, mais dont la réformation ne peut produire une reſſource ſalutaire.

Les abus qu'il s'agit aujourd'hui d'anéantir pour le ſalut public, ce ſont les plus conſidérables, les plus protégés, ceux qui ont les racines les plus profondes, & les branches les plus étendues.

Tels ſont les abus dont l'exiſtence pèſe ſur la claſſe productive & laborieuſe; les abus des priviléges pécuniaires, les exceptions à la loi commune, & tant d'exemptions injuſtes, qui ne peuvent affranchir une partie des contribuables, qu'en aggravant le ſort des autres;

L'inégalité générale dans la répartition des ſubſides, & l'énorme diſproportion qui ſe trouve entre les contributions des différentes Provinces, & entre les charges des Sujets d'un même Souverain;

La rigueur & l'arbitraire de la perception de la Taille;

La crainte, les gênes, & preſque le déshonneur imprimés au commerce des premières productions;

Les Bureaux de traites intérieures, & ces Barrières qui rendent les diverſes parties du Royaume étrangères les unes aux autres;

Les

Les droits qui découragent l'induſtrie, ceux dont le recouvrement exige des frais exceſſifs & des prépoſés innombrables ; ceux qui ſemblent inviter à la contrebande, & qui tous les ans font ſacrifier des milliers de citoyens ;

Le dépériſſement du domaine de la Couronne, & le peu d'utilité que produiſent ſes foibles reſtes ;

La dégradation des forêts du Roi, & les vices de leur adminiſtration ;

Enfin tout ce qui altère les produits, tout ce qui affoiblit les reſſources du crédit, tout ce qui rend les revenus inſuffiſans, & toutes les dépenſes ſuperflues qui les abſorbent.

Si tant d'abus, ſujets d'une éternelle cenſure, ont réſiſté juſqu'à préſent à l'opinion publique qui les a proſcrits, & aux efforts des Adminiſtrateurs qui ont tenté d'y remédier, c'eſt qu'on a voulu faire, par des opérations partielles, ce qui ne pouvoit réuſſir que par une opération générale ; c'eſt qu'on a cru pouvoir réprimer le déſordre ſans en extirper le germe ; c'eſt qu'on a entrepris de perfectionner le régime de l'État, ſans en corriger les diſcordances, ſans le ramener au principe d'uniformité, qui peut ſeul écarter toutes les difficultés de détail, & revivifier le corps entier de la Monarchie.

Les vues que le Roi veut vous communiquer tendent toutes à ce but : ce n'eſt ni un ſyſtème, ni une invention nouvelle ; c'eſt le réſumé, & pour ainſi dire, le ralliement des projets d'utilité publique, conçus depuis long-temps par les hommes d'État les plus habiles, ſouvent préſentés en perſpective par le Gouvernement lui-même, dont quelques-uns ont été eſſayés en partie, & qui tous ſemblent réunir les ſuffrages de la Nation ; mais dont juſqu'à préſent l'entière exécution avoit paru impraticable par la difficulté de concilier une foule d'uſages locaux, de prétentions, de priviléges, & d'intérêts oppoſés les uns aux autres.

Quand on conſidère par quels accroiſſemens ſucceſſifs, par combien de réunions de contrées diverſement gouvernées, le Royaume eſt parvenu à ſa conſiſtance actuelle, on ne doit pas être étonné de la diſparité de régimes, de la multitude de formes hétérogènes, & de l'incohérence de principes qui en déſuniſſent toutes les parties.

Ce n'étoit pas au ſein de l'ignorance & de la confuſion dont le voile a couvert le temps des premières races;

Ce n'étoit point lorſque les Rois, mal affermis ſur leurs trônes, n'étoient occupés qu'à repouſſer ſans ceſſe les uſurpations des grands vaſſaux;

Ce n'étoit pas au milieu des déſordres & de l'anarchie du régime féodal, lorſqu'une foule de petits tyrans, du fond de leurs châteaux fortifiés, exerçoient les brigandages les plus révoltans, bouleverſoient tous les principes de la conſtitution, & interpoſoient leurs prétentions chimériques entre le Souverain & ſes ſujets;

Ce n'étoit point lorſque la manie des croiſades, échauffée par le double enthouſiaſme de la religion & de la gloire, portoit ſous un autre hémiſphère les forces, la bravoure & les malheurs de la France;

Ce n'étoit point lorſqu'un Prince, qui obtint le ſurnom d'Auguſte, recouvroit les principaux démembremens de ſa Couronne, & en augmentoit la puiſſance & l'éclat; ni lorſque la ſombre politique d'un de ſes ſucceſſeurs, en donnant de l'extenſion au Gouvernement municipal, préparoit les moyens de réunir dans la main du Souverain tous les reſſorts de la force publique; ni lorſque le Monarque le plus avide de gloire & le plus valeureux des Chevaliers diſputoit au Souverain ſon rival, la célébrité qu'ils acquirent tous deux aux dépens de leurs peuples;

Ce n'étoit pas dans ces temps orageux & ſiniſtres, où le fanatiſme déchirant le ſein de l'État, le rempliſſoit de calamités & d'horreurs; ni lorſque ce bon Roi, ſi chéri des François, conquéroit ſon Royaume à la pointe de ſon épée, & avoit à réparer les longs déſordres, & les effets déſaſtreux des guerres civiles;

Ce n'étoit pas lorſque toute l'énergie d'un Miniſtre habile

& redouté ſe concentroit dans le double deſſein d'enchaîner l'ambition d'une Puiſſance devenue formidable à l'Europe, & d'aſſurer la tranquillité de la France par l'affermiſſement du pouvoir monarchique;

Ce n'étoit pas non plus ſous ce règne éclatant, où les intentions bienfaiſantes d'un grand Monarque furent trop ſouvent interrompues par des guerres ruineuſes, où l'État s'appauvriſſoit par des victoires, tandis que le Royaume ſe dépeuploit par l'intolérance, où le ſoin d'imprimer à tout un caractère de grandeur, ne permettoit pas toujours celui de procurer à l'État une ſolide proſpérité;

Ce n'étoit point enfin avant que la Monarchie eût étendu ſes limites juſqu'aux points naturellement deſtinés à les fixer, avant qu'elle fût parvenue à ſa maturité, & que le calme tant au dehors qu'au dedans, fût affermi ſolidement par la ſage modération de ſon Souverain, qu'il étoit poſſible de ſonger à réformer ce qu'il y a de vicieux dans la conſtitution, & de travailler à rendre le régime général plus uniforme.

Il étoit réſervé à un Roi jeune, vertueux, & qui n'a d'autre paſſion que de faire le bonheur des ſujets dont il eſt adoré, d'entreprendre, après un mûr examen, & d'exécuter avec une volonté inébranlable, ce qu'aucun de ſes prédéceſſeurs ne pouvoit faire; de mettre de l'accord & de la liaiſon entre toutes les parties du corps politique, d'en perfectionner l'organiſation, & de poſer enfin les fondemens d'une proſpérité inaltérable.

C'eſt pour y parvenir, que s'arrêtant à l'idée la plus ſimple & la plus naturelle, celle de l'unité de principes, qui eſt le vœu de la juſtice & la ſource du bon ordre, il en a fait l'application aux objets les plus eſſentiels de l'adminiſtration de ſon Royaume, & qu'il s'eſt aſſuré par une longue méditation ſur les conſéquences qui devoient en réſulter, qu'il y trouveroit le double avantage d'augmenter ſes revenus, & de ſoulager ſes peuples.

CETTE VUE GÉNÉRALE a conduit SA MAJESTÉ à s'occuper

d'abord des différentes formes d'adminiſtrer qui ont lieu dans les différentes provinces du Royaume, où il n'y a point de convocation d'États. Pour que la répartition des charges publiques ceſſe d'y être inégale & arbitraire, Elle a réſolu d'en confier le ſoin aux propriétaires eux-mêmes, & Elle a puiſé dans les premiers principes de la Monarchie le plan uniforme d'un ordre graduel de délibérations, ſuivant lequel l'émanation du vœu des contribuables & leurs obſervations ſur tout ce qui les intéreſſe, ſe tranſmettroient des Aſſemblées *paroiſſiales* à celles de *diſtrict*, de celles-ci aux Aſſemblées *provinciales*, & par elles juſques au Trône.

SA MAJESTÉ s'eſt enſuite attachée avec une attention toute particulière à établir le même principe d'uniformité, & l'égalité proportionnelle dans la répartition de l'Impôt territorial qu'Elle a regardé comme étant la baſe, & devant être la meſure de toutes les autres contributions. Elle a reconnu par le compte qu'Elle s'eſt fait rendre de la manière dont ſe perçoivent aujourd'hui les Vingtièmes, qu'au lieu d'être aſſis, comme ils devroient l'être, ſur l'univerſalité des terres de ſon Royaume, dans la juſte proportion de leurs valeurs & de leurs productions, ils ſouffroient une infinité d'exceptions tolérées plutôt que légitimes; que les pays d'États s'en acquittoient par des abonnemens diſproportionnés; que le crédit & l'opulence parvenoient par des moyens indirects à s'en exempter en partie, tandis que les moins aiſés en ſupportoient toute la rigueur; que des vérifications toujours inquiétantes, ſouvent interrompues & très-incomplettes dans l'état actuel, ne pouvoient donner une règle certaine de fixation; enfin que les réſultats de cette impoſition générale, au lieu de procurer au Gouvernement la connoiſſance eſſentiellement néceſſaire, des productions du Royaume, & de la balance comparative des forces de chaque province, ne ſervoient qu'à manifeſter l'inégalité choquante de leurs charges reſpectives, & ne préſentoient pas, à beaucoup près, un produit égal à la valeur annoncée par la dénomination même de cet impôt.

SA MAJESTÉ a jugé que le moyen de remédier à ces inconvéniens par la feule application des règles d'une juftice exactement diftributive, de ramener l'impôt à fon principe fondamental, de le porter à fa vraie valeur, en ne furchargeant perfonne, en accordant même du foulagement au peuple, & de rendre tout privilége inapplicable au mode de fa perception, feroit de fubftituer aux Vingtièmes une Subvention générale qui, s'étendant fur toute la fuperficie du Royaume, confifteroit dans une quotité proportionnelle de tous les produits, foit en nature pour ceux qui en feroient fufceptibles, foit en argent pour les autres, & n'admettroit aucune exception même à l'égard de fon Domaine, ni aucunes autres diftinctions, que celles réfultantes des différentes qualités du fol, & de la variété des récoltes.

Les biens eccléfiaftiques fe trouvent néceffairement compris dans cette répartition générale, qui, pour être jufte, doit embraffer l'univerfalité des terres, comme la protection dont elle eft le prix. Mais pour que ces biens ne foient point furchargés en continuant de payer les décimes qui fe lèvent pour la dette du Clergé, le Roi, fouverain protecteur des Églifes de fon Royaume, a réfolu de pourvoir au rembourfement de cette dette, en accordant au Clergé les autorifations néceffaires pour s'en libérer.

Par une fuite du même principe de juftice qui n'admet aucune exception quant à l'impofition territoriale, Sa Majefté a trouvé équitable que les premiers Ordres de fon État, qui font en poffeffion de diftinctions honorifiques qu'Elle entend leur conferver, & dont Elle veut même qu'ils jouiffent à l'avenir plus complettement, fuffent exempts de toute efpèce de taxe perfonnelle, & conféquemment qu'ils ne payaffent plus la capitation, dont la nature & la dénomination même femblent peu compatibles avec leur état.

SA MAJESTÉ auroit voulu que le produit du tribut territorial qui doit remplacer les Vingtièmes, la mît dès-à-préſent en état de diminuer le fardeau de la Taille autant qu'Elle ſe le propoſe.

Elle ſait combien cette impoſition & l'arbitraire de ſon recouvrement pèſent ſur la partie la plus ſouffrante de ſes ſujets ; & s'il eſt de ſa ſageſſe de ſuſpendre l'entier accompliſſement de ſes vues bienfaiſantes, juſqu'à ce qu'Elle ait connu les réſultats de la nouvelle forme de perception ſur les terres, & que les adminiſtrations provinciales l'aient éclairée ſur les moyens de rectifier la répartition de la taille, Elle veut du moins en corriger proviſoirement les principaux vices, & ne pas différer à faire jouir ſes peuples d'un commencement de réduction ſur la maſſe totale de cet impôt.

L'ENTIÈRE LIBERTÉ du commerce des Grains, aſſurée en faveur de l'agriculture & de la propriété, ſous la ſeule réſerve de déférer aux demandes des Provinces lorſque quelques-unes d'entr'elles croiront néceſſaire d'interdire momentanément l'exportation à l'étranger, & ſans que la ſollicitude paternelle du Roi pour tout ce qui intéreſſe la ſubſiſtance de ſes peuples ceſſe de donner à cet important objet les ſoins utiles & jamais inquiétans d'une ſurveillance inaperçue ;

L'ABOLITION de la Corvée en nature, & la converſion de cette trop dure exigeance en une preſtation pécuniaire répartie avec plus de juſtice, & employée de manière que ſa deſtination ſoit inviolablement aſſurée ;

L'AFFRANCHISSEMENT de la circulation intérieure ; le reculement des bureaux aux frontières ; l'établiſſement d'un tarif uniforme combiné avec les intérêts du Commerce ; la ſuppreſſion de pluſieurs droits nuiſibles à l'induſtrie, ou trop ſuſceptibles d'occaſionner des vexations, & l'allégement du fardeau de la gabelle, dont je n'ai jamais parlé à Sa Majeſté, ſans que ſon ame ait été ſenſiblement émue par le regret de n'en pouvoir décharger entièrement ſes ſujets ;

Ce ſont, Meſſieurs, autant d'opérations ſalutaires qui entrent dans le plan dont Sa Majeſté vous ſera développer les détails, & qui toutes concourent aux vues d'ordre & d'uniformité qui en ſont la baſe.

APRÈS avoir donné ſa principale attention à ces grands objets, le Roi s'eſt occupé des moyens d'accélerer la libération de la dette publique, libération déjà aſſurée par l'aſſignat invariable des ſommes qui ſe verſent chaque année dans la Caiſſe d'amortiſſement, & par l'emploi perpétuel du fonds progreſſif réſultant des intérêts combinés des différentes extinctions.

SA MAJESTÉ a conſidéré que ſes Domaines, dont une grande portion s'eſt depuis long-temps éclipſée par des engagemens, des apanages, des conceſſions de toute eſpèce, & dont les foibles reſtes, quoique mieux adminiſtrés depuis quelques années, ſupportent des frais & charges qui abſorbent la moitié de leurs produits, ne pouvoient jamais acquérir entre ſes mains une valeur proportionnée à celle des propriétés particulières; qu'ils étoient & ſeroient perpétuellement attaqués par une foule de demandes, dont la bonté du Souverain le plus réſervé dans ſes libéralités, a peine à ſe défendre, & qu'il étoit poſſible d'en tirer un parti beaucoup plus avantageux par la voie de l'inféodation, puiſque ſans diminution de revenu, & en conſervant la ſupériorité directe qui eſt l'objet eſſentiellement inaliénable, leur produit pourroit ſervir à l'extinction d'une partie des dettes conſtituées de l'État.

SA MAJESTÉ n'a pas jugé à propos d'uſer du même moyen par rapport à ſes forêts; Elle s'en réſerve l'entière propriété, & ſe propoſe d'en améliorer les produits par une adminiſtration mieux dirigée, moins incommode pour le public, & moins diſpendieuſe que ne l'eſt celle des Maîtriſes.

VOUS VERREZ, Meſſieurs, en dernier réſultat, l'influence de ces différentes opérations par rapport aux Finances de Sa Majeſté; vous aurez connoiſſance de quelques diſpoſitions qui y ſont plus directement relatives, & qui tendent, les unes à bonifier les recettes par des moyens qui ne ſeront pas onéreux, tel qu'une perception plus exacte du droit de Timbre; les autres, à faire ſur les dépenſes tous les retranchemens poſſibles, & toutes à rétablir entr'elles l'équilibre, ſans lequel il ne peut y avoir ni véritable économie, ni puiſſance ſolide, ni tranquillité durable.

LES SOINS que le Roi a pris pour étendre les opérations de la Caiſſe d'eſcompte, pour les rendre plus utiles au Commerce, & pour augmenter en même-temps la ſûreté de ſes engagemens, acheveront de vous faire voir combien Sa Majeſté eſt attentive à tout ce qui peut procurer quelqu'avantage à ſes ſujets, combien Elle veille ſur l'intérêt public.

VOUS RECONNOÎTREZ enfin dans tout l'enſemble du plan ſur l'exécution duquel Sa Majeſté veut vous conſulter, qu'il eſt ſi utile pour le bon ordre, ſi néceſſaire pour le redreſſement des abus, & ſi avantageux pour le peuple, qu'il faudroit en deſirer l'exécution, quand la ſituation des Finances ne l'exigeroit pas impérieuſement.

QUI POURROIT DOUTER des diſpoſitions dans leſquelles vous allez vous pénétrer de ces grands intérêts! Appelés par le Roi à l'honorable fonction de coopérer à ſes vues bienfaiſantes, animés du ſentiment du plus pur patriotiſme qui, dans tous les cœurs François, ſe confond avec l'amour pour leur Souverain & l'amour de l'honneur, vous n'enviſagerez dans l'examen que vous allez faire, que le bien général de la Nation, dont les regards ſont fixés ſur vous. Vous vous ſouviendrez qu'il s'agit du ſort de l'État, &

que

que des moyens ordinaires ne pourroient ni lui procurer le bien que le Roi veut lui faire, ni le préserver des maux qu'il veut prévenir.

Les observations que vous présenterez à Sa Majesté, auront pour but de seconder & de perfectionner l'accomplissement de ses intentions ; elles seront inspirées par le zèle, & mêlées des expressions de la reconnoissance dûe à un Monarque qui n'adopte de projets que ceux où il voit le soulagement de ses peuples, qui s'unit à ses sujets, qui les consulte, qui ne se montre à eux que comme leur père.

Que d'autres rappellent cette maxime de notre Monarchie, *si veut le Roi, si veut la Loi ;* la maxime de Sa Majesté est, *si veut le bonheur du peuple, si veut le Roi.*

Le discours de Monsieur le Contrôleur général fini, Monseigneur le Garde des Sceaux a été prendre les ordres du Roi ; revenu à sa place, assis & couvert, il a dit : *Si quelqu'un desire exprimer au Roi ses sentimens, Sa Majesté lui permet de parler.*

Monsieur le Premier Président du Parlement de Paris s'est levé, & a fait le discours suivant.

DISCOURS

De Monsieur le Premier Président du Parlement de Paris.

SIRE,

LE bonheur de vos Peuples a toujours été l'objet du cœur paternel de Votre Majesté ; votre avénement au Trône fut signalé par votre amour pour la justice & pour la fidélité des engagemens de votre État. Tous les momens de votre règne ont été marqués, SIRE, par votre amour pour vos Sujets. Après leur avoir procuré une paix glorieuſe, rétabli la tranquillité de l'Europe, & calmé par l'appareil de votre puiſſance ou par l'appui de votre médiation, tout nouveau ſujet de diſſention & de trouble; les ſoins de Votre Majeſté ſe ſont portés, SIRE, vers le projet depuis long-temps arrêté dans les réſolutions de votre ſageſſe, de vous mettre en état de procurer le ſoulagement de vos Sujets. Un plan préſenté comme capable de contribuer à ces vues de bienfaiſance, intéreſſe auſſitôt Votre Majeſté, toujours portée à ce qu'Elle croit pouvoir tendre à leur bonheur.

Puiſſe, SIRE, l'eſprit d'ordre & d'économie dont Votre Majeſté eſt animée, pénétrer dans toutes les branches de ſon adminiſtration, & montrer à la France & à l'Univers, combien Votre Majeſté eſt occupée du bonheur de ſes Peuples & de la proſpérité de ſon Royaume.

Monſieur l'Archevêque de Narbonne s'eſt levé, & après avoir ſalué Sa Majeſté, a dit:

DISCOURS

De Monſieur l'Archevêque de Narbonne.

SIRE,

SI nous avions pu prévoir que quelqu'un dût élever la voix dans cette Aſſemblée pour offrir à VOTRE MAJESTÉ, des remercîmens & des hommages, le premier Ordre de votre Royaume ſe feroit fait une gloire & un devoir de n'être prévenu par perſonne. Nous ſupplions VOTRE MAJESTÉ de vous permettre de mettre à ſes pieds, la première impreſſion que fait naître dans nos ames, le ſpectacle auſſi auguſte qu'impoſant de cette Aſſemblée, & ſur-tout la vive & reſpectueuſe reconnoiſſance qu'elle inſpire envers le Souverain qui a bien voulu la convoquer & qui daigne la préſider.

Monſeigneur le Garde des Sceaux eſt monté au trône pour prendre les ordres du Roi, & redeſcendu à ſa place, a dit: *L'intention du Roi eſt, lorſque les Commiſſaires de Sa Majeſté auront remis à l'Aſſemblée, les objets ſur leſquels le Roi ſe propoſe de les conſulter, qu'elle ſe partage en ſept Bureaux pour les examiner. Le Roi ordonne qu'il ſoit fait lecture de la Liſte des Bureaux.*

Monſieur le Baron de Breteüil a remis la Liſte au ſieur Hennin, premier Secrétaire-greffier de l'Aſſemblée, lequel en a fait la lecture debout & découvert.

LISTE DES BUREAUX.

Premier Bureau.

MONSIEUR, Président.

Messieurs,

L'ARCHEVÊQUE de Narbonne.
L'Évêque de Nevers.
Le Duc DE LA ROCHEFOUCAULD.
Le Maréchal DE CONTADES.
Le Maréchal DE BEAUVAU.
Le Duc DU CHÂTELET.
Le Comte DE BRIENNE.
Le Baron DE FLACHSLANDEN.
DE SAUVIGNY, Conseiller d'État.
DE FOURQUEUX, Conseiller d'État.
Le Premier Président du Parlement de Paris.
Le Président D'ORMESSON.
Le Président DE SARON.
Le Président DE LAMOIGNON.
Le Procureur général du Parlement de Paris.
Le Député du Clergé de Languedoc.
Le Député de la Noblesse de Bretagne.
Le Préteur royal de Strasbourg.
Le Prévôt des Marchands de Lyon.
Le Maire de Marseille.
Le Maire de Rouen.

Second Bureau.

MONSEIGNEUR COMTE D'ARTOIS, Président.

MESSIEURS,

L'ARCHEVÊQUE de Toulouſe.
L'Évêque de Langres.
Le Duc DE HARCOURT.
Le Maréchal DE STAINVILLE.
Le Prince DE ROBECQ.
Le Duc DE LAVAL.
Le Duc DE GUINES.
Le Marquis DE LA FAYETTE.
LAMBERT, Conſeiller d'État.
DE VILLEDEUIL, Maître des Requêtes.
Le Premier Préſident de la Chambre des Comptes de Paris.
Le Premier Préſident du Parlement de Bordeaux.
Le Premier Préſident du Parlement de Nanci.
Le Procureur général du Parlement d'Aix.
Le Député du Clergé des États d'Artois.
L'Élu général de la Nobleſſe de Bourgogne.
Le Prévôt des Marchands de Paris.
Le Lieutenant civil de Paris.
Le Maire de Montpellier.
Le Maire de Bourges.
Le Maire de Limoges.

Troisième Bureau.

MONSEIGNEUR LE DUC D'ORLÉANS, Préſident.

MESSIEURS,

L'ARCHEVÊQUE d'Aix.
L'Évêque de Nanci.
Le Duc DE CLERMONT-TONNERRE.
Le Maréchal DE BROGLIE.
Le Comte DE THIARD.
Le Comte DE ROCHECHOÜART.
Le Marquis DE BOÜILLÉ.
DE VIDAUD, Conſeiller d'État.
BERTIER, Maître des Requêtes.
Le Premier Préſident du Parlement de Grenoble.
Le Premier Préſident du Parlement de Rouen.
Le Premier Préſident de la Cour des Aides de Paris.
Le Procureur général du Parlement de Toulouſe.
Le Procureur général du Parlement de Rennes.
Le Député de la Nobleſſe d'Artois.
Le Député du Tiers-état de Bretagne.
Le Maire d'Orléans.
Le Maire d'Amiens.
Le Maire de Nanci.

Quatrième Bureau:

MONSEIGNEUR LE PRINCE DE CONDÉ, Préſident.

MESSIEURS,

L'ARCHEVÊQUE d'Arles.
L'Évêque de Blois.
Le DUC DE BÉTHUNE-CHAROST.
Le Maréchal D'AUBETERRE.
Le Comte D'ESTAING.
Le Marquis DE LANGERON.
Le Marquis DE MIREPOIX.
DE BACQUENCOURT, Conſeiller d'État.
DE NÉVILLE, Maître des Requêtes.
Le Premier Préſident du Parlement de Dijon.
Le Premier Préſident du Parlement de Beſançon.
Le Procureur général de la Chambre des Comptes de Paris.
Le Procureur général du Parlement de Pau.
L'Élu général du Clergé de Bourgogne.
Le Député de la Nobleſſe de Languedoc.
Le Député du Tiers-état d'Artois.
Le Premier Capitoul de Toulouſe.
Le Lieutenant de Maire de Bordeaux.
Le Prévôt de Valenciennes.

Cinquième Bureau.

MONSEIGNEUR LE DUC DE BOURBON, Préſident.

MESSIEURS,

L'ARCHEVÊQUE de Reims.
L'Évêque d'Alais.
Le Duc DE NIVERNOIS.
Le Maréchal DE MAILLY.
Le Comte D'EGMONT.
Le Comte DE PUYSÉGUR.
Le Marquis DE CHOISEUL-LA-BAUME.
LE NOIR, Conſeiller d'État.
ESMANGART, Maître des Requêtes.
Le Premier Préſident du Parlement d'Aix.
Le Premier Préſident du Parlement de Pau.
Le Premier Préſident du Parlement de Metz.
Le Premier Préſident du Conſeil ſouverain d'Alſace.
Le Procureur général du Parlement de Dijon.
Le Procureur général de la Cour des Aides de Paris.
L'Élu général du Tiers-état de Bourgogne.
Le Mayeur de Lille.
Le Maire de Troyes.
Le Maire de Reims.

Sixième

Sixième Bureau.

MONSEIGNEUR LE PRINCE DE CONTI, Préſident.

MESSIEURS,

L'ARCHEVÊQUE de Paris.
L'Évêque de Rodès.
Le Duc DE LUXEMBOURG.
Le Maréchal DE VAUX.
Le Duc DE ROHAN-CHABOT.
Le Marquis DE CROIX D'HEUCHIN.
DE LA GALAISIERE, Conſeiller d'État.
Le Premier Préſident du Parlement de Rennes.
Le Premier Préſident du Parlement de Flandre.
Le Procureur général du Parlement de Bordeaux.
Le Procureur général du Parlement de Grenoble.
Le Procureur général du Parlement de Metz.
Le Procureur général du Parlement de Beſançon.
L'Avocat général du Conſeil ſouverain d'Alſace.
Le Député du Tiers-état de Languedoc.
Le Maire de Bayonne.
Le Maire de Tours.
Le Maître Échevin de Metz.
Le Maire de Clermont.

Septième Bureau.

MONSEIGNEUR LE DUC DE PENTHIÈVRE, Président.

MESSIEURS,

L'ARCHEVÊQUE de Bordeaux.
L'Évêque du Puy.
Le Maréchal DE MOUCHY.
Le Duc DE CROŸ.
Le Comte DE PÉRIGORD.
Le Marquis DE GOUVERNET.
Le Comte DE MONTBOISSIER.
BOUTIN, Conseiller d'État.
Le Premier Président du Parlement de Toulouse.
Le Premier Président du Conseil souverain de Roussillon.
Le Procureur général du Parlement de Rouen.
Le Procureur général du Parlement de Flandre.
Le Procureur général du Parlement de Nancy.
Le Procureur général du Conseil souverain de Roussillon.
Le Député du Clergé de Bretagne.
Le Maire de Caën.
Le Maire de Montauban.
Le Procureur-Syndic de Nantes.
Le Premier Échevin de Paris.

Monſeigneur le Garde des Sceaux a été prendre les ordres du Roi, & revenu à ſa place, a dit:

LE ROI compte ſur le zèle de l'Aſſemblée, & Sa Majeſté eſt aſſurée que tous ceux qui la compoſent, éviteront avec ſoin toutes les diſcuſſions qui pourroient nuire à ſon objet principal. En conſéquence, Sa Majeſté a donné une Déclaration par laquelle Elle ordonne, que rien ne pourra tirer à conſéquence pour les rangs, ni préjudicier aux droits de perſonne. L'intention de Sa Majeſté, eſt qu'il ſoit fait lecture de ſa Déclaration, & qu'elle ſoit inſérée dans le Procès-verbal de l'Aſſemblée, qui ſera rédigé par ſon ordre.

Monſieur le Baron de Breteüil a remis la Déclaration au ſieur du Pont, ſecond Secrétaire-greffier de l'Aſſemblée, qui en a fait la lecture, debout & découvert.

DÉCLARATION DU ROI.

LOUIS, PAR LA GRÂCE DE DIEU, ROI DE FRANCE ET DE NAVARRE: A tous ceux qui ces préſentes Lettres verront; SALUT. Depuis notre avénement au Trône, nous avons toujours eu à cœur de maintenir chacun de nos Sujets dans tous les droits auxquels ils peuvent prétendre. Le deſir dont nous ſommes animés pour le bonheur de nos Peuples, nous ayant fait convoquer en ce lieu une Aſſemblée compoſée d'une partie des plus notables Perſonnages de notre Royaume, dont la fidélité, l'attachement à notre Perſonne, & le zèle pour la gloire & la ſplendeur de notre

État, nous ſont connus ; & fait deſirer que parmi eux il y eût un nombre de Prélats, Gentilshommes, Magiſtrats & Officiers municipaux de nos principales villes, pour être aidés de leurs conſeils, comme ils ont aidé les Rois nos prédéceſſeurs & nous, de leurs lumières & même de leur ſang, pour le maintien de notre Royaume & la proſpérité de nos armes ; ils ont ſatisfait à notre volonté, & pris la place que nous leur avons expreſſément choiſie, & que nous avons commandé à nos Officiers des cérémonies, de leur donner de notre part, comme honorable & avantageuſe ; & parce que quelques-uns pourroient n'être pas ſatisfaits à cauſe de leur dignité perſonnelle, ces places n'étant celles qu'ils ont accoutumé de tenir aux États-généraux, Lits de juſtice & autres Cérémonies auxquelles ils ſe trouvent en Corps ; Nous leur avons voulu déclarer, comme nous faiſons par ces préſentes, mues de la bonne volonté que nous avons toujours eue pour les Prélats & Nobleſſe de notre Royaume, & autres nos Sujets, que notre intention n'a point été en cette convocation, de tenir une Aſſemblée d'États, Lit de juſtice ou autre de pareille nature, & que nous leur avons ordonné cette ſéance proche de notre Perſonne & de ceux qui préſideront en notre abſence, comme très-honorable, avantageuſe & convenable à l'action tant de l'ouverture de ladite Aſſemblée que de la continuation d'icelle, ſans qu'elle puiſſe préjudicier ni rien diminuer des honneurs & prérogatives qui leur ſont ordinairement attribués, & que nous entendons & voulons leur être conſervés. MANDONS à ces fins à tous qu'il appartiendra, que du contenu en ces préſentes ils les laiſſent uſer pleinement & paiſiblement: CAR TEL EST NOTRE PLAISIR. En témoin de quoi nous avons fait mettre notre ſcel à ceſdites préſentes. DONNÉ à Verſailles le vingt-deuxième jour de Février, l'an de grâce mil ſept cent quatre-vingt-ſept, & de notre règne le treizième. *Signé* LOUIS. *Et plus bas*, Par le Roi. LE BARON DE BRETEÜIL.

Monſeigneur le Garde des Sceaux a été prendre les ordres du Roi, & revenu à ſa place, a dit:

MESSIEURS,

L'INTENTION du Roi eſt que, tant dans l'Aſſemblée générale, que dans les Bureaux, l'on prenne les voix par tête, & que l'on commence par ceux qui ſeront les derniers en ſéance. La volonté de Sa Majeſté, eſt que vous vous aſſembliez demain à onze heures, pour entendre ce que ſes Commiſſaires vous propoſeront de ſa part, & que le travail ne ſoit pas interrompu.

Le Roi a terminé la ſéance.

Sa Majeſté s'eſt retirée dans le même ordre qu'Elle étoit arrivée.

SECONDE SÉANCE.

Le Vendredi 23 Février 1787.

LE ROI ayant fixé au lendemain vendredi 23 Février, la ſeconde des Séances de l'Aſſemblée de Notables, la ſalle fut diſpoſée à cet effet totalement de niveau, le haut dais ſupprimé, conformément au plan que Sa Majeſté avoit arrêté de ſa main & aux ordres qu'Elle avoit donnés à Meſſieurs les Officiers des cérémonies.

Vers les neuf heures du matin, un détachement des Gardes de la Prévôté s'empara du veſtibule donnant ſur la rue des Chantiers, & de la petite pièce précédant immédiatement la ſalle d'Aſſemblée, ayant une Sentinelle à la porte de la ſalle en-dehors.

A la même heure, un détachement des Gardes-du-corps du Roi, prit poſte à la petite galerie précédant immédiatement la ſalle d'Aſſemblée du côté de l'appartement. Les Cent-Suiſſes occupoient le petit eſcalier, qui de cette ſalle deſcend dans la cour.

Il n'y eut aucune garde dans la ſalle; deux Huiſſiers du Conſeil, la chaîne d'or au cou, tenoient les portes en-dedans.

MONSIEUR & Monſeigneur Comte d'Artois avoient envoyé d'avance des détachemens de leurs Gardes & de leurs Suiſſes, qui avoient pris les ſalles

PLAN

DE LA SALLE D'ASSEMBLÉE DES NOTABLES,

À LA SÉANCE

PRÉSIDÉE PAR MONSIEUR,

Avec ſon Explication.

EXPLICATION DU PLAN DE LA SALLE D'ASSEMBLÉE DES NOTABLES,

À LA SÉANCE PRÉSIDÉE PAR MONSIEUR.

1. MONSIEUR.
2. Mgr Comte D'ARTOIS.
3. Mgr le Duc D'ORLÉANS.
4. Mgr le Prince DE CONDÉ.
5. Mgr le Duc DE BOURBON.
6. Mgr le Prince DE CONTI.
7. Mgr le Duc DE PENTHIÈVRE.
8. M. le Maréchal Duc de Lévis, Capitaine des Gardes DE MONSIEUR.
9. M. le Bailli de Crussol, Capitaine des Gardes de Mgr Comte D'ARTOIS.
10. M. le Prince de Saint-Mauris, Capitaine des Suisses DE MONSIEUR.
11. M. le Vicomte de Monteil, Capitaine des Suisses de Mgr Comte D'ARTOIS.
12. Le Secrétaire des Commandemens DE MONSIEUR.
13. Le Secrétaire des Command.^s de Mgr Comte D'ARTOIS.
14. Le G.^d-maître des cérémonies.
15. Le Maître des cérémonies.
16. L'Aide des cérémonies.

NOTABLES.

17. M. l'Archevêque de Reims.
18. M. l'Évêque de Langres.
19. M. le Duc de Luxembourg.
20. M. le Duc de Béthune-Charost.
21. M. l'Archevêque de Paris.
22. M. le Duc de Harcourt.
23. M. le Duc de Nivernois.
24. M. le Duc de la Rochefoucauld.
25. M. le Duc de Clermont-Tonnerre.
26. M. le Maréchal de Contades.
27. M. le Maréchal de Broglie.
28. M. le Maréchal de Mouchy.
29. M. le Maréchal de Mailly.
30. M. le Maréchal d'Aubeterre.
31. M. le Maréchal de Beauvau.
32. M. le Maréchal de Castries.
33. M. le Maréchal de Vaux.
34. M. le Maréchal de Ségur.
35. M. le Maréchal de Stainville.
36. *La Noblesse sans rang;*

SAVOIR:

M.^rs les Ducs de Croï, Comte d'Egmont, Comte de Périgord, Comte d'Estaing, P.^ce de Robecq, Duc de Chabot, Duc de Guines, Duc du Châtelet, Duc de Laval, Comte de Thiard, Cte de Puységur, Cte de Montboissier, Baron de Flaschslanden, Marquis de Choiseul-la-Baume, Comte de Rochechouart, Marquis de Langeron, Comte de Brienne, Marquis de Bouillé, Marquis de Mirepoix, Marquis de Croix-d'Heuchin, Marquis de la Fayette & Marquis de Gouvernet.

37. *Le Clergé, dans l'ordre suivant:*

M.^rs les Archevêques de Narbonne, de Toulouse, d'Aix, d'Arles & de Bordeaux; les Évêques du Puy, de Blois, de Rhodès, de Nevers, de Nanci & d'Alais.

38. *La Magistrature, comme il suit:*

M.^rs le Premier Président du Parlement de Paris, les Présidens d'Ormesson, de Saron & de Lamoignon, les Premiers Présidens des Parlemens de Toulouse, de Grenoble, de Bordeaux, de Dijon, de Rouen, d'Aix, de Rennes, de Pau, de Metz, de Besançon, de Douai, de Nanci, & des Conseils souverains d'Alsace & de Roussillon.

39. Les Procureurs généraux des mêmes Parlemens & Conseils souverains.
40. M. le Premier Président de la Chambre des Comptes de Paris.
41. M. le Procureur général de la même Cour.
42. M. le Premier Président de la Cour des Aides de Paris.
43. M. le Procureur général de la même Cour.
44. M. le Lieutenant civil.
45. M. le Prévôt des Marchands de Paris.
46. M. le Premier Échevin de Paris.
47. M. le Prévôt des Marchands de Lyon.
48. *Les Officiers municipaux, sans rang;*

SAVOIR:

Des villes de Marseille, Bordeaux, Rouen, Toulouse, Strasbourg, Lille, Nantes, Metz, Nanci, Montpellier, Valenciennes, Reims, Amiens, Troies, Caen, Orléans, Bourges, Tours, Limoges, Montauban, Clermont & Bayonne.

49. *Les Députés des Pays d'États;*

SAVOIR:

De Bourgogne, de Languedoc, de Bretagne & d'Artois.

50. *Les Membres du Conseil;*

SAVOIR:

Mrs Bertier de Sauvigny, Boutin, de Fourqueux, Lenoir, de Vidaud, Lambert, Dupleix de Bacquencourt, de la Galaizière, Esmangart, Bertier, le Camus de Neville & Laurent de Villedeuil.

51. M. le Baron de Breteüil.
52. M. le Comte de Montmorin.
53. M. le Contrôleur général.
54. Les sieurs Hennin & Dupont, Secrétaires, Greffiers de l'Assemblée.
55. Un grand Bureau.
56. Six Poêles.
57. Porte d'entrée des Princes.
58. Porte d'entrée de M.^rs les Notables.

PLAN
De la Salle d'Assemblée des Notables à la séance présidée par Monsieur.

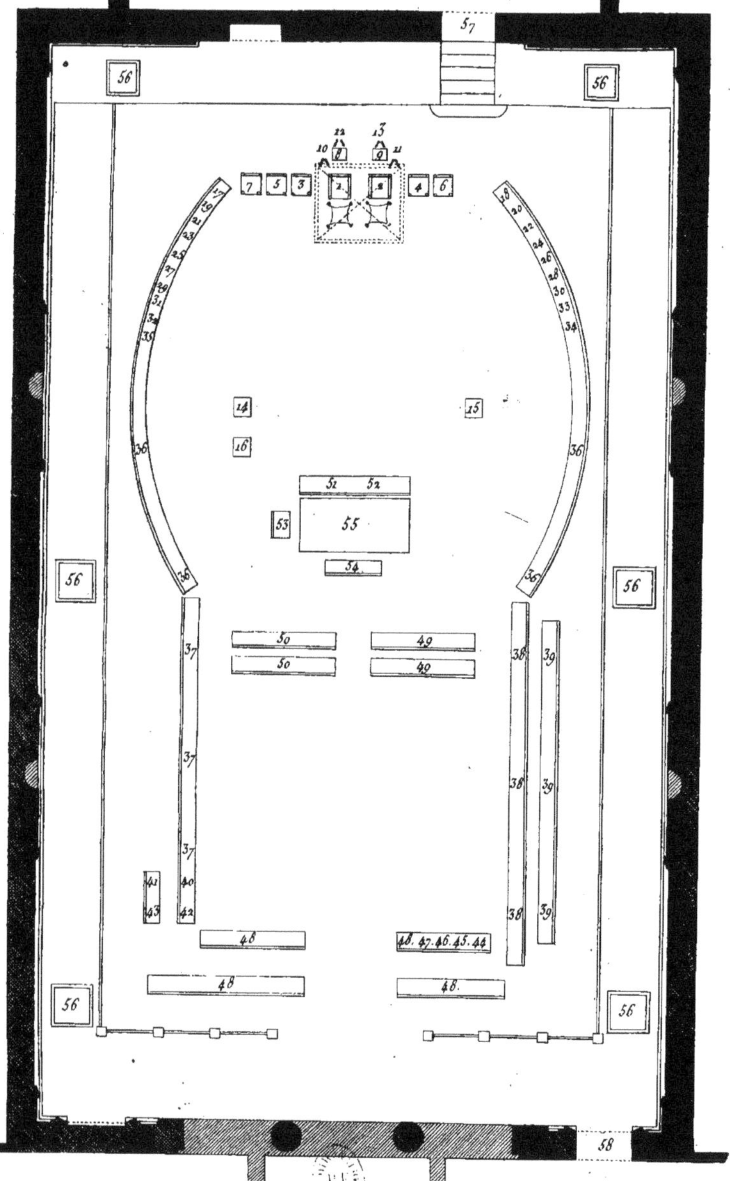

de l'appartement du Roi, qui étoit devenu celui de MONSIEUR & de Monſeigneur Comte d'Artois.

Environ à dix heures & demie, Meſſieurs les Notables commencèrent à arriver par la porte de la rue des Chantiers; Meſſieurs les Conſeillers d'État & Maîtres des Requêtes vinrent par ce même côté. Tous ces Meſſieurs furent reçus comme la veille, en haie & en armes par les Gardes de la Prévôté. Ils avoient les mêmes habits que le jour de l'ouverture de l'Aſſemblée.

La Séance fut priſe dans l'ordre ſuivant: ſur un banc circulaire à la droite des Princes, Monſieur l'Archevêque de Reims, Monſieur le Duc de Luxembourg, Monſieur l'Archevêque de Paris, Monſieur le Duc de Nivernois, Monſieur le Duc de Clermont-Tonnerre. Monſieur le Maréchal de Broglie, Monſieur le Maréchal de Mailly, Monſieur le Maréchal de Beauvau, Monſieur le Maréchal de Stainville, & pluſieurs de Meſſieurs les Notables de la Nobleſſe ſans rang. Sur un pareil banc à gauche des Princes, Monſieur l'Évêque de Langres, Monſieur le Duc de Béthune-Charoſt, Monſieur le Duc de Harcourt, Monſieur le Duc de la Rochefoucauld, Monſieur le Maréchal de Contades, Monſieur le Maréchal de Mouchy, Monſieur le Maréchal d'Aubeterre, Monſieur le Maréchal de Vaux, & ceux de Meſſieurs les Notables de la Nobleſſe qui n'avoient pu être ſur l'autre banc, de même ſans rang.

Meſſieurs les Prélats furent placés comme ils l'avoient été la veille, de même que Meſſieurs les Premiers Préſidens & Procureurs généraux des Parlemens, Conſeils ſouverains, Chambre des Comptes & Cour des Aides; Monſieur le Premier Préſident de Grenoble précéda celui de Bordeaux, les Officiers municipaux des villes, eurent la même ſéance que le jour de l'ouverture.

Meſſieurs les Députés des pays d'États furent placés ſur deux bancs à droite, faiſant face aux Princes, proche le banc de Meſſieurs les Premiers Préſidens & un peu en arrière de la table des Greffiers.

Meſſieurs les Membres du Conſeil furent placés ſur deux pareils bancs, près Meſſieurs les Prélats.

En avant de la table, faiſant face aux Princes, il y avoit un banc pour Monſieur le Baron de Breteüil & Monſieur le Comte de Montmorin, tous deux Commiſſaires du Roi.

Il y avoit un autre petit banc à la droite de cette même table, comme la veille, pour Monſieur le Contrôleur général.

Tous ces bancs étoient à doſſiers.

Les ſieurs Hennin & du Pont étoient placés ſur un banc ſans doſſier, près de ladite table, du côté oppoſé à celui des Commiſſaires de Sa Majeſté; ils étoient en leurs habits ordinaires.

N. B. Le plan de l'aire de la Salle & de la diſpoſition de cette ſeconde Séance, eſt joint au préſent Procès-verbal.

Pendant

Pendant le temps qu'on arrangeoit & prenoit ainſi la ſéance, Meſſeigneurs les Princes du Sang arrivèrent chacun dans leurs carroſſes, accompagnés des principales perſonnes de leur maiſon, & ils ſe rendirent à l'appartement de MONSIEUR. Quelques inſtans après, MONSIEUR arriva dans ſes carroſſes de cérémonie, accompagné de ſes Gardes-du-corps, & ayant avec lui les principaux Officiers de ſa maiſon. Monſeigneur Comte d'Artois arriva enſuite avec un ſemblable cortége.

Les Officiers de cérémonies allèrent recevoir MONSIEUR, Monſeigneur Comte d'Artois & Meſſeigneurs les Princes du Sang, à la deſcente de leurs carroſſes, & les conduiſirent à leur appartement.

La ſéance étant prête, les Officiers des cérémonies avertirent MONSIEUR qui ſe rendit auſſitôt à la ſalle d'Aſſemblée dans l'ordre ſuivant:

MONSIEUR ayant à ſa droite le Grand-maître des cérémonies, & le Maître des cérémonies à ſa gauche, ſuivi de Monſieur le Maréchal Duc de Lévis ſon Capitaine des Gardes; de Monſieur le Prince de Saint-Mauris ſon Capitaine des Suiſſes, en habits à manteau; & du ſieur Taillepied de la Garenne ſon Secrétaire des Commandemens, en habit ordinaire;

Monſeigneur Comte d'Artois, ſuivi de Monſieur le Bailli de Cruſſol ſon Capitaine des Gardes; de Monſieur le Vicomte de Monteil ſon Capitaine des Suiſſes, en habits à manteau; & du ſieur Ourſin de Montchevreil ſon Secrétaire des Commandemens, en habit ordinaire; Monſeigneur le Duc d'Orléans, Monſeigneur le Prince de Condé, Monſeigneur le Duc de Bourbon, Monſeigneur le Prince de Conti & Monſeigneur le Duc de Penthièvre. Il n'entra aucune autre perſonne dans l'Aſſemblée, ainſi que Sa Majeſté l'avoit expreſſément ordonné; & dès que les Princes furent entrés, les Huiſſiers fermèrent les portes & demeurèrent auprès debout & découverts.

MONSIEUR & Monſeigneur Comte d'Artois ſe placèrent dans des fauteuils de velours cramoiſi, ſurmontés d'un dais de pareille couleur, & poſés ſur un petit tapis de la Savonnerie, ayant chacun un carreau de velours ſous les pieds.

Monſeigneur le Duc d'Orléans, Monſeigneur le Duc de Bourbon & Monſeigneur le Duc de Penthièvre, eurent des ſiéges à dos de velours cramoiſi, à la droite de MONSIEUR; Monſeigneur le Prince de Condé & Monſeigneur le Prince de Conti, eurent de pareils ſiéges, à la gauche de Monſeigneur Comte d'Artois.

MONSIEUR & Monſeigneur Comte d'Artois avoient derrière eux ſur un tabouret, leurs Capitaines des Gardes; leurs Capitaines des Suiſſes demeurèrent debout & découverts derrière leurs fauteuils; leurs Secrétaires des Commandemens furent également debout & découverts derrière leurs Capitaines des Gardes.

Le Grand-maître & le Maître des cérémonies se placèrent sur des tabourets à droite & à gauche & en avant de MONSIEUR, l'Aide des cérémonies sur un tabouret proche le Grand-maître, à sa droite.

MONSIEUR, Monseigneur Comte d'Artois & les Princes, saluèrent l'Assemblée, puis s'étant assis & couverts, tout le monde s'assit & se couvrit.

Alors le sieur Hennin s'est levé, a salué & se couvrant, a dit :

MONSIEUR,

MESSEIGNEURS & MESSIEURS,

L'ASSEMBLÉE voudra bien agréer que, malgré l'usage, la présente séance ne commence pas par la lecture du Procès-verbal de la précédente, parce que tous les documens & toutes les pièces qui doivent y entrer, ne nous ont pas été remis.

Monsieur le Baron de Breteüil, Ministre & Secrétaire d'État de la Maison du Roi, premier Commissaire du Roi, s'est levé & après avoir salué, a prononcé le Discours suivant, couvert :

DISCOURS

De Monsieur le Baron de Breteüil.

MESSIEURS,

DE grands événemens immortalisent le règne du Roi, & la manière dont sa sagesse les a conduits, a mérité l'admiration & la reconnoiſſance de ſon Peuple & des Nations étrangères ; mais un autre genre de gloire eſt plus cher encore au cœur de Sa Majeſté, c'eſt le perpétuel accroiſſement de la proſpérité intérieure de ſon Royaume ; Elle vous a, Meſſieurs, appelés auprès d'Elle, dans le deſſein de vous aſſocier à des vues ſi bienfaiſantes & ſi magnanimes, & nous a chargés de vous les faire connoître.

Monſieur le Contrôleur général va vous en faire part.

Monſieur le Contrôleur général des Finances a enſuite pris la parole ; il a réſumé de mémoire le Diſcours qu'il avoit fait la veille, a développé les intentions générales du Roi, pour le ſoulagement des Peuples & l'amélioration de diverſes parties des Finances. Il a appuyé principalement ſur la néceſſité indiſpenſable de chercher des reſſources dans l'extirpation des abus, & a annoncé qu'il alloit expoſer à l'Aſſemblée, la première partie du plan adopté par le Roi, conſiſtant en ſix articles qu'il alloit traiter ſucceſſivement.

Ce Diſcours préparatoire fini, il a lû ſur chacun des objets, un Mémoire ſéparé, s'interrompant quelquefois pour étendre ou développer certains points, & ramenant ſouvent l'attention de l'Aſſemblée aux principes qu'il avoit poſés au commencement de la ſéance.

Monſieur de Calonne a lû enſuite les ſix Mémoires dans l'ordre & dans les termes qui ſuivent.

MÉMOIRES
DE LA
PREMIÈRE DIVISION.

N.° I.er

MÉMOIRE

Sur l'Établiſſement des Aſſemblées Provinciales.

LE ROI inſtruit & touché des maux qu'entraînent l'inégalité, le défaut de proportion, & l'arbitraire dans la répartition des charges publiques, a regardé comme le plus important de ſes ſoins, & le premier des ſoulagemens qu'il devoit à ſes Peuples, de les en préſerver.

Faire participer les contribuables eux-mêmes à l'aſſiette de leurs contributions, lui a paru être le moyen de les leur faire trouver plus ſupportables, de les rendre plus juſtes, d'en alléger le fardeau dans l'opinion autant que dans la réalité, de prévenir les réclamations & de faire naître enfin cet intérêt national qui, uniſſant les ſujets entr'eux, & les peuples à leur Souverain, aſſure à l'autorité éclairée l'hommage d'une obéiſſance volontaire.

Ces motifs qui avoient déterminé Sa Majeſté à établir dans quelques-unes des généralités de ſon Royaume, des adminiſtrations provinciales par forme d'eſſai, ont fixé ſon attention ſur les avantages qu'elles ont produits, ſur les inconvéniens dont elles peuvent paroître ſuſceptibles, ſur l'utilité qu'il y auroit à former des inſtitutions du même genre dans toutes les Provinces où il n'y a point de convocations d'États, & ſur les changemens, les redreſſemens & les modifications dont l'expérience & la réflexion ont fait reconnoître la néceſſité.

D'un côté Sa Majesté a vu avec satisfaction que ces administrations s'étoient empressées avec beaucoup de zèle à répondre à ses vues, que ceux qui les présidoient n'avoient rien négligé pour y maintenir l'ordre & les rendre utiles, que déjà elles avoient dirigé les travaux publics avec plus de douceur & d'économie ; que leurs observations avoient souvent éclairé sa bienfaisance ou sa justice ; qu'enfin le succès de cet établissement dans les Provinces qui en ont suivi le régime, avoit excité dans les autres le desir de participer aux avantages qui en résultent.

Mais d'un autre côté Sa Majesté n'a pu se dissimuler qu'il y a plusieurs imperfections dans la forme actuelle de ces administrations.

Premièrement, composées de Membres choisis originairement par le Roi, rendus stables par leur institution, & ayant pouvoir de nommer leurs coopérateurs & leurs successeurs, elles présentent tous les inconvéniens que les entreprises progressives des corps permanens peuvent faire craindre, sans avoir l'avantage qu'on devoit en attendre, celui de représenter l'universalité des propriétaires de leurs Provinces & d'inspirer toute la confiance qui leur seroit accordée, si leur nomination étoit l'effet des suffrages libres de leurs concitoyens.

Deuxièmement, il paroît également contraire à l'objet même de ces établissemens, que la présidence soit toujours dans les mêmes mains & attribuée exclusivement au même état. L'espérance de pouvoir, de quelque condition qu'on soit, parvenir à la première place, excite le desir de la mériter ; & ceux qui ont le plus de titres pour l'obtenir, doivent trouver plus honorable de la tenir d'un choix libre que d'une disposition impérative.

Troisièmement, il est contraire aux principes du Gouvernement, que les administrations destinées seulement à l'éclairer par leurs observations, & à déterminer la répartition des charges & impôts, ayent aucune autorité exécutrice ou aucune juridiction.

Quatrièmement, on a remarqué, avec raiſon, que les adminiſtrations, telles qu'elles étoient conſtituées, n'avoient pas plus de moyens de correſpondre avec les propriétaires, & de connoître leur vœu, qu'il n'y en avoit ſous le régime précédent.

Pour rectifier tous ces défauts & remplir plus complettement le but que Sa Majeſté s'eſt propoſé, Elle a jugé à propos d'établir dans toutes les Provinces de ſon Royaume où Elle n'eſt pas dans l'uſage de convoquer les États, des Aſſemblées toujours électives, qui ſe renouvelleront tous les trois ans, qui n'auront pas le titre d'adminiſtration, qui ſans être trop nombreuſes, repréſenteront l'univerſalité des propriétaires, qui ſeront compoſées de Membres pris dans tous les états indiſtinctement, qui enfin n'auront aucun prétexte de s'arroger aucune portion de l'autorité exécutrice.

Ces Aſſemblées auront leur premier degré dans les paroiſſes de campagne & dans les villes; le ſecond dans des diſtricts formés par l'arrondiſſement d'un certain nombre de ces paroiſſes & des villes qui s'y trouveront compriſes; le troiſième dans la réunion de repréſentans de toute la Province.

En ſorte qu'il y aura des Aſſemblées de trois eſpèces.

Des *Aſſemblées paroiſſiales & municipales*, compoſées des propriétaires dont l'intérêt ne peut jamais être ſéparé de celui du lieu où ſont ſituées leurs propriétés, & qui ſont ſeuls inſtruits de leurs facultés réciproques & des beſoins de leur communauté.

Des *Aſſemblées de diſtrict* formées par les députés des villes & des paroiſſes de campagne de leur arrondiſſement.

Enfin des *Aſſemblées provinciales*, dont les Membres ſeront les députés choiſis par les différens diſtricts, entre leſquels une généralité peut être diviſée.

La gradation de ces trois genres d'Aſſemblées élémentaires les unes des autres, dont chacune ſera à portée de bien connoître ce qui l'intéreſſe, & d'éclairer celle qui lui fera fupérieure, fera arriver le vœu commun relativement à la répartition des charges publiques, depuis les habitans des campagnes & des villes, jufqu'aux repréfentans des propriétaires de chaque Province, & par eux jufqu'au Souverain.

L'ufage d'affembler en certains cas les habitans des paroiffes, & de les autorifer à prendre des délibérations, a exifté de tout temps & fubfifte encore dans le Royaume; mais ces affemblées n'ayant pas d'objet habituel & régulier, ceux qui s'y trouvent admis ne peuvent être préparés fur rien, & le feul domicile dans la paroiffe donnant droit d'y affifter, elles font prefque toujours compofées d'un fi grand nombre de Membres, qu'elles deviennent tumultueufes, & que les avis n'y peuvent être difcutés avec la tranquillité néceffaire pour former des réfultats raifonnables.

On préviendra la confufion qu'un trop grand nombre de votans pourroit introduire dans ces Affemblées, en réglant que pour avoir féance & fuffrage, il faudra que chaque propriétaire juftifie d'un revenu équivalent à fix cents livres.

Les propriétaires qui auront plufieurs fois l'équivalent de ce revenu, auront un nombre de voix proportionné; & cependant afin qu'un feul propriétaire ne puiffe pas réunir en fa perfonne la majorité des fuffrages, il ne pourra, quelle que foit fa propriété, jouir d'un nombre de voix plus grand que le tiers de celles qui compoferont l'Affemblée.

Pour qu'aucun de ceux qui ont intérêt à l'objet de ces Affemblées, ne foit privé d'y participer, les propriétaires qui n'auront point le revenu de fix cents livres, qui donne le droit de voter, pourront s'affocier pour le former entr'eux, & envoyer un repréfentant à l'Affemblée.

L'âge feul y réglera les rangs.

Les Affemblées paroiffiales s'occuperont de la répartition des charges locales, des travaux publics qui peuvent être utiles à la paroiffe, & des moyens de foulager le pauvre de la communauté.

Les Affemblées des villes feront compofées des Officiers municipaux

municipaux & notables convoqués ſuivant les formes qui y ſont uſitées ; elles enverront, ainſi que les Aſſemblées paroiſſiales, chacune un Député chargé de leurs inſtructions, à l'Aſſemblée du diſtrict dont elles feront partie ; ſauf que les villes ayant plus de douze mille habitans pourront en envoyer deux.

Les diſtricts comprendront au moins vingt-cinq & au plus trente paroiſſes de campagne, outre les villes qui ſe trouveront dans le même arrondiſſement. L'ordre de ſéance dans les Aſſemblées de diſtrict ſe réglera en raiſon de la force contributive de chaque Communauté que les Députés repréſenteront.

Ces Aſſemblées s'occuperont de la répartition des impoſitions royales & charges locales entre les villes & paroiſſes de leur arrondiſſement.

Elles ſe nommeront au ſcrutin un Préſident, qui dans l'intervalle de leurs ſéances ſera chargé de tenir les correſpondances néceſſaires, tant avec l'Aſſemblée provinciale ou ſon bureau intermédiaire, qu'avec les Syndics des paroiſſes

Elles nommeront auſſi un Greffier qui ne pourra être pris parmi les Députés des paroiſſes.

Elles rédigeront les obſervations qui auront été apportées par les Députés des villes & des communautés de campagne, & y ajouteront celles qu'elles croiront convenables. Elles nommeront un Député pour les porter à l'Aſſemblée provinciale.

Elles choiſiront ce Député, ſoit parmi leurs propres Membres, ſoit parmi tous les Propriétaires eccléſiaſtiques, Nobles ou du Tiers-état, qui poſſéderont dans la Province au moins mille livres de revenu en fonds de terre. On peut prévoir, & ce n'eſt ſans doute pas un inconvénient, que les Citoyens d'un ordre diſtingué pourront à raiſon de leurs lumières & de la conſidération dont ils jouiſſent dans leur Province, être plus ſouvent chargés de la Députation.

L'ordre de féance entre les Députés à l'Affemblée provinciale, fera réglé fur le montant des contributions des diftricts qu'ils feront chargés de repréfenter.

Cette Affemblée élira au fcrutin un Préfident, qui ne pourra être choifi que parmi ceux qui poffèderont dans la Province mille écus de rente au moins en fonds de terre; elle nommera pareillement un Secrétaire-greffier.

Les Affemblées provinciales feront chargées des foins relatifs à la répartition des contributions & des charges publiques. Elles détermineront ce que chaque diftrict doit porter dans la maffe totale des impofitions fixes de la Province, arrêtées au Confeil de Sa Majefté.

Elles dirigeront la claffification des terres pour la répartition de la fubvention territoriale.

Elles propoferont les chemins & les canaux qui pourront faciliter la circulation dans la Province, en furveilleront les ouvrages, fuivront les recouvremens des deniers que Sa Majefté a décidé devoir être employés au rachat de la corvée en nature, & au payement des travaux à prix d'argent, qui la remplacent.

Elles défigneront les lieux où il conviendroit d'établir des ateliers de charité; elles les dirigeront.

Elles feront connoître les befoins & les calamités des différens cantons de la Province, diftribueront les fecours qui pourroient leur être accordés, & s'occuperont de tous les moyens de foulager les pauvres.

Les Membres des Affemblées provinciales feront renouvelés par tiers chaque année. Le Préfident nommé pour trois ans, ne pourra être continué qu'une feule fois après ce terme.

Toutes les délibérations des Affemblées provinciales feront communiquées aux Intendans & Commiffaires départis, qui pourront fe rendre, quand ils le jugeront à propos, dans ces Affemblées pour y faire connoître les intentions du Roi. Aucune dépenfe ne pourra être faite que fur leurs ordonnances; aucune opération ne ſera exécutée ſans leur autoriſation, qu'ils pourront accorder proviſoirement, en attendant que Sa Majeſté y ait ſtatué Elle-même ſur le compte qui lui en ſera rendu en ſon Conſeil.

Les Aſſemblées provinciales ſe tiendront tous les ans; & pour leur donner une activité continuelle, pour aſſurer à Sa Majeſté les moyens d'être avertie ſans délai des beſoins de ſes Peuples & de tout ce qui peut concourir à leur ſoulagement, il ſera établi dans chaque Province un bureau intermédiaire, qui ſera compoſé de ſix des Membres de l'Aſſemblée provinciale, élus au ſcrutin & pris indiſtinctement dans tous les états, pour gérer les affaires dans l'intervalle d'une Aſſemblée à l'autre.

Le Préſident de ce bureau ne pourra être le même que le Préſident de l'Aſſemblée. Le tiers du bureau intermédiaire ſera renouvelé tous les ans.

Les Aſſemblées provinciales & les bureaux intermédiaires pourront faire parvenir à Sa Majeſté, par le Contrôleur général de ſes finances, les propoſitions & les projets de règlemens qu'ils jugeront utiles à leur Province. Leur correſpondance avec les Aſſemblées de diſtrict ou leurs Préſidens, & par ceux-ci avec les municipalités des villes & les Syndics des paroiſſes de campagne, facilitera les moyens d'avoir en tout temps les renſeignemens que le Gouvernement voudra ſe procurer.

Ainſi par une réaction utile & mutuelle, les Aſſemblées paroiſſiales & les Aſſemblées de diſtrict formeront & éclaireront les Aſſemblées provinciales; & les Aſſemblées provinciales dirigeront les Aſſemblées de diſtrict & celles des paroiſſes.

Il réſultera de cette conſtitution, que les volontés du Roi ſeront toujours expliquées à ſes Sujets, par les organes qu'eux-mêmes auront choiſis; que l'Adminiſtration ſera toujours éclairée, & jamais arrêtée dans ſa marche; toujours ſecondée par le vœu national, & jamais contredite par des murmures, toujours bienfaisante, & jamais réduite aux voies de rigueur. Un intérêt commun, un véritable esprit public unira dans tous les cœurs, l'amour de la patrie à l'amour du Souverain; & le Roi, père d'un Peuple sensible & généreux, n'aura plus que des bienfaits à répandre & des bénédictions à recueillir.

N.° II.

MÉMOIRE

Sur l'Imposition Territoriale.

LE Souverain doit protéger les propriétés de ses Sujets; les Sujets doivent le prix de cette protection au Souverain: tel est le principe & la loi première des impôts.

Quand les Vassaux de la Couronne servoient l'État & le Roi de leurs personnes, ils acquittoient par ce service leur part de la contribution générale.

Lorsqu'ensuite il fut jugé plus utile de faire cesser le service féodal & de le remplacer par des subsides, l'impôt consenti par la Nation dès ce moment & pour toujours, exigé par la justice & l'intérêt public, prit la place du devoir de vassalité. Fondé sur cette obligation primitive, inhérente à toute possession territoriale, il devint une loi générale.

Prétendre se soustraire à l'impôt, & réclamer des exemptions particulières, c'est rompre le lien qui unit les Citoyens à l'État.

Le seul vœu raisonnable, le vœu de tous, doit se borner à desirer qu'une juste modération règle les impôts, & qu'une entière égalité soit observée dans les répartitions.

C'EST pour parvenir à ce but que le Roi se propose de changer la forme de l'imposition actuelle des Vingtièmes, & d'y substituer une SUBVENTION TERRITORIALE.

LE VINGTIÈME eſt de tous les impôts, celui qui pouvoit fournir plus naturellement & les baſes & les proportions de tous les autres.

Il eſt réel par ſa nature, puiſqu'il conſiſte dans une quotité fixe du revenu de tous les fonds.

Il n'admet ni diſtinction, ni exception, puiſqu'il eſt établi ſur les biens & non ſur les perſonnes, puiſqu'il porte uniquement ſur les propriétés que la puiſſance publique défend & conſerve.

Auſſi eſt-il impoſé ſur les Princes, ſur les Grands du Royaume, ſur la Nobleſſe, ſur la Magiſtrature, ſur toutes les claſſes de Citoyens.

Le Clergé de France eſt le ſeul Corps du Royaume qui n'y contribue pas; mais le Clergé des Provinces frontières y eſt ſoumis.

DANS leur état actuel, les deux Vingtièmes produiſent, avec les 4 ſous pour livre, 54 millions.

En 1772, il fut reconnu qu'ils n'étoient pas portés à leur valeur. De fauſſes déclarations, des baux ſimulés, des traitemens trop favorables accordés à preſque tous les riches propriétaires, avoient entraîné des inégalités & des erreurs infinies. On ordonna qu'il ſeroit fait de nouvelles vérifications, mais elles furent faites lentement. Dix ans après, il n'y avoit encore que 4902 paroiſſes vérifiées, ſur 22308 dont ſont compoſées les Provinces régies.

Ces vérifications ont ceſſé tout-à-fait en 1782 par l'oppoſition que les Cours y apportèrent; & le troiſième Vingtième qu'on impoſa dans cette même année, fut réparti plus inégalement encore que les deux premiers, en ce que les paroiſſes vérifiées le ſupportèrent d'après la nouvelle proportion établie par les vérifications, tandis que les paroiſſes non vérifiées ne le payèrent que d'après leurs anciennes cotes.

La vérification de ces 4902 paroiſſes a démontré que le produit des deux Vingtièmes auroit augmenté de près de moitié, si les vérifications avoient été faites dans tout le Royaume. Le Roi auroit donc depuis cette époque touché par année 81 millions, au lieu de 54; & l'État a perdu dans le cours de ces quatre années, plus de 120 millions, en y comprenant les intérêts.

Ce qui ne fut pas fait alors, pourroit sans doute se faire aujourd'hui. Mais à quelle inquisition, à quelles recherches fatigantes pour les Peuples faudroit-il se livrer! quelles longueurs entraîneroit cette opération! Les nouveaux frais de ces vérifications, ajoutés à ceux qui diminuent déjà le produit des impôts de plus de 60 millions, causeroient à l'État une perte énorme qui retomberoit nécessairement sur les Peuples, & deviendroit une calamité nouvelle.

COMBIEN d'autres vices dans la répartition des impôts!

Elle n'a aucune base certaine. Pour la faire avec justice il faudroit connoître la valeur du sol de chaque Province, de chaque paroisse, de chaque propriétaire. On pourroit y parvenir en faisant un cadastre général de toutes les terres du Royaume; mais la lenteur, les frais infinis de ce recensement & les variations continuelles qu'éprouve la valeur des fonds, feroient perdre le fruit de cette entreprise. Rien n'a pu jusqu'à présent garantir de l'arbitraire; & l'injustice s'est encore accrue par le crédit, la faveur, la protection qui ont affranchi d'une partie de la contribution les riches propriétaires, tandis que la classe la moins aisée en a supporté toute la rigueur.

C'est-là ce qui rend les impôts si odieux. Ce nom qui ne devroit exprimer que le juste tribut que des Sujets payent à leur Souverain, pour prix de la défense qu'il leur assure, pour l'aider à subvenir aux frais qu'exigent de lui & la guerre, & l'administration de la justice, & la police des grandes villes, & cette surveillance générale qui s'étend à tout, qui pourvoit à tout, qui assure par-tout la paix & le bon ordre, l'impôt quoique consacré à ces soins précieux, ſera toujours payé avec répugnance, tant qu'il ne ſera pas perçu avec égalité.

On vient de dire ce qu'il en coûte au Roi pour lever les impôts; mais il eſt impoſſible de calculer ce qu'il en coûte aux Peuples pour les acquitter. C'eſt une ſource intariſſable de frais, de procédures, de contraintes, de garniſons fictives & réelles, d'exécutions mobiliaires.

Les diſparités les plus choquantes achèvent de vicier le régime des impoſitions.

Une Province en paye qui ne ſont pas perçues dans une autre Province. Dans l'une, le même impôt eſt levé ſur un taux & dans une forme, qui diffèrent abſolument de ce qui eſt ſuivi dans l'autre. Il y a des *villes franches*, des *villes abonnées*,, des *Provinces régies*, des *Pays d'états*, des *Pays redimés.* On ne peut faire un pas dans ce vaſte Royaume, ſans y trouver des loix différentes, des uſages contraires, des priviléges, des exemptions, des affranchiſſemens, des droits & des prétentions de toute eſpèce : & cette diſſonance digne des ſiècles de la barbarie, ou de ceux de l'anarchie, complique l'adminiſtration, interrompt ſon cours, embarraſſe ſes reſſorts, & multiplie par-tout les frais & le déſordre.

Il s'accroît encore ce déſordre, par les diſtinctions perſonnelles, qui ſe joignent aux différences locales.

Ici, la Nobleſſe a des priviléges dont elle ne jouit pas ailleurs.

Là, des charges ont fait naître des exemptions qu'elles ne donnent pas dans un autre lieu.

Des Ordres entiers & des Claſſes particulières de Citoyens ſe prétendent diſpenſés de contribuer aux charges de l'État.

Les Poſſeſſeurs & les Fermiers des domaines ne payent rien. Les Apanagiſtes, les Princes, l'Ordre de Malte, certaines Communautés religieuſes invoquent des priviléges. Au milieu de propriétés impoſées, on trouve des propriétés qui ne le sont pas. Par-tout la puissance publique qui lève l'impôt, rencontre des prétentions qui ne lui donnent que des obstacles à vaincre, ou des sujets à combattre.

En même temps, par une contradiction bizarre, ces priviléges, ces immunités, ces droits prétendus, qui, s'ils étoient réels, devroient porter sur toute nature d'impôt, n'en excluent que quelques-uns. Il n'est pas un seul de tous les Sujets du Roi, Prince, Noble, Ecclésiastique, qui ne paye comme le dernier du Peuple, la *capitation*, les *aides*, la *gabelle*, & tous les droits sur les *consommations*.

Tel est en raccourci le tableau des abus qui ont dénaturé toutes les impositions.

On ne parle pas de cette foule de tribunaux établis pour faire exécuter les loix, aussi multipliées que les impôts; des loix dont plusieurs n'ont été créées, que pour exercer une vengeance rigoureuse contre des infortunés entraînés à la fraude par la misère.

Quelle liste effrayante d'agens du fisc! plus de deux cent mille hommes arrachés à l'agriculture, au Commerce, aux armées, à leur famille!

C'est ainsi que les impôts tarissent les sources mêmes dont ils découlent. Ils sont pris dans la production, & ils la détériorent; ils portent sur le débit, & ils le diminuent: le Commerce devroit accroître la richesse publique, & l'impôt lutte continuellement contre le Commerce.

Dans les temps les plus heureux, au sein de la plus grande abondance, ce seroit un bienfait du Souverain, ce seroit une entreprise digne de ses Ministres, que d'attaquer tant de vices, que de corriger tant d'abus, que de commencer une réforme si nécessaire. Mais c'est un devoir de s'y livrer avec constance, avec courage, lorsque cette réforme devient une ressource indispensable, lorsqu'il est impossible de s'en procurer une autre.

Ce sont ces motifs qui ont fait penser au Roi, qu'il

seroit

ſeroit utile de ſubſtituer à la perception des deux Vingtièmes & des Quatre ſous pour livre, une SUBVENTION TERRITORIALE, en vertu de laquelle il ſeroit levé une portion des produits en nature ſur tous les biens-fonds du Royaume.

L'idée d'une impoſition territoriale eſt la première qui ſe préſente à la raiſon ; c'eſt celle qui ſe concilie le plus parfaitement avec la juſtice.

C'eſt la terre qui produit ; ce ſont ſes productions qui ſont protégées & garanties par le Souverain ; c'eſt donc à la terre à payer l'impôt.

Elle doit une partie de ſes fruits au propriétaire qui a acheté le ſol, une partie à celui qui le cultive, & une partie au Prince qui couvre de ſa puiſſance & le ſol & le propriétaire, & le cultivateur.

Avec quel avantage pour le Souverain & pour ſes ſujets, ſe fait la perception en nature ! L'impôt ſe paye dans le moment où il eſt plus facile au tributaire de l'acquitter, où toute ſa richeſſe eſt dans ſa main, où le ſacrifice d'une foible portion de ſa récolte lui eſt moins pénible ; dans un moment où, ſans prétexte pour diminuer ſa contribution, celui qui l'exige eſt auſſi ſans prétexte pour l'accroître ; le tribut en nature, met le tributaire à l'abri de toute vexation ; la quotité de la production, fixe la quotité du tribut. Cent gerbes de blé en payent cinq, en payent quatre, en payent deux, ſuivant les proportions relatives à la nature du ſol & aux frais de la culture. Le contribuable n'aura rien à payer, le Prince ne pourra rien exiger, ſi l'intempérie des ſaiſons a ravi au propriétaire le fruit de ſon labeur.

La ſubvention en nature, douce, facile, exempte de tout abus pour le propriétaire, eſt par cela même plus avantageuſe au Souverain.

C'eſt ainſi que ſe fait en *Corſe* la levée des ſubſides. Le peuple de cette île ne murmure point contre cette perception, avant laquelle il y avoit des plaintes continuelles & point de produit.

P

C'eſt ainſi qu'un grand nombre de *Communautés de la Provence*, ont choiſi elles-mêmes volontairement ce moyen d'acquitter leurs charges. Elles impoſent chaque propriétaire à un dixième, un quinzième ou un vingtième des grains & des fruits qu'il récolte, à raiſon de ce qui eſt exigé d'elles.

C'eſt ainſi qu'eſt payée de tout temps la *dixme* eccléſiaſtique ou laïque, le plus ancien de tous les tributs.

La Subvention territoriale que le Roi ſe propoſe de ſubſtituer aux deux Vingtièmes, eſt établie ſur des proportions encore plus juſtes & plus modérées que celles dont on vient de parler. Elle ne formera tout au plus que l'équivalent d'une *demi-dixme*, puiſqu'elle ne ſera que d'un vingtième ſur les meilleures terres, d'un vingt-cinquième ſur celles de ſeconde qualité, d'un trentième ſur les terres médiocres, & d'un quarantième ſur celles de la dernière claſſe; ce qui ne fait que le vingt-huitième pour terme moyen.

La levée de cette ſubvention formera d'elle-même le cadaſtre du Royaume, qu'on a toujours deſiré & qu'on n'a jamais oſé entreprendre. On pourra enfin connoître avec préciſion les forces de chaque Province, répartir les autres impoſitions avec égalité; & apprécier toutes les reſſources de la puiſſance publique.

Le Souverain intéreſſé à l'abondance des récoltes, multipliera les encouragemens. La culture s'améliorera par l'impôt, & l'impôt augmentera par la culture.

Mais cette impoſition, pour être utile, doit être générale. Son mode eſt incompatible avec l'application d'aucun privilége, d'aucune exemption perſonnelle ou locale. L'expérience l'a déja prouvé; & l'on ſent aiſément, que la contradiction qui naîtroit des exceptions locales, des diſtinctions d'héritages, de leur étendue ou de leurs limites, jetteroit dans l'opération, qui n'a pour s'exécuter que le moment individuel de la récolte, des gênes inextricables.

Auſſi l'intention du Roi eſt-elle de ſoumettre à la

Subvention territoriale, ſon propre domaine, celui des Princes ſes Frères, celui des apanages & tous les fonds de ſon Royaume, ſans diſtinction de propriétaires, ſans qu'on puiſſe, ſous aucun prétexte, ni à aucun titre, ſe ſouſtraire à la juſtice diſtributive que Sa Majeſté doit à tous ſes Sujets.

Le Roi conſacrera par ſon autorité & par le fait, ces vérités inconteſtables, que tous les Membres d'un État ayant un beſoin égal de la protection du Souverain, ont auſſi des devoirs égaux à remplir; que la contribution aux charges de l'État eſt la dette commune de tous; que toute préférence envers l'un, eſt une injuſtice envers l'autre; qu'enfin le droit de n'être pas ſujet aux charges publiques, ſeroit le droit de n'être pas protégé par l'autorité publique, le droit de ne pas lui être ſoumis, de n'être pas Citoyen.

Ces vérités ſont inébranlables puiſqu'elles ont pour fondement la raiſon, la juſtice & l'intérêt national.

ELLES ſont liées d'ailleurs avec toutes les vues bienfaiſantes du Roi.

C'eſt l'aſſurance que nul ne ſera ſouſtrait à la Subvention, & que Sa Majeſté tirera de cette contribution générale, tout ce qu'elle doit produire, qui la détermine à faire jouir dès-à-préſent ſes Peuples, d'une partie des ſoulagemens qu'Elle leur deſtine.

La réduction d'un Dixième ſur la Taille, un Vingtième affecté ſur ce même impôt au ſoulagement des pauvres des paroiſſes, la ſuppreſſion abſolue de la Taille d'induſtrie, la ſuppreſſion de la Capitation en faveur du Clergé, de la Nobleſſe & des Cours ſouveraines du Royaume, pluſieurs autres ſacrifices qui affranchiront le Commerce & la circulation de gênes onéreuſes & nuiſibles à ſes progrès: voilà les fruits du régime nouveau que Sa Majeſté veut établir dans toutes ſes Provinces; ſource féconde, de laquelle découleront de nouveaux bienfaits, à mesure que les réformes pourront s'effectuer.

C'est pour les assurer & les accélérer davantage, ces bienfaits, que le Roi s'est proposé l'établissement des *Assemblées provinciales.* C'est à elles, c'est à leur équité qu'il se confie pour faire la distribution des terres dans les différentes classes, suivant lesquelles la quotité de la Subvention doit être graduée.

SA MAJESTÉ se propose donc 1.° de supprimer les deux Vingtièmes & les Quatre sous pour livre, à compter du 1.er Janvier de cette année. Ils ne seront plus levés à l'avenir que sur les biens non susceptibles d'une perception en nature, tels qu'ils sont détaillés dans l'Édit du mois de Mai 1749.

2.° N'étant pas juste que les terreins sacrifiés au luxe ayent plus de faveur que ceux employés à une culture utile, les châteaux, parcs, enclos, maisons, & toute nature de fonds, seront soumis à l'impôt, mais seulement à raison de la superficie du terrein qu'ils occuperont; & on estimera cette superficie sur le pied des meilleurs fonds de la paroisse.

3.° Il sera levé une portion des fruits en nature sur tous les fonds qui en produisent, à quelques personnes qu'ils appartiennent & de quelqu'état & qualité que soient les propriétaires; mais comme tous les fonds ne sont pas d'égale valeur, on distinguera les diverses qualités des terres. Sur les meilleures on lèvera la vingtième partie des productions; sur celles inférieures la vingt-cinquième; sur les médiocres la trentième, & la quarantième partie seulement sur les terres de la dernière qualité.

4.° Le classement de ces différentes qualités de terres, sera fait par les Assemblées de paroisse qui seront guidées par le prix des baux. Elles rangeront, dans la première classe, les terres louées au-dessus de 20 livres; dans la deuxième, celles louées 10 livres & au-dessus jusqu'à

20 livres inclusivement ; dans la troisième toutes celles louées 5 livres jusqu'à 10 livres ; & dans la quatrième celles louées au-dessous de 5 livres par arpent ; l'arpent réduit à la mesure de cent perches & de vingt pieds par perche.

Dans les paroisses où le classement ne pourra pas être fait cette année, par les Assemblées paroissiales, il sera fait provisoirement par les soins des Commissaires départis.

5.° Le produit de cette Subvention sera adjugé au mois de Juin pour cette année ; mais l'année prochaine les adjudications se feront au mois de Mai, & elles seront faites pour l'espace qui sera déterminé, au plus offrant & dernier enchérisseur, après affiches & publications, & avec caution.

6.° Le payement du prix des adjudications se fera en trois termes, dont le premier échoira au 1.er Octobre, le deuxième au 1.er Janvier suivant, & le troisième au 1.er Avril aussi ensuivant.

7.° S'il ne se présente pas d'adjudicataire solvable, les Intendans des Provinces feront faire la levée des fruits par des préposés qui en compteront.

8.° Il sera pourvu à ce que les levées de fruits ne puissent, sous aucun prétexte, retarder l'enlèvement des récoltes. Elles seront faites comme celles de la dixme, & avant elle.

9.° Pour ne pas nuire à l'intérêt de la culture dans chaque territoire, il sera défendu aux adjudicataires de vendre les pailles hors de la paroisse.

Par suite des mêmes vues, les animaux & les produits des basses-cours ne seront point sujets à la Subvention.

10.° Pour prévenir toute contestation entre les propriétaires & les fermiers, relativement à la déduction sur le prix des baux, de la valeur des fruits levés pour le droit de Subvention, & en cas qu'ils ne puissent s'accorder entr'eux par des estimations amiables, il sera fait par la loi même, une estimation de cette indemnité.

11.° Enfin, le même eſprit de juſtice qui porte à ſupprimer toutes exceptions, dans une impoſition dûe par la terre même, détermine le Roi à exempter de toute taxe perſonnelle les premiers Ordres de ſon État que Sa Majeſté veut maintenir dans les diſtinctions qu'ils méritent; & même pour les en faire jouir plus complètement, Elle veut qu'à l'avenir la Capitation dont la nature & le titre ſemblent répugner à leur état, n'ait plus lieu à l'égard de la Nobleſſe, ni de la Magiſtrature, ni du Clergé des frontières qui la paye actuellement, ni en général de tout le Clergé de France qui s'en eſt racheté, & qui ne pourra dans aucun cas, être recherché à ce ſujet.

N.° III.

MÉMOIRE

Sur le Rembourſement des Dettes du Clergé.

L'IMPÔT territorial a pour premier objet, la défenſe du patrimoine public; il eſt donc néceſſaire que tous les biens-fonds le ſupportent, & les biens eccléſiaſtiques, qui n'éprouvent pas moins que les autres les effets conſtans de la protection ſouveraine, ne ſauroient en être affranchis.

Nulle immunité ne peut les en diſpenſer. Il eſt des priviléges d'honneur & de rang qui s'allient parfaitement avec la conſtitution d'une Monarchie; ces priviléges recommandables par leur ancienneté, & qui ne bleſſent en rien la juſtice, doivent être maintenus en faveur du premier Ordre de l'État; mais lorſqu'une impoſition eſt acquittée par la Nobleſſe & la Magiſtrature, le Clergé, quels que ſoient ſes uſages, ne peut s'en croire exempt.

Il n'eſt pas ſeulement néceſſaire que ſes poſſeſſions territoriales ſoient ſoumiſes au même impôt que celles de tous les Citoyens ; il convient aussi qu'elles le soient de la même manière, & que dans la perception comme dans la répartition, il n'existe aucune différence entre ses biens & ceux des autres contribuables.

L'uniformité est ici le garant public de la justice de la loi ; elle est nécessaire pour parvenir à la connoissance parfaite des richesses renaissantes du Royaume, & elle importe aussi à l'intérêt véritable du Clergé. Un Corps jaloux de continuer à mériter la confiance des Peuples, ne doit pas l'être de conserver des distinctions qui pourroient servir de prétextes pour élever des doutes injustes sur l'étendue de son dévouement au service de l'État.

Mais la position actuelle du Clergé mérite une considération particulière. Pour contribuer sous le nom de *Dons-gratuits*, aux charges publiques, il a contracté des emprunts qui se sont élevés successivement à une somme énorme ; & cependant il n'a jamais payé à ce titre, ce qu'il auroit dû fournir dans la contribution générale, en proportion de la valeur de ses biens ; c'est la nature de son administration qui est le principe de l'accroissement indéfini de sa dette, en ce qu'il n'asseoit pas ses décimes de manière à pourvoir au remboursement des capitaux, en même temps qu'au payement des arrérages.

Le Roi voulant à la fois délivrer le Clergé actuel de la charge accablante que ses prédécesseurs lui ont imposée, & lui épargner pour l'avenir l'embarras où le régime qu'il suit doit nécessairement le conduire, a trouvé bon de lui procurer, en l'autorisant à des aliénations effectives, l'extinction d'une dette, qui, grévant l'universalité de ses biens d'une hypothèque éternelle, est déjà une aliénation équivalente.

Sa Majesté en autorisant ces aliénations, fera pour le bien du Clergé, ce que plusieurs des Rois ses prédécesseurs ont fait uniquement dans des vues politiques, dont il ne résultoit d'avantage que pour l'État.

Deux moyens paroissent pouvoir remplir cet objet.

Le premier eſt le rachat des rentes foncières dûes aux Gens de main-morte ſur les biens de campagne. Les propriétaires dont les terres en ſont chargées, acquerront la faculté toujours deſirée de ſe rédimer d'une ſervitude onéreuſe. L'Agriculture y trouvera un encouragement pour l'amélioration des fonds, & le Clergé n'y perdra rien, parce que n'ayant pas le droit de rentrer dans la poſſeſſion des biens à défaut de payement de la rente, ou du moins ne pouvant les retenir, il n'a d'intérêt qu'à la conſervation du même revenu.

Le ſecond moyen conſiſte dans l'aliénation des juſtices, de la chaſſe & des droits honorifiques des poſſeſſions du Clergé. Ce ſacrifice ne doit point lui paroître pénible; il ne prive le grand nombre de ſes Membres d'aucune jouiſſance, d'aucuns produits. De vains titres ſouvent plus onéreux qu'utiles, des droits ſtériles dont les loix de l'Égliſe l'empêchent de jouir perſonnellement, & que celles du Royaume lui défendent de vendre ou de louer, ſe convertiront en capitaux qui, réunis au produit des rentes rachetées, formeront un fonds d'amortiſſement ſuffiſant pour dégager ſes biens de l'hypothèque qui les grève, & pour le délivrer de près de ſept millions de décimes appliqués annuellement aux intérêts de ſa dette.

En autoriſant le Clergé à employer ces moyens qui réuniſſent l'avantage de l'Égliſe & l'avantage de l'État, le Roi ne donne aucune atteinte aux droits de la propriété, puiſqu'il eſt néceſſaire de vendre, quand il eſt néceſſaire de ſe libérer. Tuteur des Égliſes de ſon Royaume, le Roi doit mettre ordre à leur adminiſtration, & prévenir leur ruine, en même temps que comme leur protecteur, il veut qu'elles jouiſſent de leurs véritables priviléges, de ceux qui ſe concilient avec le bien de l'État.

Par une ſuite de ces diſpoſitions, l'intention de Sa Majeſté eſt que le Clergé, dans ſa prochaine Aſſemblée, s'occupe efficacement de ſa libération; que pour y parvenir il adopte les

les deux moyens, auxquels Elle veut bien l'autoriſer, pour ſuppléer à l'impuiſſance où il eſt de prendre lui-même à cet égard une détermination. Au ſurplus, le Roi permet au Clergé de lui indiquer d'autres moyens qu'il croiroit devoir être ajoutés aux premiers en cas d'inſuffiſance, de diriger l'exécution des uns & des autres, de propoſer les modifications dont ils pourront être ſuſceptibles, lui promettant l'appui de ſon autorité pour tout ce qui paroîtra néceſſaire.

Comme une opération de ce genre exigera beaucoup de temps & de diſcuſſions, il ſera accordé au Clergé un terme ſuffiſant pour la liquidation & le rembourſement total de ſa dette; & afin qu'il ne ſoit pas grevé d'un double fardeau, le Roi veut bien ſe charger d'acquitter pendant ce temps l'intérêt de ſes emprunts, aſſuré que ces intérêts décroîtront ſenſiblement d'année en année, par l'empreſſement que le Clergé mettra à répondre à ſes vues.

Sa Majeſté s'attend que le premier Ordre de ſon Royaume reconnoîtra dans toutes ces diſpoſitions les effets de ſa bienveillance autant que ceux de ſa juſtice, & qu'il verra que rien n'a été négligé pour accorder ſes intérêts particuliers avec ce qu'exige le bien général.

Les Eccléſiaſtiques ſont par leur naiſſance, Citoyens & ſujets. Leur conſécration, loin de les ſouſtraire aux devoirs que leur impoſent ces premiers titres, ne fait que les y ſoumettre davantage: comme paſteurs, ils doivent l'exemple; comme miniſtres des autels, ne pouvant ſervir l'État de leurs perſonnes, ils doivent l'aider de leurs biens; comme bénéficiers, pourroient-ils ne pas ſe ſouvenir que ce ſont les libéralités des Rois & de la Nation qui les ont enrichis? On ne doit pas douter que le Clergé, pénétré de ces obligations, & dévoué par ſon état comme par ſes ſentimens au ſoulagement des peuples, ne s'empreſſe de concourir aux vues équitables & paternelles de Sa Majeſté.

En conſéquence, le rembourſement des capitaux des

rentes constituées sur le Clergé par les emprunts des années 1755, 1765, 1766, 1775, 1780, 1781, 1782 & 1785, doit commencer le 1.er Janvier 1788, selon l'ordre des hypothèques; il doit s'opérer avec les fonds qui seront versés à cet effet dans les mains du Trésorier du Clergé. Ce ne sera qu'après que le remboursement de ces emprunts aura été effectué en totalité, qu'on s'occupera de celui des rentes de l'ancien Clergé, sans préjudice aux conventions qui auroient été faites de gré à gré, ou qui pourroient se faire à leur égard.

Les fonds destinés à ce remboursement seront composés tant du prix du rachat des rentes foncières, de la vente des justices, droits de chasse & autres droits honorifiques appartenans au Clergé, que des autres moyens qu'il aura proposés lui-même, & qui auront été trouvés convenables.

Ainsi toutes rentes foncières dûes, soit en argent, soit en grains ou autres denrées, aux Églises du Clergé de France, Chapitres, Aumôneries, Communautés séculières ou régulières, Monastères de l'un & de l'autre sexe, même aux Colléges, Fabriques, Hôpitaux & Séminaires, à raison des bénéfices qui y seroient unis, pourront être rachetées par les débiteurs, à l'exception des cens, rentes seigneuriales & autres redevances féodales servant à désigner la seigneurie directe & inhérente aux terres, fiefs & justices, à l'égard desquels cens & rentes il ne sera rien innové.

Le prix du rachat sera sur le pied du denier Trente des rentes, quant à celles en grain; & du denier Vingt-cinq pour celles en argent.

Le payement s'en fera entre les mains des Receveurs des décimes, qui en fourniront leurs récépissés libellés, portant promesse de remettre aux porteurs, des quittances du Trésorier général du Clergé.

Leur produit sera invariablement & irrévocablement appliqué & employé au remboursement des capitaux empruntés; & pour cet effet, il sera imprimé au commencement de chaque année, un tableau indicatif des contrats qui auront été remboursés.

Les Eccléſiaſtiques ſeront tenus de remettre aux débiteurs des rentes ou redevances qui les auront rachetées, les titres & les pièces originales des rentes rachetées.

D'un autre côté, le Clergé ſera autoriſé à mettre en vente, au plus offrant & dernier enchériſſeur, tous droits de juſtice, de chaſſe, de garenne & autres droits honorifiques dépendans des bénéfices qu'il poſsède. Le prix des adjudications ſera pareillement verſé dans la caiſſe des Receveurs des décimes de chaque diocèſe, & de-là dans celle du Tréſorier général, pour concourir à l'extinction de ſes dettes.

Les acquéreurs jouiront de ces droits honorifiques, à la charge de les tenir mouvans des ſeigneurs de qui relèvent les fiefs auxquels ils étoient attachés, & du domaine, en cas qu'il n'y ait pas d'autres mouvances ; comme auſſi à la charge des droits de mutation, ſauf pour la première vente.

Le Clergé dirigera & ſurveillera toutes ces opérations, ou celles qui lui auront paru devoir être ajoutées, après qu'elles auront été approuvées. Il s'aſſemblera à cet effet extraordinairement au mois de Juillet prochain. Il prendra les meſures les plus convenables pour accélérer ſa libération; il réglera les intérêts divers des bénéficiers, & ſuppléera, ſous l'autorité du Roi, à tout ce qu'il jugera utile pour que l'entier rembourſement de ſa dette puiſſe être effectué avant la fin de l'année 1790. Sa Majeſté veut bien, juſqu'à cette époque, fournir les fonds néceſſaires pour acquitter les intérêts des capitaux empruntés, ſauf le décroiſſement ſucceſſif qui réſultera des rembourſemens.

N.° I V.

MÉMOIRE

Sur la Taille.

Le Roi auroit desiré pouvoir effectuer sans aucun retardement, ses vues pour la réformation de la Taille ; mais Sa Majesté croit devoir suspendre sa détermination définitive, jusqu'à ce qu'éclairée par les observations des Assemblées qu'Elle veut établir dans les différentes Provinces du Royaume, & par les résultats de la perception en nature, qui lui feront connoître l'exacte valeur des fonds, Elle puisse se fixer sur les moyens les plus convenables de corriger les vices, & de diminuer le poids de cet impôt.

Par le concours de ces deux établissemens, toutes les difficultés qui se sont opposées jusqu'ici à la suppression des abus, seront aplanies ; les forces de chaque Province, celles de chaque arrondissement, celles de chaque Généralité seront connues ; & l'impôt pourra être modéré dans sa quotité & réglé dans sa répartition.

Sa Majesté cependant ne veut pas différer de faire jouir ses Peuples, d'une partie des soulagemens qu'Elle leur destine, ni laisser subsister plus long-temps ce qu'il y a de plus vicieux dans la répartition de la Taille personnelle, qui est nécessairement la plus sujette à l'arbitraire.

En conséquence, en même temps qu'Elle chargera les Assemblées provinciales de lui faire parvenir promptement leurs observations sur tout ce qui peut contribuer à perfectionner le régime de la Taille, spécialement sur la disposition de la Déclaration de 1728, déjà révoquée dans la généralité de Paris, & qui semble devoir l'être aussi dans les autres, Sa Majesté se propose d'ordonner,

1.° Que désormais on ne puisse être taxé pour la Taille personnelle, au-delà d'un sou pour livre des revenus, profits & facultés qui y sont assujettis.

2.° Que les cotes des Manouvriers & Artisans qui, dans plusieurs endroits sont portées à un taux excessif, ne puissent à l'avenir & dans tout le Royaume, excéder la valeur d'une de leurs journées par chaque année.

3.° Et pour que le rejet de ces réductions, ne surcharge pas les biens-fonds soumis à la Taille-réelle, l'intention de Sa Majesté est d'accorder la diminution d'un Dixième sur le principal de la Taille, aussi dans tout son Royaume.

4.° Enfin, le Roi voulant étendre les effets de sa bienfaisance jusqu'à ceux des petits propriétaires que des malheurs réduisent à ne pouvoir acquitter leur taxe, & qui ne sont pas moins à plaindre que les plus pauvres Artisans, a résolu d'accorder chaque année, à chaque paroisse des campagnes, une somme égale au vingtième de leur Taille. Les Collecteurs retiendront cette somme sur les deniers de leur collecte, & la remettront à la disposition des Assemblées paroissiales, qui en feront la distribution aux habitans les plus nécessiteux, conformément à l'intention dans laquelle est Sa Majesté, de répandre principalement ses grâces & ses bienfaits sur la classe la plus indigente de ses Sujets.

N.° V.

MÉMOIRE

Sur le Commerce des Grains.

LA queſtion du Commerce des grains ſi long-temps débattue, eſt du nombre de celles que le temps, l'expérience & la libre communication des idées, ont fait parvenir à leur maturité ; tout a été dit de part & d'autre, & l'on peut voir que le principe qui réclame une grande liberté, a prévalu dans les eſprits.

Il eſt temps que l'autorité le conſacre, & achève de fixer les idées publiques à cet égard.

Ce principe d'une entière liberté eſt d'abord dicté par la juſtice. Le droit de diſpoſer à ſon gré des productions que l'on a fait naître par ſes avances & par ſes travaux, eſt une partie de la propriété ; il ne doit pas être plus permis de l'enfreindre ſur une production que ſur une autre.

Le bien public ne ſauroit ſervir de prétexte pour porter atteinte à cette liberté ; elle n'eſt pas moins conforme aux règles d'une ſage adminiſtration, qu'à celles de la juſtice ; elle eſt inconteſtablement le principe le plus raſſurant pour les Peuples, puiſque d'une part, elle augmente la quantité des grains, & que de l'autre elle les répand avec rapidité par-tout où le beſoin ſe déclare.

Et voilà pourquoi, ſur cet objet, le grand art de l'adminiſtration eſt bien moins d'agir, que de laiſſer faire. La crainte de manquer de blé dans un lieu, lorſqu'il abonde dans les autres, eſt ſans fondement : le beſoin de vendre eſt par-tout auſſi impérieux que celui d'acheter, & par la nature des choſes, l'intérêt particulier eſt ici l'éternelle caution du bien général.

Ces principes dont la raiſon ne peut plus ſe défier, écartent toute inquiétude légitime.

Et cependant telle eſt l'extrême ſuſceptibilité du Peuple ſur l'objet de ſa ſubſiſtance, qu'elle exige l'annonce de quelque précaution, même pour des accidens imaginaires ; il a donc fallu préſenter avec une ſorte de meſure, la confiance du Gouvernement, afin de s'aſſurer de la confiance du Peuple.

Ainſi la Loi ſe montre prête à ſuſpendre localement & momentanément la liberté qu'elle accorde, toutes les fois qu'une Province le demandera. Cette apparente reſtriction, ou plutôt cette précaution qui ſembleroit d'abord affoiblir le principe d'une entière liberté, ne ſert réellement qu'à l'affermir davantage. La Loi, en paroiſſant ſoumettre en quelque ſorte au vœu des Peuples le pouvoir qu'elle ſe réſerve, les conduit naturellement à ne jamais deſirer qu'elle en faſſe uſage.

Mais dans une matière auſſi délicate, où le ſcrupule devient un devoir, il eſt des précautions d'un autre ordre que l'Adminiſtration peut ſe réſerver. Elles doivent être telles que leurs reſſorts ſoient inviſibles; elles doivent ſe combiner, autant qu'il ſe pourra, avec des établiſſemens déjà exiſtans, & deſtinés à un autre objet; il faut que le Peuple puiſſe en jouir ſans s'en apercevoir; trop annoncées, elles deviendroient pour lui un ſujet d'allarmes: leur objet ſera de pourvoir non à des inconvéniens réels de la liberté, mais à de premiers momens d'une crainte qui pourroit égarer les opinions ; pour le temps qui ſuit, la liberté s'en charge. C'eſt ainſi que par des moyens ſimples & prudemment ménagés, la ſurveillance de l'Adminiſtration garantira de toute atteinte, une Loi réclamée depuis long-temps par la raiſon & par l'intérêt général.

En conséquence, SA MAJESTÉ, en confirmant les Loix anciennes, telles que l'Édit de 1764, & les Déclarations ou Lettres patentes de 1776, en ce qu'elles ordonnent qu'il ſera libre à toutes perſonnes, de quelqu'état & condition qu'elles ſoient, de faire le Commerce des grains & farines, ſoit dans l'intérieur du Royaume, ſoit au-dehors, ſe propoſe d'y déroger, en ce qu'elles avoient réglé que l'Exportation ſeroit permiſe ou défendue, ſuivant que le prix des grains ſeroit au-deſſus ou au-deſſous d'un certain terme; & de déclarer qu'en aſſurant pour toujours la liberté abſolue dans l'intérieur du Royaume, Elle ſe réſerve ſeulement de ſuſpendre l'Exportation au-dehors, pour la totalité ou partie de chacune de ſes Provinces, lorſque les États ou l'Aſſemblée provinciale de quelqu'une d'elles, lui en auront fait la demande, & que Sa Majeſté en aura reconnu la néceſſité; ſans que cette interdiction puiſſe s'appliquer aux autres Provinces, pour leſquelles elle n'auroit pas été ſollicitée, & jugée néceſſaire, & ſans que cette défenſe puiſſe jamais être portée pour un plus long terme que celui d'une année, ſauf à la prolonger par une nouvelle déciſion, ſi la continuation des beſoins l'exigeoit, & ſi les États ou Aſſemblées provinciales en renouveloient la demande.

N.° V I.

M É M O I R E

Sur la Corvée.

LA Corvée exigée en nature a dans tous les temps été regardée comme le fléau des campagnes; elle condamne à un travail gratuit celui qui ne vit que du ſalaire de ſon travail; elle emploie à des ouvrages qu'elle fait mal, un nombre de journées, dont la valeur réduite au plus bas prix, excède infiniment ce que les mêmes ouvrages bien faits devroient naturellement coûter.

Son

Son exécution eſt toujours rigoureuſe, ſa répartition n'eſt jamais proportionnée ; le malheureux qu'elle accable n'en retire aucun avantage ; des paroiſſes entières en ſont exemptes par le haſard ſeul de leur poſition ; & malgré tous les ſoins des Adminiſtrateurs, il eſt impoſſible qu'elle ne nuiſe point à l'Agriculture.

Les travaux, dont elle eſt l'objet, étant exécutés à prix d'argent, feront vivre le journalier, feront une reſſource dans les ſaiſons mortes, & donneront à chaque Communauté la conſolation de voir ſa contribution devenir en même temps utile au public, & ſecourable à la portion d'elle-même la plus indigente.

Ces motifs déterminèrent l'Édit de 1776, qui remplaçoit la Corvée par une impoſition au marc la livre des Vingtièmes ; mais bientôt Sa Majeſté en ſuſpendit l'exécution, ſur les remontrances de ſes Cours.

Elles repréſentèrent, que convertir la Corvée en une impoſition générale exigible dans la proportion des Vingtièmes, c'étoit changer la nature de cette charge & y aſſujettir ceux qui en étoient exempts ; elles ajoutèrent que l'Édit de 1776, alarmoit tous les Sujets du Roi, & leur faiſoit craindre que les beſoins de l'État n'obligeaſſent un jour de détourner la deſtination du produit de cette impoſition, & qu'on ne rétablît alors la Corvée en nature, en laiſſant ſubſiſter l'impoſition en argent. Sa Majeſté réſolut en conſéquence d'attendre que l'expérience eût éclairé ſur les changemens & les modifications qui pourroient être néceſſaires.

Les Commiſſaires départis dans les Provinces, furent autoriſés, par des inſtructions particulières, à donner aux Communautés le choix d'acquitter cette charge, ou en nature, ou à prix d'argent. On fit des eſſais ; on éprouva des méthodes différentes ; elles occaſionnèrent des variétés ſans nombre.

Le Roi a jugé néceſſaire de ramener cette partie importante de l'Adminiſtration à des principes uniformes ; & après avoir pris l'avis de ſes Commiſſaires départis dans les différentes Provinces de ſon Royaume, raſſemblés à cet effet, Elle a reconnu par l'accord de leurs opinions, qu'il y auroit autant d'avantage que de juſtice, à ſubſtituer à la Corvée en nature, une preſtation en argent repréſentative de la tâche de chaque Communauté, variable comme elle, & répartie dans une proportion favorable aux journaliers, ſans être trop onéreuſe aux autres taillables.

Sa Majeſté convaincue de la préférence dûe à cette méthode, & du ſoulagement qui en réſultera pour ſes Peuples, auroit pu ne pas différer à preſcrire définitivement ſon exécution dans tout le Royaume ; cependant, pour s'éclairer de plus en plus par l'expérience, & donner aux Communautés elles-mêmes le temps de manifeſter leur vœu, après l'épreuve de ce nouveau régime, Elle a bien voulu ne l'ordonner d'abord que pour trois ans, & par forme d'eſſai général.

C'eſt l'objet de l'Arrêt qu'Elle a rendu en ſon Conſeil le 6 du mois de Novembre dernier.

Les repréſentations auxquelles il a donné lieu de la part de quelques-unes de ſes Cours, engagent aujourd'hui Sa Majeſté à faire connoître ſes intentions dans une forme plus ſolemnelle, & à déclarer, que ſans ſe départir du principe général qu'Elle a cru devoir adopter par rapport à la converſion de la Corvée en nature, en contribution pécuniaire, Elle ſe réſerve de maintenir, s'il y a lieu, par des règlemens locaux, les formes qui ſeroient uſitées avec ſuccès en quelques Provinces, & qui pourroient ſe concilier avec ce principe, celles ſur-tout qui tendroient au ſoulagement des Corvéables ; & qu'en même-temps, pour éloigner d'une opération de bienfaiſance tout ce qui pourroit entretenir quelque inquiétude, au lieu de faire remettre le produit de la contribution repréſentative de la Corvée entre les mains des Receveurs des impoſitions, en remplacement des avances qu'ils auroient faites aux Entrepreneurs, ce qui avoit paru le plus commode pour le service, Sa Majesté trouve bon que les deniers provenans de cette contribution, soient toujours versés des mains du Collecteur de chaque Communauté, dans celles d'un Receveur choisi par les Assemblées de chaque district, pour être par lui remis immédiatement aux Entrepreneurs des travaux, en raison du prix de leur adjudication, & après que les ouvrages auront été reçus en présence des Syndics des Communautés.

Sa Majesté se propose donc d'ordonner que les travaux des grandes routes s'exécuteront désormais dans le Royaume, au moyen d'une prestation en argent, qui sera réglée chaque année, en raison de la tâche que chaque Communauté auroit dû faire; de manière cependant qu'elle n'excède jamais le sixième de la Taille, des impositions accessoires & de la Capitation réunis pour les lieux taillables, non plus que les trois cinquièmes de la Capitation roturière pour les villes & Communautés franches ou abonnées, ainsi que pour les Pays de taille réelle.

Cette contribution sera perçue par les Collecteurs de chaque paroisse, & son produit versé par eux dans les mains des Receveurs choisis à cet effet par les Assemblées de district, & de-là dans celles des adjudicataires des travaux. Les comptes de ces Receveurs, munis des quittances de payement, seront arrêtés par ces mêmes Assemblées & envoyés à l'Intendant de la Province.

Sa Majesté se réserve de porter les règlemens locaux qui pourroient être reconnus nécessaires, comme aussi de déterminer comment l'inspection qu'auront les différentes Assemblées de propriétaires, en ce qui concerne l'exécution des travaux des chemins, se conciliera avec le service ordinaire des Employés des Ponts & Chaussées, sous les ordres du Commissaire départi dans la Province, & sous l'autorité du Conseil.

Cette lecture finie, Monsieur de Calonne a repris la parole & a fait connoître succinctement à l'Assemblée, les trois autres divisions du travail sur lequel elle auroit à délibérer.

La seconde Division du travail de l'Assemblée, doit être exposée comme la première, dans des Mémoires séparés, dont le premier aura rapport à la levée des Barrières intérieures & au renvoi de tous les Bureaux de Douane à la frontière, opération qui seroit combinée avec un Tarif général qui modérera beaucoup les droits d'entrée du Royaume, sur les matières premières, & ceux de sortie sur les Marchandises ouvrées, & dans lequel aucun droit ne sera porté à un taux excessif.

Quatre autres Mémoires traiteront de la suppression de différens droits d'Aides, établis sur la circulation des Boissons; de celle du droit de la marque des Fers, de celle du droit de la fabrication sur les Huiles, & enfin de celle de plusieurs droits d'Amirauté nuisibles au Commerce maritime.

Un autre Mémoire contiendra un plan pour régler la perception des droits sur les Marchandises coloniales.

Un septième proposera un régime pour la culture du Tabac, dans les Provinces où elle est permise, propre à rendre possible de lever les barrières qui séparent ces Provinces des autres.

Le dernier exposera une opération sur la Gabelle, en raison de laquelle le prix du Sel de Gabelle, ſeroit diminué autant que les circonſtances le permettent. Il ſeroit délivré du Sel à un prix très-inférieur pour l'uſage de l'Agriculture; la contrebande deviendroit ſans intérêt, & toutes les barrières établies pour l'empêcher, ainſi que tous les maux qui marchent à ſa ſuite, ſeroient ſupprimés.

La troiſième Diviſion du travail doit renfermer, 1.° ce qui regarde les Domaines royaux, qu'on propoſeroit d'inféoder ſans y comprendre les Forêts; 2.° ces Forêts elles-mêmes dont on chercheroit à perfectionner l'adminiſtration, en ſupprimant les Maîtriſes des Eaux & Forêts, renvoyant aux Tribunaux ordinaires le jugement des délits, & inſtituant pour la partie économique, des Inſpecteurs amovibles & une Commiſſion du Conſeil, qui en ſeroit perpétuellement occupée.

La quatrième Diviſion doit contenir, 1.° une extenſion du droit de Timbre ſur un grand nombre d'objets qu'il devoit embraſſer dans ſon origine; 2.° un Mémoire ſur les Rembourſemens à époques fixes; 3.° de nouveaux moyens de rendre la Caiſſe d'eſcompte plus utile, & d'aſſurer ſon exiſtence de la manière la plus ſtable; 4.° des réductions ſur diverſes parties qui en ſont ſuſceptibles; 5.° l'inſtitution d'une Caiſſe générale, qui laiſſeroit au Roi la jouiſſance de ſes propres fonds & préviendroit les abus des Caiſſes particulières; 6.° l'établiſſement d'un nouveau Comité du Conſeil pour l'adminiſtration générale de l'Agriculture & du Commerce.

Lorſque Monſieur de Calonne a eu fini de parler, MONSIEUR, après avoir ſalué l'Aſſemblée, aſſis, a dit :

DISCOURS DE MONSIEUR.

MESSIEURS,

D'APRÈS ce que Monſieur le Contrôleur général vient de nous dire des objets ſur leſquels le Roi veut que nous délibérions, il nous eſt facile de juger de leur importance. Il eſt poſſible que quelqu'un de nous ſoit intimidé par leur grandeur; mais quelque défiance que chacun en particulier puiſſe avoir de ſes propres lumières, je crois qu'il eſt eſſentiel de n'appeler aucun ſecours étranger. Lorſque les délibérations d'une Aſſemblée ſe répandent au-dehors, chacun en raiſonne à ſa manière, & ces raiſonnemens, faits ſans une connoiſſance approfondie de la matière, ne peuvent que jeter du doute & des nuages dans l'eſprit de ceux qui doivent s'en occuper eſſentiellement : je penſe donc qu'il eſt bon, quoique le Roi ne nous l'ait pas expreſſément ordonné, de garder le ſecret ſur ce qui ſe paſſera tant dans nos Aſſemblées générales que dans nos Aſſemblées particulières ; ou ſi nous ne pouvons éviter d'en parler dans le monde, de nous abſtenir au moins d'entrer dans aucun détail. C'eſt la conduite que je me propoſe de tenir, & je ne puis, Meſſieurs, que vous exhorter à en agir de même.

Ce diſcours fini, MONSIEUR s'eſt levé & a invité les Membres du Bureau qu'il doit préſider, à ſe rendre chez lui le lendemain à onze heures du matin.

Monſeigneur Comte d'Artois a donné la même heure.

Monſeigneur le Duc d'Orléans, celle de cinq heures du ſoir.

Monſeigneur le Prince de Condé, onze heures du matin.

Monſeigneur le Duc de Bourbon, la même heure.

Monſeigneur le Prince de Conti la même heure.

Monſeigneur le Duc de Penthièvre, la même heure.

Après quoi MONSIEUR, Monſeigneur Comte d'Artois & les Princes ſe ſont retirés dans le même ordre qu'ils étoient entrés.

Les Secrétaires-Greffiers de l'Aſſemblée ayant demandé à Monſieur le Contrôleur général les ſix Mémoires qu'il venoit de lire, pour en faire faire des copies & les remettre aux différens Bureaux, ce Miniſtre leur a dit que ſon intention étoit de les faire imprimer, ce qu'il a fait depuis.

N. B. Dans l'intervalle entre la ſéance du 23 Février & celle du 12 Mars, Monſieur de Vilar, Procureur général du Conſeil ſouverain de Rouſſillon, l'un des Notables convoqués, étant tombé malade, a obtenu du Roi la permiſſion de ſe retirer & n'a point été remplacé.

TROISIÈME SÉANCE.

Le Lundi 12 Mars 1787.

MONSIEUR, Monſeigneur Comte d'Artois & les Princes s'étant rendus ſur les onze heures du matin à la ſalle d'Aſſemblée, & ayant pris ſéance dans le même ordre qui a été ſpécifié ci-deſſus, le ſieur Hennin, après avoir ſalué & s'être couvert, a lû le Procès-verbal de la première Séance tenue en préſence du Roi, qui n'avoit pu l'être lors de la dernière Aſſemblée; & le ſieur du Pont, après avoir ſalué & s'être couvert, a lû celui de la ſeconde Séance.

Monſieur le Baron de Breteüil, premier Commiſſaire du Roi, a enſuite ouvert la ſéance par le diſcours ſuivant.

DISCOURS

De Monſieur le Baron de Breteüil.

MESSIEURS,

LE ROI, en vous appelant à ce Conſeil extraordinaire, nous a ordonné de vous en communiquer ſucceſſivement les

les objets. Sa Majesté desire d'entendre par votre bouche les meilleurs moyens d'assurer le bon ordre dans l'Administration, & l'avantage constant de son Peuple. Le Roi ne veut, Messieurs, fonder l'usage de son autorité, que sur le bonheur public.

Monsieur le Contrôleur général va continuer à vous exposer les vues de Sa Majesté.

Monsieur le Contrôleur général ayant pris aussitôt la parole, a prononcé le discours dont le commencement suit.

DÉBUT DU DISCOURS

Prononcé par Monsieur le Contrôleur général.

MESSIEURS,

VOUS savez que la totalité des propositions que SA MAJESTÉ a jugé à propos de vous communiquer, a été divisée en quatre parties; que la première concerne particulièrement les Impositions territoriales & ce qui a rapport à l'Agriculture.

La seconde, la liberté de la circulation intérieure & les droits qui intéressent le Commerce.

La troisième, les Domaines, les Forêts du Roi & autres objets domaniaux.

La quatrième, diverses opérations relatives à l'administration des Finances & au crédit.

Les objets de la première division ont été examinés dans chacun des sept Bureaux, entre lesquels l'Assemblée est partagée; vous avez formé vos avis; MONSIEUR les a tous remis au Roi; Sa Majeſté les a tous lûs; Elle veut les revoir encore avec la plus grande attention & en peſer les réſultats dans ſon Conſeil; Elle y a trouvé ce qu'Elle attendoit de votre zèle, les preuves de l'application ſuivie avec laquelle vous avez diſcuté chaque objet. Elle a vu avec ſatisfaction qu'en général vos ſentimens s'accordent avec ſes principes, que vous étant pénétrés de l'eſprit d'ordre & des intentions bienfaiſantes qui dirigent toutes ſes vues, vous vous êtes montrés animés du deſir de contribuer à en perfectionner l'exécution; que vous n'avez recherché les difficultés dont elle pourroit être ſuſceptible, qu'afin de les prévenir & de faire apercevoir les moyens de les éviter; enfin que les objections qui vous ont frappés, & qui ſont principalement relatives aux formes, ne contrarient pas les points eſſentiels du but que Sa Majeſté s'eſt propoſé, d'améliorer ſes Finances, & de ſoulager ſes Peuples par la réformation des abus.

Le Roi ne doute pas plus des ſentimens qui ont dicté vos obſervations, que vous ne devez douter de ceux dans leſquels Sa Majeſté les reçoit: elles ne s'accorderoient pas avec l'attention paternelle qui l'a portée à vous aſſembler, ſi elles n'avoient pas ce caractère de franchiſe qui convient à des François conſultés par leur Roi ſur le bien de ſes Peuples. Aſſurée de vos diſpoſitions, comme de votre juſte reconnoiſſance, Sa Majeſté ne s'eſt point attendue à en recevoir un hommage paſſif & aveugle. C'eſt la vérité qu'Elle cherche, & Elle ſait que la vérité s'éclaircit par le choc des opinions.

Les objets que nous ſommes chargés de vous apporter aujourd'hui, ne méritent pas moins que les précédens, toute votre attention; ils réuniſſent dans leur enſemble tout ce qui eſt néceſſaire pour l'exécution complète d'un plan deſiré depuis des ſiècles, & duquel il eſt reconnu que dépend la vivification de tout le Commerce du Royaume, par conſéquent la proſpérité de l'État.

C'eſt une choſe bien digne de remarque, & qui doit, Meſſieurs, vous faire éprouver un ſentiment de ſatisfaction que Sa Majeſté même ſe plaît à partager avec vous, qu'en ce jour, les Notables du Royaume, aſſemblés par ſes ordres, vont recevoir la réponſe aux cahiers préſentés par les États-généraux en 1614; & ſans doute qu'ils vont coopérer, par leurs avis, par leur acclamation, à l'accompliſſement du vœu que la Nation entière exprimoit il y a cent ſoixante-treize ans, de la manière la plus preſſante; elle demandoit alors que les barrières fuſſent toutes reportées à l'extrême frontière du Royaume, que la circulation intérieure fût rendue libre, que le Commerce fût affranchi de ſes entraves, qu'il y eût un régime uniforme pour les Traites: le Roi l'accorde aujourd'hui, & c'eſt le but du plan que vous allez examiner.

Ainſi les temps ſe ſuccèdent, & la vérité leur ſurvit; ce qu'elle n'obtient pas dans un moment, elle le réclame avec ſuccès dans un autre; des conjonctures fâcheuſes accumulent les obſtacles, des conjonctures plus favorables les diſſipent; & tôt ou tard, la voix puiſſante du bien public ſubjugue toutes les difficultés.

L'origine du régime vicieux qu'il s'agit de réformer, date du XIV.e ſiècle; ce ne fut qu'au commencement du XVII.e qu'on vit éclater formellement les plaintes du Commerce & les doléances de la Nation à ce ſujet. Cinquante ans après, Colbert propoſa à Louis XIV d'y mettre ordre, & conçut le projet d'un tarif uniforme; mais il crut devoir en graduer l'exécution. Cette voie ne réuſſit pas, & le régime ſe compliqua davantage; Louis XV s'occupa de le rectifier entièrement; le plan fut tracé en 1760; les baſes du travail préparatoire furent poſées; & l'on n'a pas ceſſé depuis cette époque, de raſſembler tous les renſeignemens néceſſaires pour rendre ce travail complet; il l'eſt enfin; & Louis XVI va mettre la dernière main à cette œuvre importante, digne, Meſſieurs, du vif intérêt avec lequel vous allez vous en occuper.

Je n'entrerai point ici dans le détail des parties qui le compoſent, elles ſont toutes développées dans les Mémoires que nous ſommes chargés de remettre à MONSIEUR, & que ce Prince voudra bien faire diſtribuer dans chacun des ſept Bureaux.

Le premier, qui eſt le plus conſidérable, vous préſentera les élémens du tarif uniforme, & tout l'enſemble de l'opération; les ſept autres traitent particulièrement différens points acceſſoires, dont le concours a paru néceſſaire pour l'entier affranchiſſement de la circulation intérieure.

Ce ſeroit abuſer du temps que vous conſacrez à l'intérêt public, que de vous dire en ce moment ce que vous trouverez dans le contenu de ces Mémoires; je me bornerai à vous tracer en peu de mots une idée générale du projet.

Dans la ſeconde partie qui n'étoit pas écrite, Monſieur de Calonne, a expoſé la ſubſtance des huit Mémoires qui forment la ſeconde Diviſion du travail, dont l'intention du Roi eſt que l'Aſſemblée faſſe l'examen.

Ce Miniſtre s'eſt attaché à faire voir les avantages qui réſulteront pour le ſoulagement de la Nation & pour les finances du Roi; des changemens que Sa Majeſté ſe propoſe de faire dans tous les points d'adminiſtration dont ils ſont l'objet, & la liaiſon des opérations, ſoit entr'elles, ſoit avec les autres parties du plan projeté par Sa Majeſté.

MÉMOIRES
DE LA
SECONDE DIVISION.

N.° I.er

MÉMOIRE

Sur la réformation des Droits de Traites, l'abolition des Barrières intérieures, l'établissement d'un Tarif uniforme aux Frontières, & la suppression de plusieurs Droits d'Aides nuisibles au Commerce.

LES États-généraux, assemblés en 1614, se plaignoient au Roi de ce que *les droits de Traites étoient levés sur ce qui va de certaines Provinces du Royaume à d'autres d'icelui, tout ainsi que si c'étoit un pays étranger, au grand préjudice de ses Sujets, entre lesquels cela conservoit des marques de division qu'il étoit nécessaire d'ôter, puisque toutes les Provinces du Royaume sont conjointement & inséparablement unies à la Couronne pour ne faire qu'un corps, sous la domination d'un même Roi, & puisque tous les Sujets sont unis à une même obéissance. Pour ces causes,* ils demandoient *qu'il plût à Sa Majesté ordonner qu'ils jouiroient d'une même liberté & franchise; en ce faisant, qu'ils pourroient librement négocier & porter les marchandises de France en quelques endroits du Royaume que ce soit, comme concitoyens du même État, sans payer aucuns droits de Traites..... Qu'à cet effet, les Bureaux desdites Traites & droits d'Entrée seroient établis aux villes frontières & limites du Royaume.*

Ce vœu fut inſpiré par la raiſon, par la juſtice & par l'intérêt public. Il n'a pas ceſſé d'exiſter, il n'a pas ceſſé d'être celui de la Nation; mais mille obſtacles divers & ſucceſſifs s'opposèrent à ſon accompliſſement : les efforts même qu'on fit pour diminuer les inconvéniens ſans en extirper le germe, ſemblèrent les enraciner davantage. C'eſt preſque toujours le ſort des meilleures intentions, quand les circonſtances en bornent les effets. Réformer à demi, c'eſt perpétuer le déſordre ; & régler des effets vicieux, c'eſt donner une conſtitution au vice, c'eſt renoncer à le détruire. Il eſt reconnu que les Ordonnances multipliées, qui ont groſſi le code des Traites, n'ont ſervi, en compliquant leur régime, qu'à prouver l'impoſſibilité de le rectifier ſans en changer les baſes. On eſt depuis long-temps généralement convaincu qu'il n'y a qu'une refonte totale dans cette partie qui puiſſe y rétablir l'ordre naturel.

Elle va enfin s'effectuer cette refonte générale, ſous un Roi qui pourſuit par-tout les abus, pour fonder ſur leur ruine le bonheur de ſes Peuples. Sa Majeſté, après s'être occupée des moyens d'établir une répartition plus égale dans les impôts, & de faire proſpérer l'Agriculture, a porté ſes vues ſur la multitude & la variété infinie de droits qui grèvent le Commerce de ſon Royaume; Elle a réſolu de ſupprimer tous ceux qui n'augmentent ſes finances qu'aux dépens du bien public.

Les Droits de traites ont d'abord fixé ſon attention.

Leur origine remonte au treizième ſiècle. Les productions nationales, peu abondantes alors, étoient conſidérées comme devant ſervir uniquement aux beſoins du Royaume, comme leur étant néceſſairement & excluſivement réſervées. Il paroiſſoit en conſéquence fort important d'en empêcher la ſortie, & c'eſt ce qui fut le principe des *Droits de traites*. Ils furent établis pour arrêter l'exportation, & compenſer en quelque ſorte le préjudice qu'on lui attribuoit.

Telle étoit l'erreur de l'Adminiſtration dans ces temps peu éclairés, que la cauſe même du mal ſembloit en être le remède. On ne croyoit pas le Royaume aſſez riche pour permettre de vendre au dehors ; & c'eſt parce qu'on ne permettoit pas de vendre au dehors, que le Royaume ne devenoit pas plus riche. Les productions de ſon ſol & de ſon induſtrie pouvoient-elles s'élever au-delà de ſa propre conſommation, quand ſa conſommation étoit l'unique meſure du débit & le dernier terme de la vente !

Les choſes reſtèrent en cet état pendant plus de trois ſiècles. Mais en 1540, l'eſprit fiſcal qui ne fut jamais celui du Commerce, aggrava le poids des Droits de traites ; les mêmes Provinces qui avoient été aſſujetties à *des Droits de ſortie,* furent ſoumiſes à *des Droits d'entrée ;* bientôt après on y ajouta des *Droits locaux,* & la circulation fut par-tout gênée, obſtruée, interrompue. La contagion de l'exemple, ou plutôt l'appât d'un intérêt mal entendu entraîna les Dominations voiſines, & de toutes parts la puiſſance ſouveraine parut ne s'occuper que d'étouffer l'induſtrie, de mettre des entraves au Commerce.

La France s'étoit agrandie ; les droits d'entrée & de ſortie devoient naturellement ſe reculer en même-temps que ſes frontières ; mais continuant d'être perçus dans les lieux où ils avoient été établis, ils devinrent des douanes intérieures. On laiſſa ſubſiſter au milieu du Royaume une multitude de barrières qui n'avoient été poſées dans leur origine que pour garder ſes limites, & les marchandiſes nationales ne purent paſſer d'une Province à l'autre, qu'en payant les mêmes droits impoſés ſur celles venant de l'étranger ou allant à l'étranger.

A ces Droits de traites primitifs avoient été ſucceſſivement ajoutés pluſieurs droits particuliers créés en différentes Provinces du Royaume pour un temps limité, & pour des beſoins preſſans, lorſque la France étoit agitée par les troubles des guerres civiles.

Le Commerce fatigué par la perception de tant de droits dont la suppression toujours promise n'étoit jamais effectuée, fit parvenir sa réclamation jusqu'au Trône par la voix des États-généraux. La Nation en corps demanda avec instance la liberté de circulation dans l'intérieur du Royaume, & l'établissement d'un tarif uniforme des droits perceptibles à l'extrême frontière.

Une demande si juste parut faire impression, mais n'eut pas le succès qu'on devoit en attendre.

Le Gouvernement voulut réformer sans perdre, & pour compenser le produit des droits de circulation dont les États sollicitoient la suppression, on proposa aux Provinces qui y étoient soumises, & qui ne l'étoient pas à la perception des droits d'Aides, de consentir à y être assujetties. L'échange ne fut pas accepté, & après sept années de vaines tentatives, le régime vicieux continua de subsister sans aucun changement.

Sous la fin du règne de Louis XIII, & pendant la minorité de Louis XIV, les droits locaux prirent de nouveaux accroissemens; ils se multiplièrent à l'excès & le Commerce languissoit, écrasé sous le poids de tant de perceptions différentes.

L'œil vigilant de Colbert mesura toute l'étendue des conséquences de ce désordre. Il entreprit de supprimer les traites intérieures, & d'établir un régime uniforme pour toutes les douanes du Royaume; c'est dans cette vue que fut rédigé le tarif de 1664.

Mais les circonstances ne permirent pas à ce Ministre, si digne de la reconnoissance publique, d'effectuer tout le bien qu'il avoit conçu. Le besoin des Finances l'obligea de conserver divers droits locaux aussi incompatibles avec la liberté du Commerce, que ceux dont il avoit fait déterminer la suppression; & pour arriver par degré à l'uniformité de perception qu'il avoit en vue, il crut devoir laisser

aux

aux Provinces la liberté d'opter entre le nouveau régime qu'il établissoit, & celui sous lequel elles avoient existé jusqu'alors.

Un grand nombre de Provinces acceptèrent le tarif; ce sont celles qui sont connues sous la dénomination *de Provinces des cinq grosses Fermes;* les autres préférèrent de demeurer dans leur premier état : ce sont celles qui ont le titre *de Provinces réputées étrangères.*

Ce partage qui trompa les espérances de Colbert, lui fit prendre le seul parti qui lui restoit, celui d'établir du moins des *droits uniformes* sur les objets les plus intéressans du Commerce, & d'en ordonner la perception aux frontières des *Provinces réputées étrangères;* c'est ce qui donna lieu aux tarifs de 1667 & de 1671, dont l'exécution caractérise les Provinces ainsi dénommées, & les différencie des Provinces des cinq grosses Fermes soumises particulièrement au tarif de 1664.

Ce système tendant à rapprocher les régimes disparates qu'on crut alors devoir tolérer, & à en diminuer les inconvéniens, a été suivi depuis, & un grand nombre d'Arrêts du Conseil ont successivement établi *les droits uniformes* sur différentes marchandises qui n'avoient pas été comprises dans les tarifs de 1667 & 1671; en sorte qu'il y a aujourd'hui plus de deux cinquièmes des principaux objets de Commerce qui y sont assujettis.

Mais quelques Provinces nouvellement conquises ou réunies n'y ont pas été soumises. Les trois Évêchés, l'Alsace & la Lorraine sont demeurées affranchies, tant du tarif de 1664, que de ceux de 1667 & de 1671; elles ont conservé une communication libre avec l'étranger, & c'est ce qui les a fait dénommer *Provinces à l'instar de l'étranger effectif.*

Cependant cette exception à la loi commune n'a pas été maintenue intégralement à l'égard de ces trois Provinces; il y a été dérogé dans celle des trois-Évêchés, par rapport à plusieurs droits, tels que celui des cuirs ; & dans la Lorraine, ainsi que dans l'Alsace, il existe plusieurs droits locaux qui, gênant la circulation, sont fort onéreux au Commerce.

Ce bizarre assemblage de tant de constitutions différentes, a toujours paru mériter l'attention particulière du Gouvernement, & il est enfin reconnu qu'il est possible de le faire disparoître sans blesser les droits ni les intérêts d'aucunes Provinces, & même en procurant l'avantage de toutes.

Sa Majesté a considéré que l'établissement *des droits uniformes*, quand il seroit étendu à tous les objets, quand il le seroit même aux Provinces qui sont à *l'instar de l'étranger effectif*, ne procureroit que l'avantage d'effacer toute différence dans les relations de notre Commerce avec l'étranger; mais qu'il laisseroit toujours à desirer celui d'une communication parfaitement libre entre les différentes Provinces du Royaume.

En conséquence, Sa Majesté a pensé que ses vues ne seroient remplies qu'imparfaitement, si, en même-temps qu'Elle ordonnera la confection d'un tarif uniforme pour les droits d'entrée & de sortie, combiné avec l'intérêt des Manufactures nationales, Elle ne supprimoit pas tous les droits dûs à la circulation dans l'intérieur, & tous les Bureaux où ils se perçoivent.

Ce projet avoit été tenté en 1760; & un Magistrat aussi célèbre par ses lumières que par les services importans qu'il a rendus dans toutes les parties d'administration dont il étoit chargé *, s'étoit voué à cette grande opération avec un zèle infatigable. Il employa sept années à en préparer le travail, & il l'avoit porté au point que son ouvrage a donné les principales bases du plan adopté par Sa Majesté.

* M. de Trudaine.

Mais d'un côté, les difficultés qu'on eut lieu de pressentir de la part des Provinces qui crurent qu'elles seroient lésées par l'assujettissement aux droits d'un tarif uniforme, & d'un autre côté les exagérations de la Ferme générale sur le produit des droits de circulation qu'il s'agissoit de supprimer, firent craindre que l'opération ne fût en même-temps nuisible aux intérêts d'une partie des Sujets du Roi, & préjudiciable aux revenus de Sa Majesté. Il parut sage & nécessaire de suspendre l'exécution, jusqu'à ce qu'on fût rassuré sur ces deux objets essentiels, par une vérification exacte des recettes de toutes les espèces de droits de circulation, & par une juste balance de ce que les Provinces intéressées au changement pourroient y perdre ou y gagner.

Le travail immense qu'il a fallu faire pour connoître & constater ce double résultat, a été entamé en 1767; il a été suivi depuis avec la plus grande application, par la personne instruite & laborieuse qui en a été chargée, & ce n'est que vers le commencement de l'année dernière qu'il s'est trouvé porté à son entière perfection.

Ce travail a fait connoître d'une manière certaine, que les relations des différentes Provinces du Royaume entre elles, étoient beaucoup plus considérables que celles avec l'étranger; qu'ainsi la liberté de la circulation intérieure feroit beaucoup plus de bien, que les droits sur le Commerce extérieur ne pourroient faire de mal.

Il a fait connoître que les Provinces même qui paroissent le plus attachées à leur qualité d'*étrangères* ou de *réputées étrangères*, & à un commerce inconciliable avec l'intérêt général du Royaume, n'y trouvent pas même leur avantage particulier; que ce commerce les appauvrit tous les ans; qu'il est destructeur de leur industrie, & que tout considéré c'est un bien illusoire dont la privation sollicitée par l'État entier, deviendra pour elles-mêmes une source de profits plus réels.

Ce travail enfin a fait connoître que le produit des droits

de circulation intérieure, objet de 5,500,000 livres, seroit facilement compensé par l'extension générale du Commerce, par une perception égale de droits sagement combinés à toutes les entrées & sorties du Royaume, par une diminution très-considérable des frais de recouvrement, & par l'abolition de la contrebande, abolition précieuse sous tous les aspects, & sur laquelle Sa Majesté a droit de compter, au moyen du parti qu'Elle a pris de substituer aux prohibitions, ou à des droits réputés prohibitifs par leur énormité, des droits qui, n'excèdant pas le prix ordinaire des assurances, ne seront plus éludés ni fraudés, & cependant suffiront pour maintenir la concurrence & même la préférence qu'il est juste de conserver aux Manufactures nationales.

C'est après s'être fait rendre compte de tous les états, de tous les calculs qui justifient ces trois vérités; c'est après les avoir fait examiner & discuter pendant six mois, par une Commission composée de plusieurs Conseillers d'État & autres Magistrats du Conseil, des coopérateurs de l'Administration dont le travail y est relatif, de plusieurs Intendans du Commerce, & des Fermiers généraux les plus versés dans la connoissance des traites, que Sa Majesté a jugé qu'il ne restoit plus de motif pour suspendre davantage l'opération salutaire desirée depuis si long-temps, & qu'Elle a donné son approbation au plan qu'Elle fait communiquer aujourd'hui à l'Assemblée des Notables.

Sa Majesté a voulu que ce plan leur fût développé avec autant de détails qu'ils peuvent en desirer pour en avoir une idée juste & une connoissance suffisante; mais en même-temps qu'Elle leur demande les observations dont ils le trouveront susceptible, quant aux principes sur lesquels il est établi & aux vues qu'il présente, Sa Majesté est persuadée qu'ils s'en rapporteront aux soins qu'Elle a pris & qu'Elle prendra encore pour les formalités d'exécution, ainsi que pour l'exactitude des calculs qui ont servi d'élémens aux résultats, calculs dont on s'occupe depuis vingt ans, & qui ont été revus & constatés depuis six mois avec toute l'attention possible.

Dans son point de vue général, ce plan consiste à supprimer tous les droits qui se perçoivent au passage des Provinces des cinq grosses Fermes, dans les autres Provinces, & au passage de celles-ci dans les premières; à rétablir par-là une communication libre & une égalité parfaite entre toutes les parties de la Monarchie; à détruire jusqu'aux dénominations étrangères qui les distinguent aujourd'hui les unes des autres, & à dégager le Commerce de toute entrave.

Tous les droits de traites intérieures, tous les droits locaux seront abolis; tous les Bureaux où ils sont perçus, toutes les barrières établies pour en assurer la recette, seront transportés aux frontières extérieures; rien ne gênera plus la circulation au dedans; le Négociant & le Voiturier, l'Artisan & le Cultivateur, le François & l'Étranger ne seront plus arrêtés, fatigués, inquiétés, par ces visites importunes, tourment des Voyageurs, & source intarissable de plaintes, de difficultés, quelquefois même de vexations.

Les Sujets du Roi éprouveront un soulagement réel dans l'extinction de plusieurs droits onéreux. Sa Majesté retrouvera dans la diminution des frais & dans la suppression d'une multitude considérable de Bureaux & d'Employés, plus des trois quarts du produit dont Elle fera le sacrifice.

Enfin les droits qui continueront d'être perçus à l'entrée & à la sortie du Royaume, seront simplifiés & réglés d'après un nouveau tarif, dont toutes les dispositions concourront à encourager l'industrie nationale, à faciliter l'introduction des matières premières dont le Royaume a besoin, & à favoriser l'exportation des ouvrages de ses Manufactures, ainsi que du superflu des productions de son sol.

Tel eſt le but de la réforme : voici de quelle manière elle doit s'exécuter.

Sa Majeſté ſe propoſe d'ordonner :

1.° Qu'à compter du 1.er Octobre prochain, tous les droits quelconques dûs ſur les marchandiſes & denrées, lors de leur circulation & paſſage d'une Province dans l'autre, ſans aucune diſtinction d'icelles, ſeront & demeureront ſupprimés. L'énumération en eſt trop étendue pour être placée ici : ils ſeront détaillés dans la loi à laquelle le nouveau tarif doit être annexé.

Sa Majeſté entend comprendre dans cette ſuppreſſion ceux de ces droits qui auroient été aliénés ou concédés, ſauf à pourvoir à l'indemnité des perſonnes au profit de qui ils ſont perçus, d'après la liquidation qui en ſera faite ſur le vu de leurs titres de propriété.

2.° Qu'à compter de la même époque, les droits d'entrée & de ſortie qui ſe perçoivent en vertu des différens tarifs en uſage dans les *Provinces des cinq groſſes Fermes*, dans les *Provinces réputées étrangères*, & dans celles *à l'inſtar de l'étranger effectif*, ſeront remplacés par ceux d'un tarif uniforme, qui ſera obſervé & exécuté à toutes les entrées & ſorties du Royaume indiſtinctement.

Il ſuffira d'expoſer comme on a procédé à la confection de ce tarif, pour en faire apercevoir tous les avantages.

On a commencé par faire avec le plus d'exactitude qu'il a été poſſible, la nomenclature & l'appréciation de tous les objets connus dans le Commerce; les droits ont été fixés en proportion de l'intérêt que la France peut avoir de favoriſer ou de gêner telle ou telle eſpèce d'importation ou d'exportation; & pour en ſimplifier la perception, on a compris toutes les marchandiſes & productions ſujettes aux droits, dans le plus petit nombre de claſſes entre leſquelles il a été poſſible de les diſtribuer.

Elles ont été diviſées, quant à l'entrée, en ſix claſſes, & quant à la ſortie, en quatre.

DROITS D'ENTRÉE.

LES *Droits d'entrée* dans le Royaume ſont fixés, dans la premiere claſſe à un quart pour cent, dans la ſeconde à deux & demi, dans la troiſième à cinq, dans la quatrième à ſept & demi, dans la cinquième à dix, dans la ſixième à douze pour cent.

Tous ces droits ont été gradués, ſelon le plus ou le moins d'utilité dont peuvent être pour le Royaume, les marchandiſes qu'il tire de l'étranger.

Ainſi l'on a réduit au plus petit droit, à un quart pour cent ſeulement, les objets de la première claſſe, qui ſont les matières premières d'une néceſſité abſolue pour nos Manufactures & notre Navigation, tels que *les bois de conſtruction*, les *munitions navales*, les *chanvres*, *lins*, *cotons*, *laines*, *poils de toutes ſortes*, *les ingrédiens ſervant aux teintures*, *aux papeteries*, & autres marchandiſes de même nature, dont on ne peut trop favoriſer l'importation. On ne les auroit ſoumiſes à aucun droit d'entrée, ſi l'on n'avoit pas eu en vue par cet aſſujettiſſement inſenſible, de ſe procurer une connoiſſance exacte de ce qui ſera importé.

Le droit fixé pour la ſeconde claſſe à deux & demi pour cent de la valeur, portera ſur des objets utiles à l'induſtrie nationale, mais moins néceſſaires que ceux de la première claſſe, ou qui ayant reçu une première main-d'œuvre chez l'étranger, méritent moins de faveur que les matières premières abſolument brutes : tels ſont les *ſuifs*, les *cornes*, les *gommes*, les *peaux* & *cuirs en verd*, les *cendres préparées*, les *ſoies*, les *cires jaunes* & autres matières de cette eſpèce.

On a compris dans la troiſième claſſe pour laquelle le droit eſt ſur le pied de cinq pour cent, les objets dont on a un beſoin moins eſſentiel, parce que le Royaume produit une grande partie de ce qui s'en conſomme, tels que les *aciers bruts*, les *fruits secs*, les *bois de marqueterie*, les *chanvres & lins apprêtés*, les *pelleteries non-ouvrées*, les *cires blanches*, &c.

Dans la quatrième classe, le droit est porté à sept & demi pour cent, & on y a compris tous les articles d'*épicerie, les drogueries propres pour la médecine*, & autres objets qu'on ne peut pas regarder comme de première nécessité, qui d'ailleurs sont principalement à l'usage des gens aisés; les dénominations étant trop variées, on n'en citera aucune en particulier.

La cinquième classe où le droit est de dix pour cent de la valeur, comprend tous les objets de fabrique étrangère, qui entrant en concurrence avec les objets de même nature qui se fabriquent dans le Royaume, paroissent dans le cas d'être chargés d'un droit plus considérable, tels que l'*argent trait & filé, l'orfévrerie & la bijouterie, les beurres salés & fondus, les fers en barre & en verge, les fils de chanvre, de lin & de coton, les laines filées, les huiles, les vins étrangers.*

Enfin, la sixième classe où le droit s'élève à douze pour cent de la valeur, ne comprend que les objets dont, pour l'avantage de l'industrie nationale, il est essentiel de restreindre encore davantage l'importation. Ces objets sont principalement les ouvrages de *bonneterie, boutonnerie, chapellerie, les toiles, les étoffes de laine, de coton & de soie de toutes sortes, les papiers & cartons, les faïences & porcelaines, les aciers & fers façonnés, les quincailleries & merceries, les peaux & cuirs tannés & apprêtés, les pelleteries ouvrées, les productions de la pêche étrangère, les eaux-de-vie & les savons.*

Quant aux articles dont l'introduction est prohibée, ils se réduisent aux productions coloniales étrangères, & aux toiles de coton blanches & peintes.

Les sucres, cafés & autres productions de nos Colonies, continueront de payer les *droits du domaine d'Occident.*

DROITS

DROITS DE SORTIE.

On a ſuivi le même principe pour déterminer la fixation des droits de ſortie; ils ſeront plus conſidérables ſur les objets qu'il eſt de l'intérêt national de retenir, & plus modérés ſur ceux qu'il eſt avantageux d'exporter. Ainſi, le droit ne ſera que d'un quart pour cent, ſur tous les *ouvrages de nos Fabriques & Manufactures, ſur les productions territoriales dont le Royaume a plus qu'il n'en conſomme; ſur les produits de la pêche, les eaux-de-vie, les fromages,* & autres objets de même genre, dont la première claſſe eſt compoſée.

Dans la ſeconde claſſe où le droit eſt fixé ſur le pied de deux & demi pour cent de la valeur, on a compris les objets de fabrication nationale qui n'ont reçu qu'une première main-d'œuvre, tels que *les cuivres & les fers à demi façonnés,* les *drogueries*, *épiceries*, & autres productions étrangères qui ont payé un droit d'entrée; *l'orfévrerie, la bijouterie* & autres objets au débit deſquels un droit auſſi modique ne paroît pas pouvoir porter obſtacle.

La troiſième claſſe eſt compoſée des articles qui, par l'utilité dont ils ſont pour l'étranger, y ont un débit aſſez aſſuré, pour qu'on puiſſe ſans inconvénient les aſſujettir à un droit de cinq pour cent de la valeur, tels que le *bray gras & liquide, les bois de teinture moulus, les fils de lin-chanvre retors, ceux de coton & de laine, les huiles & les modes.*

Dans la quatrième claſſe où le droit eſt porté à douze pour cent, on a compris les matières premières qu'il eſt important de réſerver pour nos Manufactures, & dont en conſéquence on doit éviter de trop favoriſer la ſortie; mais qui pouvant être conſidérées comme productions territoriales, ou comme objets d'échange des articles qui nous ſont fournis par l'étranger, méritent cependant d'obtenir quelque liberté à l'exportation. Ces objets ſont les *laines non filées, les peaux & cuirs ſecs & en verd, les matières premières néceſſaires pour les teintures, & les cotons bruts*, ſauf à l'égard de ce dernier objet, de modérer le droit de ſortie, momentanément & juſqu'à ce que les progrès de nos Manufactures leur en faſſent employer la totalité.

L'extrême diſproportion qui ſe trouve entre les qualités & les prix des différens vins du crû du Royaume, & notamment ceux de la Guyenne, n'a pas permis de les claſſer en raiſon de leur valeur; mais quant à ces derniers, ils peuvent être conſidérés comme rangés entre la claſſe de cinq pour cent & celle de douze. Le droit fixé à treize livres dix ſous, n'eſt pas augmenté ſur les *vins de la ſénéchauſſée de Bordeaux*, qui ſont d'une qualité ſupérieure ; il eſt conſidérablement diminué ſur ceux *du pays haut* qui ſont d'une qualité inférieure. Le droit eſt baiſſé d'un quart ſur les *vins de Bourgogne & de Champagne*, & il eſt ſi médiocre ſur les *autres vins du Royaume*, qu'il ne peut aucunement préjudicier à leur exportation.

Les vins du crû du Royaume obtiennent d'ailleurs une grande faveur lorſqu'ils ſont deſtinés pour la conſommation de la France, attendu que l'on ſupprime tous les droits de circulation intérieure, qui ſont preſque auſſi conſidérables que ceux de ſortie.

Enfin il eſt des objets dont l'exportation ne pourroit avoir lieu qu'au détriment des Manufactures & de l'induſtrie nationale. On a cru en conſéquence devoir en prohiber abſolument l'exportation ; de ce nombre ſont les *bois de conſtruction, les chanvres & lins, les fils de lin ou de chanvre bis ou écrus, les poils & peaux de lièvre, de lapin & de chèvre, les ſoies, les ſoudes & cendres, les ſuifs, les vieux linges*, & autres articles, &c.

Tel eſt en général l'ordre dans lequel a été rédigé le nouveau tarif; tel en eſt l'eſprit, favorable en tous points à l'induſtrie nationale, à laquelle la ſuppreſſion des droits actuels de circulation doit donner un nouvel eſſor.

Pour ne laiſſer à deſirer au Commerce de la Nation, aucune des facilités qu'il peut attendre de la protection que le Roi lui accorde, & pour ranimer une de ſes branches très-ſuſceptible de fructifier, Sa Majeſté s'eſt déterminée à permettre & favoriſer les ſpéculations d'*entrepôt* & de *tranſit*, qui depuis les déſenſes portées en 1688, n'avoient plus d'activité que dans les ſeules Provinces qui ſont à l'*inſtar de l'étranger effectif.*

Le Roi a reconnu que ſi l'intérêt de maintenir le produit des droits de circulation, & la crainte qu'ils ne fuſſent éludés par des infidélités dans le tranſit, ou par des fraudes dans l'entrepôt, avoient pu ſervir de motif à une interdiction qui depuis un ſiècle a privé la France des bénéfices inappréciables, que cette branche de Commerce auroit pu produire, les mêmes raiſons ne ſubſiſtoient plus, au moyen de l'affranchiſſement des traites intérieures; qu'elles ne pouvoient même ſe concilier avec les principes de liberté & d'uniformité adoptés par Sa Majeſté, & qu'il étoit poſſible d'employer des précautions ſuffiſantes pour empêcher les verſemens frauduleux.

Les formalités & les conditions ſous leſquelles l'entrepôt avoit été permis en 1669, étoient ſans doute beaucoup trop gênantes pour le Négociant, qu'elles conſtituoient en des avances trop conſidérables. Une faveur, accompagnée de reſtrictions trop onéreuſes, rend le bienfait illuſoire.

Sa Majeſté en permettant d'interpoſer dans le Royaume les marchandiſes dont la deſtination eſt incertaine au moment de leur arrivée, & en accordant le tranſit par acquit à caution pour celles qui, venant de l'étranger, & deſtinées auſſi pour l'étranger, ne font qu'emprunter le paſſage dans ſes États, ne les ſoumettra qu'à des droits modiques, calculés dans la proportion d'un demi pour cent de la valeur, quant à l'entrepôt, & dans celle d'un pour cent quant au tranſit. Ces droits ſuffiront pour ſubvenir aux frais de régie & de ſurveillance ; ils n'ont pas d'autre objet.

Ils n'auront pas lieu dans les Provinces qui jouiſſent déjà du tranſit en exemption totale, & il n'y aura rien d'innové à cet égard par rapport à la Lorraine, les Trois-évêchés & l'Alſace, ni par rapport aux Marchandiſes du Levant.

On doit s'attendre que cette facilité deſirée depuis long-temps par tous les Négocians, produira les effets les plus avantageux, & que la France deviendra ce qu'elle doit être naturellement par ſa ſituation, l'entrepôt du Commerce des Nations du Midi & de celles du Nord.

Pluſieurs Provinces du Royaume qui jouiſſent ſous différentes modifications de l'exemption des droits ſur les ſucres, cafés & autres Marchandiſes des Iſles, pour leur propre conſommation, en ſeront néceſſairement privées par la ſuppreſſion des barrières intérieures, qui ne laiſſeroit aucun moyen d'empêcher le verſement de ces Provinces franches dans celles qui ne le ſont pas. La Bretagne, la Franche-Comté, l'Alſace, la Lorraine & les Trois-évêchés, regretteront ſans doute cet avantage qu'il eſt impoſſible de leur conſerver ; mais on verra qu'elles en ſeront amplement dédommagées.

Au ſurplus, comme c'eſt un objet important, & qui demandera une déciſion légale, il ſera traité dans un Mémoire particulier.

Il eſt aiſé de juger que ce nouvel ordre de choſes exige une refonte entière des Règlemens & Ordonnances ſur les Traites. Les diſpoſitions de l'Ordonnance de 1687, ne ſeroient plus applicables au tarif uniforme qui va être établi, ni aux principes qui en ont dirigé la confection. Les règles & les déciſions ſont devenues d'ailleurs ſi multipliées & ſi compliquées, qu'une longue étude ſuffit à peine pour les entendre, & qu'il eſt reconnu indiſpenſable d'en changer la rédaction. Sa Majeſté s'en eſt occupée, & la nouvelle Ordonnance qu'Elle ſe propoſe de rendre, preſcrira les formalités qui feront obfervées dans tout fon Royaume, pour affurer la perception des droits d'entrée & de fortie, en même-temps que pour régler le Commerce d'entrepôt: ces formalités feront fimples, faciles à remplir, & telles qu'il ne reftera plus de prétextes pour en éluder l'exécution. Prévenir les contraventions, diminuer la rigueur des peines & les mieux proportionner au délit, font autant d'actes de juftice & de bonté qui entrent néceffairement dans les vues, comme dans les fentimens du Roi.

La certitude de faire le bien de tout le Royaume, fuffifoit fans doute pour déterminer Sa Majefté à vouloir l'exécution d'un plan qui a toujours été l'objet du vœu national, & Elle auroit pu fe borner à confidérer qu'un grand intérêt général doit prévaloir fur tous les intérêts particuliers & locaux; mais l'efprit d'équité qui accompagne les plus fages réfolutions de Sa Majefté, l'a portée à examiner quelle influence ce plan pouvoit avoir fur le fort des Provinces dont il change la conftitution, en ce qui concerne les droits de Traites.

Elle a vu que les Provinces *réputées étrangères*, qui font *la Bretagne*, *la Saintonge*, *la fénéchauffée de Bordeaux*, *l'Armagnac*, *le Languedoc*, *le Roüffillon*, *la Provence*, *le Dauphiné*, *le Lyonnois*, *la Franche-Comté*, *la Flandre*, *l'Artois*, *le Hainaut & le Cambrefis*, déjà fujettes aux droits uniformes du tarif de 1671, fur leur Commerce avec l'étranger, & à divers autres tarifs particuliers, pour les objets exempts des *droits uniformes*, trouveroient toutes un avantage fenfible à n'être plus affujetties qu'aux droits perceptibles aux frontières extérieures, & à jouir d'une communication libre avec toutes les Provinces du Royaume. Des états comparatifs de ce qu'elles payent actuellement, pour les droits qui feront fupprimés, & de ce qu'elles auront à payer, en vertu du nouveau tarif, en fourniffent une démonftration fans replique.

Il paroît au premier coup-d'œil y avoir plus de doute

par rapport aux Provinces à *l'inſtar de l'étranger effectif,* qui ſont l'*Alſace,* la *Lorraine* & les *Trois-évêchés.* Elles jouiſſent, ſauf un petit nombre d'exceptions, d'une pleine franchiſe dans leur Commerce avec l'étranger, & l'on doit s'attendre qu'elles la regretteront, tant qu'un examen approfondi, qu'elles n'ont pas encore pu faire, ne les aura pas éclairées ſur leurs véritables intérêts.

A peine avoient-elles une notion très-imparfaite des diſpoſitions nouvelles qui devoient les concerner, que déjà des écrits répandus en leur nom, annonçoient leurs alarmes, exprimoient leurs doléances & articuloient des pertes immenſes dont elles ſe diſoient menacées.

1.° On a prétendu dans ces écrits, que *la Lorraine & les Trois-évêchés* ne pourroient plus vendre à l'étranger les productions de leur ſol, qui ſont toutes leurs richeſſes, lorſque l'étranger ne pourroit plus leur apporter ſes marchandiſes, lorſqu'elles n'auroient plus avec lui une libre communication; & on en a conclu que ce ſeroit leur ruine: mais on ignoroit alors que le régime prohibitif alloit ceſſer d'exercer ſes rigueurs, même à l'égard de notre Commerce du dehors. A la ſeule exception des productions coloniales, & des toiles de coton, on ignoroit que les droits ſur les marchandiſes étrangères, ne ſeroient pas aſſez forts pour repouſſer l'introduction de celles que les habitans de la Lorraine & des Trois-évêchés ont coutume de tirer des dominations voiſines; on ignoroit que le nouveau tarif n'apporteroit aucun obſtacle à la ſortie des vins & des autres denrées qu'ils exportent en retour & par contrevente.

2.° On a cru que ces Provinces perdroient la partie la plus intéreſſante de leur Commerce, celle qui conſiſte dans la commiſſion & l'entrepôt; mais on ne ſavoit pas que l'entrepôt & le tranſit ſeroient permis déſormais dans tout le Royaume; on ne ſavoit pas que les Provinces qui en jouiſſent déjà, en exemption de tous droits, ſeroient maintenues dans la même franchiſe, ſans innovation.

3.° On a foutenu que ce que la Lorraine & les Trois-évêchés gagneroient par la fuppreffion des barrières, qui les féparent de la France, ne compenferoit pas à beaucoup près ce qu'elles perdroient par l'établiffement des barrières qui les fépareront de l'étranger.

Cette affertion a été faite au hafard, & fans qu'on ait pu former aucune balance de ce que les droits de circulation intérieure coûtent à ces Provinces, avec ce que leur coûteront ceux du nouveau tarif, perceptibles aux frontières extérieures; des relevés exacts de ce qui eft payé chaque année aux bureaux placés fur leurs limites du côté de la France, prouvent que le montant en eft beaucoup plus confidérable que ne le fuppofent les foi-difans défenfeurs de ces Provinces, qui n'étant pas inftruits des faits & même ne pouvant pas l'être, font toujours hors de mefure & loin de la vérité dans les conféquences qu'ils préfentent affirmativement.

Il eft cependant vrai que l'évaluation, telle qu'on a pu la faire d'après la population & la confommation préfumée de ces deux Provinces, du montant des droits uniformes auxquels leurs relations avec l'étranger feront affujetties par le tarif général, y compris l'article des fucres & cafés, s'élève au-deffus du montant des droits qu'elles fupportent aujourd'hui fur leurs relations de commerce avec le Royaume.

Mais lorfqu'à la fuppreffion de ces droits de circulation intérieure fe réunit celle de tous les droits de foraine, haut-conduit & autres droits locaux exiftans aujourd'hui au fein de ces Provinces, celle des droits fur les huiles à la fabrication, celle des droits de la marque des fers, tous objets réfolus par Sa Majefté, & dont les auteurs des réclamations prématurées, n'ont pu ni prévoir le bienfait, ni calculer les réfultats, alors il eft démontré arithmétiquement, que les trois Provinces qui font à l'inftar de l'étranger effectif retireront un bénéfice réel de l'opération confidérée comme elle doit l'être, dans tout fon enfemble, c'eft-à-dire, en cumulant les effets du nouveau régime des traites, avec ceux des différentes ſuppreſſions de droits qui doivent l'accompagner.

Ce bénéfice ſera annuellement, toutes déductions prélevées, pour l'Alſace, de......... 364,000.ᴴ
Pour la Lorraine, de............... 274,000.
Pour les Trois-évêchés, de.......... 109,000.

On a calculé pareillement les effets du nouveau régime pour toutes les Provinces du Royaume ſéparément,* & le réſumé des Mémoires qui ont été faits pour chacune d'elles, préſente un état général des avantages reſpectifs que leur procurera le plan d'uniformité pour les Traites, & l'extinction des divers droits impoſés ſur pluſieurs branches d'induſtrie.

Cet état, qui a été mis ſous les yeux du Roi & de ſon Conſeil, ſera joint au préſent Mémoire. Il ne doit laiſſer aucun doute ſur la conciliation du bien général avec les intérêts particuliers des différentes Provinces. Mais quand il y auroit à deſirer de plus grandes preuves, il ſeroit inutile de s'en occuper quant à préſent; & l'examen des calculs qu'on vient de citer, ainſi que des états ſur leſquels ils ſont appuyés, ne pourroit être regardé comme un préliminaire à remplir avant d'entamer l'opération dont le Roi communique en ce moment le projet à l'Aſſemblée des Notables, puiſque Sa Majeſté a déclaré, & déclarera dans la Loi qu'il s'agit de rendre, qu'Elle ſe réſerve de pourvoir à toutes les indemnités qui pourroient être dûes, & que ſi quelques Provinces du Royaume ſe trouvoient léſées par l'exécution du nouveau régime, Sa Majeſté écouteroit leurs repréſentations, péſeroit leurs plaintes dans ſa juſtice, & leur accorderoit le dédommagement qu'elles auroient droit de demander, en juſtifiant leurs pertes.

Des

Des suppositions non approfondies, des réclamations anticipées, pourroient-elles être un motif, un prétexte même pour retarder l'exécution d'un plan si nécessaire, auquel on travaille depuis si long-temps, & qui a été amené avec tant de peine à sa maturité !

C'est de la Lorraine & des Trois-évêchés que sont sortis les Mémoires présentés au Gouvernement contre une opération alors inconnue : faut-il les regarder comme l'expression du vœu général des habitans ! c'est sans doute celui des Négocians-commissionnaires, de ceux livrés uniquement au Commerce d'interpole qui est fort en vigueur en Lorraine, de ceux enfin qui, accoutumés à spéculer sur un genre de bénéfice qu'on n'avoue pas, ne cherchent à jeter l'alarme dans tous les esprits, sur les effets du nouveau régime, que parce qu'il ne leur permettra plus d'espérer les mêmes profits ; mais les Propriétaires de fonds, les Commerçans non intéressés à la continuation de la contrebande, les Manufacturiers sur-tout, & généralement tous ceux qu'aucune raison particulière n'empêche de rendre hommage à la vérité, conviendront de bonne foi que la balance du Commerce de ces Provinces avec l'étranger, est constamment à leur désavantage ; que l'excessive disproportion de valeur entre les productions qu'elles exportent & les marchandises qu'on leur importe, fait écouler annuellement hors du Royaume la plus grande partie de leur numéraire ; que par ce principe d'épuisement continuel, elles se trouveroient dans un court espace, entièrement dépourvues d'argent, si elles n'avoient pas la ressource des Garnisons qui les alimentent en consommant leurs denrées ; que leur Commerce intérieur a toujours été languissant ; que leurs Manufactures n'ont qu'une foible activité ; & enfin que les motifs, qui autrefois pouvoient leur faire craindre le reculement des barrières & l'établissement du tarif uniforme séparé de tous les accessoires favorables qui s'y joignent aujourd'hui, ne doivent plus faire la même impression depuis que leur rentrée dans le ſein de l'État, eſt accompagnée de la ceſſation du régime prohibitif, de faveurs particulières accordées aux vins de leur territoire, de la conceſſion de l'entrepôt & du tranſit en exemption de droits, de l'entière ſuppreſſion de tous droits de circulation, ſoit locaux, ſoit inhérens à leur ancienne conſtitution, & de l'affranchiſſement de pluſieurs autres droits onéreux à l'induſtrie & nuiſibles à la culture.

Il eſt impoſſible que la réunion de tant d'avantages ne donne pas une nouvelle vie à ces Provinces; qu'une heureuſe expérience ne leur faſſe pas bientôt déſavouer ce que le ſeul défaut de connoiſſance du projet, a fait avancer en leur nom, & qu'elles ne reconnoiſſent pas enfin combien leur Commerce doit profiter par l'acquiſition d'une communication abſolument libre avec un Royaume dont l'immenſe population leur offre une foule de conſommateurs.

On ne s'eſt expliqué avec autant d'étendue ſur ce qui concerne les intérêts des Provinces *à l'inſtar de l'étranger effectif*, que parce que c'eſt dans leurs réclamations que ſe trouvent les ſeules objections ſpécieuſes qu'on puiſſe oppoſer à un plan dont l'utilité générale ne ſauroit paroître douteuſe.

APRÈS avoir préſenté toutes les parties de l'opération qui ſe rapporte eſſentiellement aux *Traites*, & qui doit en procurer l'entière réformation, il reſte à faire connoître à l'Aſſemblée, les vues bienfaiſantes de Sa Majeſté par rapport à d'autres droits qu'on ne peut qualifier *droits de Traites*, que lorſqu'ils ſont perçus ſur des productions étrangères ou réputées telles; mais qui ſe percevant dans l'état actuel ſur des productions nationales, avec des formes & des modifications particulières à différentes Provinces, ne pourroient ſubſiſter ſans contrarier la réſolution priſe par Sa Majeſté, de détruire toutes les barrières intérieures, & qui d'ailleurs lui ont paru trop préjudiciables à l'Agriculture, au Commerce, & aux progrès de l'Induſtrie, pour qu'Elle n'ait pas regardé leur ſuppreſſion comme une ſuite du plan qu'Elle a conçu pour le bien de ſes Peuples.

De ce nombre ſont :

1.° Les droits de *Subvention par doublement*, & de *Jauge & Courtage*, qui ſe perçoivent au paſſage des Provinces où les Aides ont lieu, dans celles qui n'y ſont point ſujettes, & réciproquement.

2.° Les droits particuliers déſignés par le nom d'*anciens & nouveaux cinq ſous* & de *droits de neuf livres dix-huit ſous par tonneau*, qui n'ont lieu que ſur les vins importés en Picardie.

3.° Les droits qui ſe perçoivent *ſur les Huiles fabriquées dans le Royaume*, ſoit à la fabrication même dans les Provinces où l'exercice a lieu, ſoit à la circulation, pour les huiles expédiées des Provinces qui ſe ſont rédimées du droit par abonnement, dans celles qui ne le ſont pas, ou à l'étranger.

4.° Le droit *de la marque des Fers*, qui n'eſt point établi dans tout le Royaume, & dont la perception eſt auſſi diverſifiée dans ſon mode que dans ſon application aux différentes Provinces.

5.° Les droits d'*Ancrage* & autres droits multipliés à l'excès, qui ſe perçoivent diverſement dans les différens ports du Royaume, & ſont très-nuiſibles à la navigation nationale, par conſéquent au Commerce.

La nature de ces cinq eſpèces de droits, les diſparités de leur perception, & l'impoſſibilité de les maintenir pour la plupart dans leur état actuel, lorſqu'il n'y aura plus de barrières intérieures, ont déterminé Sa Majeſté à faire tous ces ſacrifices néceſſaires pour en délivrer ſes Sujets.

Les diſpoſitions que leur ſuppreſſion exige, ſeront expliquées dans des Mémoires particuliers ſur chaque objet.

Il ne manqueroit plus que de ſupprimer auſſi les péages, pour que la circulation intérieure ſe trouvât dégagée de toute entrave ; & c'eſt bien l'intention de Sa Majeſté ; mais l'opération préliminaire dont eſt chargée une Commiſſion du Conſeil établie depuis pluſieurs années pour la vérification des titres, n'étant point achevée, Sa Majeſté ne peut encore apercevoir l'étendue des indemnités qui pourroient être dûes aux différens Propriétaires, & Elle attend du zèle de ſes Commiſſaires que, preſſant leur travail avec toute l'activité poſſible, ils la mettent bientôt en état d'effectuer ſes vues ſur cet objet.

On ne parle point ici de ce qui concerne la Gabelle & les Tabacs, parce que ces deux grands objets ſur leſquels la ſuppreſſion des barrières intérieures, & plus encore les intentions bienfaiſantes de Sa Majeſté, l'ont portée à prendre des meſures nouvelles, ſeront traités dans des Mémoires ſéparés qui expliqueront à lAſſemblée ce que Sa Majeſté ſe propoſe, d'un côté, pour adoucir, autant que les circonſtances pourront le permettre, la rigueur de l'impôt ſur le Sel, faire touner au profit des Peuples la ſuppreſſion d'une foule d'Agens employés juſqu'à préſent à ſa perception, & procurer aux habitans de la campagne, le précieux avantage de pouvoir conſommer à peu de frais, une plus grande quantité de cette denrée ſi intéreſſante pour l'Agriculture ; de l'autre côté, pour concilier les intérêts des Provinces où la culture du Tabac eſt permiſe, avec le régime qui va les incorporer dans le Royaume.

La récapitulation ci-jointe des ſoulagemens que l'enſemble de ces différentes opérations répandra ſur toutes les Provinces du Royaume, montre qu'ils s'élèvent à plus de vingt millions ; indépendamment de l'affranchiſſement inappréciable des gênes, des pourſuites, des contraintes, & de tous les funeſtes effets de la contrebande qui, chaque année, occaſionnent le douloureux ſacrifice de pluſieurs milliers des Sujets de Sa Majeſté.

On ne pourra voir qu'avec une juste sensibilité tant de bienfaits résulter d'un plan qui semble n'avoir pour but que l'ordre & la réformation; on jugera, sans peine, que c'est par-là qu'il est cher au cœur de Sa Majesté, & qu'Elle l'a saisi avec empressement.

Mais peut-être, dans le premier moment, ces fruits de bienfaisance pourront-ils paroître précoces ! peut-être aura-t-on peine à concevoir qu'ils puissent s'accorder avec l'état actuel des Finances du Royaume, & n'être pas en opposition avec la nécessité où l'on est de prendre des moyens d'augmenter les revenus !

Des réflexions fort simples peuvent résoudre ce problème.

L'Assemblée apercevra aisément, par l'examen des différens Mémoires qui sont mis sous ses yeux, que des changemens qui consistent à simplifier les droits, à les rendre uniformes, à diminuer le nombre des bureaux & des Préposés, procureront une économie très-importante sur les frais de recouvremens.

Elle reconnoîtra pareillement que le remplacement des prohibitions & des droits prohibitifs, par des droits modérés & combinés avec l'intérêt national, fera éclore un nouveau principe de produits dans les relations du Commerce avec l'étranger, en même-temps qu'elle substituera, en quelque sorte, le Trésor royal aux bénéfices que faisoit la contrebande.

Elle est enfin trop éclairée pour ne pas sentir qu'on ne doit considérer que comme des avances vraiement utiles & jamais regrettables, des sacrifices qui servent à rendre le Commerce plus libre, plus actif, plus étendu; qui tendent à vivifier également l'Agriculture & l'Industrie ; qui rendent plus abondantes toutes les sources productives des richesses de l'État.

Il paroît donc qu'aucune inquiétude ne peut se mêler

au ſentiment que doit exciter une opération qui va briſer les chaînes ſous leſquelles le Commerce gémiſſoit depuis long-temps, naturaliſer en quelque ſorte toutes les Provinces du Royaume, extirper des vices enracinés depuis près de cinq cents ans, ſatisfaire au vœu exprimé il y a près de deux ſiècles, par le corps entier de la Nation, & conſommer l'exécution d'un plan conçu par Louis XIV, tracé par Louis XV, d'après l'avis de toutes les Chambres du Commerce, & auquel il ſemble qu'il appartenoit à la vigilance paternelle du Roi, de mettre la dernière main.

ÉTAT GÉNÉRAL

Des avantages que procurent à chaque Province le plan d'uniformité dans la perception des droits de Traites, & la suppression de divers droits imposés sur l'Industrie & la Fabrication nationale.

NOMS DES PROVINCES.	DÉTAIL DES OBJETS.		*Résultats.*
Généralité de Paris.	Droits de Circulation	342056tt	425034.
	Droits de Fabrication sur les Huiles	30036.	
	Marque des Fers	450.	
	Subvention par doublement	52492.	
Généralité d'Orléans.	Droits de Circulation	165336.	234940.
	Droits de Fabrication sur les Huiles	19451.	
	Marque des Fers	16113.	
	Subvention par doublement	34040.	
Généralité de Tours.	Droits de Circulation	315692.	485327.
	Droits de Fabrication sur les Huiles	37101.	
	Marque des Fers	67607.	
	Subvention par doublement	64927.	
Généralité de Bourges.	Droits de Circulation	109005.	283448.
	Droits de Fabrication sur les Huiles	12825.	
	Marque des Fers	129176.	
	Subvention par doublement	32442.	
Généralité de Moulins.	Droits de Circulation	94582.	192551.
	Droits de Fabrication sur les Huiles	11128.	
	Marque des Fers	64362.	
	Subvention par doublement	22473.	

NOMS DES PROVINCES.	DÉTAIL DES OBJETS.		Résultats.
Généralité de Châlons-sur-Marne.	Droits de Circulation................	183238.	541142.
	Droits de Fabrication sur les Huiles.....	19841.	
	Marque des Fers....................	303341.	
	Subvention par doublement..........	34722.	
Généralité de Soissons.	Droits de Circulation................	99051.	131096.
	Droits de Fabrication sur les Huiles.....	11653.	
	Subvention par doublement..........	20392.	
Généralité d'Amiens.	Droits de Circulation................	104340.	150240.
	Droits de Fabrication sur les Huiles......	13275.	
	Marque des Fers....................	9198.	
	Subvention par doublement...........	11481.	
	Droits d'Amirauté..................	11946.	
Boulonois, & Calaisis.	Droits de Circulâtion................	61018.	89308.
	Droits de 9 liv. 18 s. par tonneau.......	24170.	
	Anciens & nouveaux cinq sous.........	4120.	
Généralité de Caen.	Droits de Circulation................	237478.	268376.
	Droits de Fabrication sur les Huiles......	21285.	
	Subvention par doublement...........	6262.	
	Droits d'Amirauté..................	3351.	
Généralité de Rouen.	Droits de Circulation................	228757.	661633.
	Droits de Fabrication sur les Huiles......	18099.	
	Subvention par doublement...........	31670.	
	Droits d'Amirauté..................	21808.	
	Droits d'Octroi des Marchands de Rouen..	361299.	
Généralité d'Alençon.	Droits de Circulation................	113182.	176020.
	Droits de Fabrication sur les Huiles......	13315.	
	Marque des Fers....................	26221.	
	Subvention par doublement...........	23302.	

NOMS

NOMS DES PROVINCES.	DÉTAIL DES OBJETS.		Résultats.
Généralité de Dijon.	Droits de Circulation.	174685.	335799.
	Droits de Fabrication ſur les Huiles.	20550.	
	Marque des Fers.	104600.	
	Subvention par doublement.	35964.	
Mâconnois.	Droits de Circulation.	29914.	54584.
	Droits de Fabrication ſur les Huiles.	14240.	
	Subvention par doublement.	10430.	
Breſſe, Bugey, & Valromey.	Droits de Circulation.	58162.	88059.
	Droits de Fabrication.	17694.	
	Subvention par doublement.	12203.	
Aunis & Poitou.	Droits de Circulation.	347404.	370041.
	Droits de Fabrication ſur les Huiles.	9233.	
	Marque des Fers.	13404.	
Saintonge.	Droits de Circulation.	57090.	71525.
	Marque des Fers.	14435.	
Guyenne.	Droits de Circulation.	242886.	340175.
	Droits d'Amirauté, Leſtage & Déleſtage.	82578.	
	Droits de Fabrication ſur les Huiles.	14711.	
Lannes & Armagnac.	Droits de Circulation.		221367.
Auvergne.	Droits de Fabrication ſur les Huiles.		4500.
Angoumois.	Droits de Fabrication ſur les Huiles.		4500.
Pays de Foix.	Droits de Fabrication ſur les Huiles.	2250.	84141.
	Marque des Fers.	81891.	

NOMS DES PROVINCES.	DÉTAIL DES OBJETS.		Résultats.
Généralité d'Auch & Pau.	Droits de Fabrication ſur les Huiles.....	38365.	42899.
	Droits d'Amirauté, de Leſtage & Déleſtage.	4534.	
Provence.	Droits de Circulation................	294838.	885799.
	Droits de Fabrication ſur les Huiles.....	571680.	
	Droits d'Amirauté................	19281.	
Vallée de Barcelonnette.	Droits de Circulation................	6017.	17684.
	Droits de Fabrication ſur les Huiles.....	11667.	
Dauphiné.	Droits de Circulation................	133020.	446846.
	Droits de Circulation perçus à Lyon....	200000.	
	Droits de Fabrication ſur les Huiles.....	87273.	
	Marque des Fers..................	26553.	
Languedoc & Rouergue.	Droits de Circulation................	421184.	658698.
	Droits de Fabrication ſur les Huiles.....	223983.	
	Marque des Fers..................	8587.	
	Droits d'Amirauté, Leſtage & Déleſtage..	4944.	
Lyonnois, Forès & Beaujolois.	Droits de Circulation................	166887.	181598.
	Droits de Fabrication ſur les Huiles.....	14711.	
Rouſſillon.	Droits de Circulation................	28128.	61872.
	Droits de Fabrication ſur les Huiles.....	33407.	
	Droits d'Amirauté................	337.	
Iſles de Rhé & Oleron.	Droits de Circulation........................		12025.
Flandre, Haynaut, Artois & Cambreſis.	Droits de Circulation................	536495.	966611.
	Droits de Fabrication ſur les Huiles.....	417543.	
	Droits d'Amirauté................	12573.	

NOMS DES PROVINCES.	DÉTAIL DES OBJETS.		Résultats.
Bretagne.	Droits de Circulation..................	1037798.	
	Droits de la Traite vive..............	3466.	
	Foraine Domaniale..................	21461.	
	Droits Domaniaux..................	30378.	
	Passeports.........................	4253.	
	Droits de Linage & autres menus droits..	2243.	
	Traite Domaniale aliénée....... 117595 } 10 sous pour livre au Roi..... 58797 }	236392.	
	Droits d'Amirauté..................	35141.	
		1371132.	

La Bretagne est actuellement exempte des droits de consommation sur les Sucres bruts & terrés qu'elle acquittera dans le nouveau systême; elle forme à peu-près le huitième des Provinces qui acquittent ce droit dans l'état actuel.

NOMS DES PROVINCES.	DÉTAIL DES OBJETS.	
Suite de la Bretagne.	La consommation des Sucres terrés est de 12866000 livres, dont le huitième est de 1608250 livres, qui à raison de 12 livres le quintal, donneront un accroissement d'impôt de..........................	192984.
	La consommation des Sucres bruts est de 25732000 livres, ce qui pour le huitième donne une consommation de 3216500 livres, dont le droit à raison de 3 livres 15 sous le quintal, revient à..................	120618.
		313602.
	Sur quoi faisant distraction des droits de prévôté & droits locaux, payés en Bretagne sur les Marchandises des Isles à leur arrivée dans les Ports de cette Province, en sus des	

NOMS DES PROVINCES.	DÉTAIL DES OBJETS.		Résultats.
Suite de la Bretagne.	Droits de Domaine d'Occident, & qui montent à . . . . 121500[l]		
	Reste à déduire	192102.	
	Ainsi la Bretagne gagne à l'adoption du nouveau plan, ci		1179030.
Franche-Comté.	Droits de Circulation & Droits de 13 livres 10 sous par muid sur les Vins de Champagne	41863.	
	Droits de Fabrication sur les Huiles	10434.	
	Marque des Fers	153225.	
	TOTAL	187522.	
	La Franche-Comté n'est sujette qu'aux droits uniformes, & cette Province acquittera les droits d'entrée & de sortie sur les Marchandises qui ne doivent point actuellement les droits uniformes ; l'objet de ces droits peut être évalué à . . . . 40000 liv.	130597.	
	Elle sera en outre assujettie aux droits de consommation sur les Sucres, dont l'objet sera dans la proportion de la consommation générale de Sucres terrés de 464600 livres, dont le droit à raison de 12 liv. le quintal, est de . . . . 55752.[l]		
	En Sucres bruts 929200, à raison de 3 liv. 15 sous le quintal, ci . . . . . . 34845[l]		
	Partant bénéfice	56925, ci.	56925.

NOMS DES PROVINCES.	DÉTAIL DES OBJETS.		Résultats.
Lorraine & Trois-évêchés.	Droits de Circulation & droit de 13^{l} 10^{s} par muid sur les Vins de Champagne...	93467.	
	Droits de Foraine, traverse, haut-conduit & autres droits locaux.............	357560.	
	Droits de Fabrication sur les Huiles.....	8718.	
	Marque des Fers en Lorraine... 139372 *Idem*, dans les Trois-évêchés... 104114	243486.	
	TOTAL..........	703231.	
	Ces Provinces seront sujettes aux droits uniformes du tarif général, quant à leurs relations avec l'étranger, lesquels formeront un objet de.......... 88450 Plus, elles acquitteront les droits de consommation sur les Sucres & Cafés destinés à leur usage, dont le montant sera de..... 232011	320461.	
	Bénéfice..........	382770.	
	SAVOIR:		
	Pour les Trois-évêchés..............	108597.	382770.
	Pour la Lorraine..................	274173.	
Alsace.	Cette Province profitera de la suppression des droits locaux perçus à titres de péages, montant à.......................	491282.	
	Les droits d'entrée & de sortie du tarif uniforme, auxquels cette Province sera assujettie, ne lui sont point onéreux, attendu que la compensation est opérée en sa faveur d'une manière avantageuse		

NOMS DES PROVINCES.	DÉTAIL DES OBJETS.	Résultats.
Suite de l'Alſace.	pour la liberté du Commerce avec les autres Provinces du Royaume.	
	Mais l'Alſace ſera aſſujettie aux droits de conſommation impoſés ſur les Sucres & Cafés, dont cette Province eſt exempte dans l'état actuel.	
	La conſommation des Cafés eſt, dans les Provinces ſujettes au droit, de 10126000 livres, ce qui, pour la Province d'Alſace, indique une conſommation de 287000 liv. qui, à raiſon de 15 liv. le quintal, forment un objet de........................ 43050.	
	La conſommation des Sucres terrés dans les Provinces ſujettes au droit de conſommation eſt de 12866000 livres, ce qui indique une conſommation, pour l'Alſace, de 428900 livres, dont les droits à raiſon de 12 liv. le quintal, s'élèvent à....... 51360.	
	Celle des Sucres bruts eſt de 25732000 livres, ce qui donne, pour l'Alſace, une conſommation de 857800 livres, dont le droit, à raiſon de 3 liv. 15 ſous le quintal, eſt de........................... 32167.	
	TOTAL, ci....... 126577.	
	La ſuppreſſion des droits dont cette Province ſera déchargée, eſt de............. 491282.	
	Partant, bénéfice pour la Province...... 364705.	ci 364705.

RÉCAPITULATION des avantages de chaque District ou Province, dans l'exécution des Plans de réforme sur les Droits de Traites, & sur l'Impôt du Sel.

NOMS DES PROVINCES.	REMISE sur les Perceptions DE L'IMPÔT DU SEL. DÉTAIL.	TOTAUX.	REMISE sur les Droits de TRAITES, suivant l'État annexé.	TOTAL des Remises résultantes des deux Plans réunis
		Livres.	*Livres.*	*Livres.*
Généralité de Paris.	. . . .	992020	425034	1417054.
Généralité d'Orléans.	. . . .	819009	234940	1053949.
Généralité de Tours.	. . . .	629384	485327	1114711.
Généralité de Bourges.	. . . .	272936	283448	556384.
Généralité de Moulins.	. . . .	130650	192551	323201.
Généralité de Châlons-sur-Marne & Réthelois.	. . . .	585369	541142	1126511.
Généralité de Soissons.	. . . .	352706	131096	483802.
Généralité d'Amiens.	. . . .	532105	150240	682345.
Boulonois & Calaisis.	. . . .	. . . .	89308	89308.
Généralité de Caen, Partie sujette aux Gabelles.	94682	417602	268376	685978.
Idem. . . . . Partie sujette au droit de Quart-Bouillon.	322920			
Généralité de Rouen.	462005	666005	661633	1327638.
Généralité d'Alençon.	. . . .	551430	176020	727450.
Bourgogne.	. . . .	505873	390383	895256.
Lyonnois, Forès, Beaujolois, Dombes, Bresse, Bugey & Mâconnois.	. . . .	670000	269657	939657.
Lorraine & Trois-évêchés.	. . . .	579083	382770	961853.
Franche-Comté.	. . . .	221274	56925	278199.
Provence.	. . . .	110850	903483	1014333.
Languedoc, Vivarais, Vélay, Gévaudan, Rouergue & Auvergne.	. . . .	923978	663198	1587176.
Dauphiné.	. . . .	636680	446846	1083526.
Roussillon.	. . . .	38788	61872	100660.
Guyenne, Aunis, Poitou, Angoumois, Pays de Foix, Généralités d'Auch & Pau.	. . . .	. . . .	1133648	1133648.
Flandre, Haynaut, Artois & Cambresis.	. . . .	. . . .	966622	966622.
Alsace.	. . . .	. . . .	364705	364705.
Bretagne.	. . . .	. . . .	1179030	1179030.
Isles de Rhé & d'Oleron	. . . .	. . . .	12025	12025.
TOTAUX.	. . . .	9635742	10470268	20106010.

OBSERVATIONS.

Les Remises sur les Perceptions actuelles formeront un objet de. . . . . 20106010.

Il convient d'y ajouter la suppression des droits sur les Sels exportés à l'étranger, pour la Pêche & les Colonies appartenans tant au Roi qu'à divers particuliers, objet de. . . . . 110000 }

Les droits déjà supprimés sur les Eaux-de-vie exportées à l'étranger, objet de 460000 } 570000.

Ainsi la remise effective est de. 20676010

N.° II.

MÉMOIRE

Sur la ſuppreſſion du Droit de marque des Fers.

TANT de motifs ſe réuniſſent pour encourager dans le Royaume, la fabrication des ouvrages de fer, & conſéquemment l'exploitation des mines qui peuvent fournir ce métal avec une abondance égale à nos beſoins, qu'il étoit juſte que le Roi occupé de la ſuppreſſion de tous les droits deſtructeurs de l'induſtrie, fixât particulièrement ſon attention ſur *le Droit de la marque des fers*, qui joint à l'inconvénient d'être fort onéreux au Commerce, celui d'être d'une perception difficile, diſpendieuſe, ſujette à beaucoup d'exceptions locales, & diverſement modifiées, ſuivant les différentes Provinces où elle a lieu.

Sa Majeſté s'étant fait repréſenter les titres de l'établiſſement de ce droit, a reconnu qu'ayant pour principe l'Édit de 1626, il n'avoit d'abord été perçu que dans les reſſorts des Parlemens de Paris, de Dijon, de Toulouſe, de Metz & de Grenoble, où cet Édit avoit été enregiſtré; que l'enregiſtrement ayant eu lieu depuis, au Parlement de Rouen, la régie du droit avoit été d'abord établie en Normandie; mais que ſur les repréſentations du Commerce & des fabriques, appuyées par le Parlement, le droit à l'exercice avoit été ſupprimé dans cette Province, & conſervé ſeulement ſur les fers & aciers importés de l'étranger: enfin que ce droit étoit perçu dans la Lorraine & le Barrois, où les anciens Ducs l'avoient établi, & en vertu de leurs ordonnances.

Il eſt encore à remarquer que le droit ſur la marque des fers ſe perçoit à la fabrication dans les reſſorts des Parlemens

Parlemens de Paris, Dijon, Metz & Nancy; mais que les Provinces qui composent les ressorts des Parlemens de Toulouse & de Grenoble, ont obtenu l'affranchissement de l'exercice, & que le droit n'y est perçu présentement qu'à l'entrée & à la sortie.

Il n'y a pas plus d'uniformité dans la perception du droit à l'importation. Ce droit n'est acquitté sur les fers & aciers ouvragés ou non ouvragés, qui viennent de l'étranger, qu'à l'entrée des Provinces où l'Édit de 1626 a été enregistré: les importations des fers étrangers dans les autres Provinces du Royaume ne le payent pas.

Toutes ces disparités destituées de motif, sont incompatibles avec l'unité de principes & le plan d'uniformité que Sa Majesté s'est proposés. D'ailleurs la perception du droit de marque des fers au passage des Provinces qui y sont soumises, dans celles qui ne le sont pas, devient impraticable par la suppression des barrières intérieures; & l'exercer partout à la fabrication, ce seroit occasionner la ruine des forges & usines du Royaume.

Ces considérations ont fait juger nécessaire d'affranchir totalement les fers nationaux du droit de marque, soit à la fabrication, soit à la circulation intérieure.

Le produit de ce droit est de 1,200,000 livres, sa suppression est donc un sacrifice considérable dans les revenus du Roi; mais il est si intéressant pour le Commerce, & les établissemens de fer & d'acier, formés dans le Royaume, ont, dans les circonstances actuelles sur-tout, si grand besoin de protection & de faveur pour soutenir la concurrence avec l'étranger, que Sa Majesté n'a pas cru devoir hésiter à s'y déterminer.

Il s'agit donc d'ordonner,

1.° Qu'à compter du 1.er Octobre prochain, le droit de la marque des fers, soit à la fabrication, soit à la circulation dans le Royaume, sera & demeurera supprimé.

2.° Qu'à compter de la même époque, les fers & aciers importés de l'étranger par tous les ports & bureaux du Royaume indistinctement, & sans aucune exception, acquitteront les droits d'entrée fixés par le nouveau tarif.

N.° III.

MÉMOIRE

Sur la suppression du Droit de Subvention par doublement, de celui de Jauge & Courtage, & de plusieurs autres Droits d'Aides, qui se perçoivent à la circulation.

IL ne faut pas de raisonnemens pour faire apercevoir l'importance de tout ce qui tend à favoriser la libre circulation des vins, eaux-de-vie & autres boissons qui se font dans le Royaume, & dont le débit est essentiellement lié au progrès de l'Agriculture. Pour leur procurer les débouchés les plus avantageux, il est nécessaire de les affranchir des droits qui, ajoutés à ceux de circulation, mettent des obstacles à leur vente, en même-temps qu'à leur transport d'une Province dans l'autre.

Il a été rendu compte à Sa Majesté que ces droits consistoient; 1.° dans celui de *Subvention par doublement*, lequel est de quatre livres par muid, & se perçoit au passage réciproque des pays sujets aux Aides dans ceux qui ne le sont pas.

2.° Dans celui de *jauge & courtage* perçu dans les mêmes cas.

3.° Dans le droit *de neuf livres dix-huit sous par tonneau*, & dans celui *des anciens & nouveaux cinq sous* sur les vins importés en Picardie par les bureaux limitrophes de l'Artois ou par les ports de Calais, Boulogne & Étaples, lesquels droits reviennent à dix livres par muid.

4.° Dans celui de quinze sous par muid sur les vins, qui après avoir acquitté le droit de neuf livres dix-huit sous par tonneau, passent ensuite des ports de Calais, Boulogne & Étaples dans les provinces de Flandre, Artois & Cambresis.

5.° Enfin dans le droit de treize livres dix sous par muid, revenant à vingt livres avec les dix sous pour livre, sur les vins exportés par les généralités de Châlons-sur-Marne, Soissons & Amiens, pour la destination de la Flandre, l'Artois, le Cambresis, le Hainaut, la Lorraine & les Evêchés.

Sa Majesté a considéré ces droits sous le même point de vue que ceux de circulation. Leur produit annuel s'élève à près de 800,000 livres ; mais leur perception onéreuse au Commerce, deviendroit très-dispendieuse pour l'État, au moyen de la suppression des droits de circulation & des barrières nécessaires pour leur recouvrement.

En conséquence, Sa Majesté a jugé qu'Elle ne pouvoit rien faire de plus favorable au Commerce & à l'Agriculture que de les supprimer. Elle n'entend pas néanmoins que cette suppression s'étende aux vins, eaux-de-vie & autres boissons importés de l'étranger, sur lesquels tous ces droits peuvent être perçus sans augmentation de frais, en même-temps que les droits d'entrée. Elle a jugé devoir conserver par cette différence, aux vins & eaux-de-vie du Royaume, la préférence qu'ils doivent avoir sur les boissons étrangères.

Cependant il est une exception que nécessite l'intérêt des provinces d'Alsace, Franche-Comté, Lorraine & Trois-évêchés. Sa Majesté est instruite que la culture des vignes est très intéressante pour ces quatre Provinces, qu'elle en forme la principale richesse, que les vins qui y sont récoltés ſont d'une foible qualité, & qu'ils ne peuvent obtenir de vente chez l'étranger qu'à raiſon de leur bas prix.

Dans l'état actuel les vins de Champagne, même ceux de la Bourgogne deſtinés pour l'exportation à l'étranger, par l'emprunt de ces quatre Provinces, ou pour leur conſommation, ſont ſujets au droit de treize livres dix ſous, qui avec les dix ſous pour livre, revient à vingt livres par muid. Si la ſuppreſſion de ce droit étoit ordonnée, les vins de Champagne d'une qualité fort ſupérieure ſeroient néceſſairement préférés à ceux de ces quatre Provinces, tant pour la conſommation intérieure que pour la vente chez l'étranger.

C'eſt pourquoi Sa Majeſté a jugé néceſſaire de continuer la perception du droit de treize livres dix ſous par muid ſur les vins de Bourgogne & de Champagne, qui ſeront exportés par emprunt de la Champagne, dans la Lorraine, les Évêchés, l'Alſace & la Franche-Comté. Sa Majeſté s'y eſt déterminée d'autant plus volontiers, que ſans qu'il ſoit beſoin de conſerver aucune barrière locale, la perception pourra ſe faire par les employés de la Régie des Aides.

Par ces motifs, Sa Majeſté ſe propoſe d'ordonner:

1.° Qu'à compter du 1.er Octobre prochain, les droits de Subvention par doublement, & jauge & courtage, ſeront ſupprimés dans toute l'étendue de ſon Royaume.

2.° Qu'à compter de la même époque il ſera perçu à toutes les entrées, ſans diſtinction entre les Provinces ſujettes aux Aides, ou celles qui ne le ſont pas, en ſus des droits d'entree fixés par le tarif uniforme & à titre de *Subvention par doublement*, un droit de neuf livres par muid ſur l'eau-de-vie ſimple, de dix-huit livres ſur l'eau-de-vie double, de trente livres ſur l'eſprit-de-vin & les liqueurs de toutes eſpèces, de quatre livres dix ſous ſur le vin ordinaire, de ſept livres dix ſous ſur les vins de liqueurs, & de deux livres dix ſous ſur la bierre, le cidre, poiré, hidromel & autres boiſſons.

3.° Qu'à la même date, les droits *de neuf livres dix-huit ſous par tonneau, anciens & nouveaux cinq ſous* perçus à l'entrée de la Picardie par les bureaux limitrophes de l'Artois & du Cambreſis, & par les ports de Calais, Boulogne & Étaples, enſemble le droit de *quinze ſous par muid* ſur les vins exportés deſdits ports de Calais, Boulogne & Étaples, dans la Flandre & l'Artois, ſeront ſupprimés.

4.° Que le droit de treize livres dix ſous par muid ſur les vins tranſportés en Flandre, Cambreſis, Artois & Hainaut, par les généralités d'Amiens, Soiſſons & Châlons-ſur-Marne, ſera pareillement ſupprimé, à compter de la même époque, & que ces droits ſeront modérés à quinze livres par muid, ſur les vins qui emprunteront le paſſage de la Champagne pour entrer dans les provinces de Franche-Comté, Lorraine, Trois-évêchés & Alſace, ſoit pour la conſommation de ces Provinces, ſoit pour être enſuite exportés à l'étranger; enfin que la perception en ſera faite par les Commis & Prépoſés de la Régie des Aides.

N.° IV.

MÉMOIRE

Concernant la ſuppreſſion des Droits de fabrication ſur les Huiles & Savons du Royaume.

L'EXCESSIVE quantité d'Huiles qu'on tire annuellement de l'étranger, pour la conſommation du Royaume, prouve que la culture des oliviers & des noyers, celle du lin, du colſat, & des autres graines propres à faire de l'huile, n'eſt ni auſſi étendue, ni auſſi favoriſée qu'elle devroit l'être. L'état des importations d'Huiles étrangères en France, forme dans la balance du Commerce un objet de dix à douze millions.

Sa Majesté touchée de l'importance de cette observation, & persuadée que les *droits imposés à la fabrication des Huiles*, nuisoient infiniment aux progrès de ce genre de production, s'est déterminée à les supprimer totalement par rapport aux Huiles nationales.

Ces droits furent établis dans l'origine pour servir d'émolument à des Offices créés en 1705 & 1710, auxquels ils furent attribués ; ces Offices dont la création n'avoit eu pour objet que de fournir une ressource pour les besoins du moment, après avoir été d'abord aliénés à vil prix, furent peu de temps après supprimés, & leurs attributions réunies au Domaine.

Les *droits de fabrication* sont de sept livres dix sous par quintal, sur les Huiles de droguerie & parfumerie.

De trois livres quinze sous par quintal, sur les *Huiles d'olives, de noix & de poisson.*

D'une livre dix-sept sous six deniers sur les *Huiles de graine quelconque.*

Et de deux livres cinq sous par quintal sur les *Savons.*

Les Huiles étrangères acquittent les mêmes droits, en sus de ceux fixés par les tarifs respectivement en usage dans les Provinces des cinq grosses Fermes, & dans les Provinces réputées étrangères.

Suivant les titres de création, la perception de ces droits devoit être faite à la fabrication; mais cette forme parut si onéreuse au Commerce, que près de la moitié des Provinces qui composent le Royaume, demandèrent & obtinrent des abonnemens pour leur consommation. Depuis ce temps, le droit n'y a plus été perçu à la fabrication ; il l'est à la sortie de ces Provinces, quelle que soit leur destination, même pour l'étranger & les Colonies.

Les Provinces qui n'étoient point abonnées, ont réclamé avec instance la même grâce ; & il feroit juste de la leur accorder, si l'intention de Sa Majesté n'étoit pas de faire encore plus en faveur de l'Agriculture & du Commerce.

La ſabrication des Savons a ſuivi le ſort de celle des Huiles: elle languit de même dans le Royaume; elle ne s'eſt ſoutenue qu'à Marſeille, ville franche, où la perception du droit n'a lieu que ſur les Huiles qui ſont importées de cette ville dans le Royaume.

D'après toutes ces conſidérations, Sa Majeſté a penſé qu'il ſeroit infiniment avantageux pour cette branche de Commerce, de ſupprimer le Droit ſur toutes les Huiles fabriquées en France. C'eſt même une ſuite du parti qu'Elle croit devoir prendre d'anéantir les barrières dans l'intérieur de ſon Royaume. En effet, la perception ne pouvant plus ſe faire à la ſortie des Provinces abonnées, il faudroit rétablir l'exercice à la fabrication, & annuller les abonnemens faits avec la plupart des Provinces; cette rigueur acheveroit de ruiner entièrement le commerce des Huiles, & de décourager la culture des fruits & des graines qui les produiſent.

Mais Sa Majeſté voulant aſſurer aux Huiles nationales la préférence ſur celles de l'étranger, laiſſera ſubſiſter la perception du droit de fabrication additionnellement aux droits du tarif uniforme, ſur les Huiles qui ſeront importées de l'étranger; & pour que ces droits ne nuiſent pas à la fabrication des Savons dans l'intérieur du Royaume, Sa Majeſté ſe propoſe d'accorder une prime d'exportation en faveur des Savons fabriqués en France, prime qui ſera calculée ſur le taux des droits qu'acquitteront les Huiles étrangères.

Il en réſultera pour les Finances de Sa Majeſté, une perte annuelle d'environ 1,600,000 livres; mais ce ſacrifice excitera l'émulation des Cultivateurs; l'importation des Huiles étrangères deviendra moins conſidérable; la fabrication des Huiles nationales prendra chaque jour de nouveaux accroiſſemens; & bientôt les progrès de ce Commerce compenſeront avec uſure la diminution de revenu à laquelle Sa Majeſté a bien voulu conſentir.

En conſéquence, le Roi ſe propoſe d'ordonner:

1.° Qu'à compter du 1.er Octobre prochain, le droit sur les Huiles & Savons sera supprimé dans tout le Royaume, soit à la sortie des Provinces abonnées, soit à la fabrication dans les Provinces qui ne le sont pas.

2.° Qu'à compter de la même époque, le droit représentatif du droit de fabrication continuera d'être perçu sur les Huiles étrangères, à toutes les entrées du Royaume, en sus du droit fixé par le tarif uniforme.

3.° Qu'à compter également de la même date, les Savons qui seront fabriqués en France, & qui seront exportés à l'étranger, jouiront d'une prime d'exportation de trois livres par quintal, à laquelle prime ne seront point admis les Savons fabriqués à Marseille, attendu que la perception du droit sur les Huiles n'a point lieu dans cette ville.

N.° V.

MÉMOIRE

Sur la suppression du Droit d'Ancrage qui se perçoit sur les Navires François, de celui de Lestage & Délestage, des Six & Huit sous pour livre, & d'autres Droits imposés sur le Commerce maritime & sur la Pêche nationale.

LA navigation Françoise est assujettie à différentes sortes de droits :

Les uns appartiennent à M. l'Amiral, à cause de sa charge; d'autres aux Officiers des Amirautés, quelques-uns à des Propriétaires particuliers, d'autres enfin à des villes ou à des Communautés.

Ces

Ces droits multipliés s'oppoſent aux progrès de la navigation nationale & forment une charge conſidérable pour le Commerce.

Sa Majeſté ſe propoſe de ſupprimer, dès ce moment, les plus onéreux, & par la ſuite ceux qui, d'après un examen ultérieur, ſe trouveroient n'être fondés ſur aucun titre; de modifier les autres, enfin d'établir l'uniformité dans les perceptions.

Le Roi s'eſt également déterminé à ſupprimer pluſieurs droits ſur la pêche, appartenans à différens propriétaires, moyennant la juſte indemnité qui leur ſera accordée & payée, d'après une liquidation équitable, ſur le vu de leurs titres.

Enfin l'intention de Sa Majeſté eſt de fixer les taxations & droits des Officiers des Amirautés, de manière qu'il ne puiſſe y avoir aucun abus dans cette partie.

DROITS D'ANCRAGE.

Le droit d'Ancrage qui appartient au grand Amiral, & dont M. le Duc de Penthièvre, toujours zélé pour le bien public, a témoigné être diſpoſé à faire le ſacrifice, a une origine très-ancienne. L'établiſſement en eſt attribué aux Anglois lorſqu'ils poſſédoient la Guyenne & la Normandie.

La première époque connue de la perception, qui fut limitée aux ſeuls étrangers, & dans quelques ports ſeulement, remonte à Charles VI Henri IV l'établit en 1600, dans tous les ports, rades & embouchures de rivières. Ce droit fut d'abord perçu au profit du Roi; il fut attribué enſuite à M. le Cardinal de Richelieu, & après lui, à M. le Duc de Brézé. Par un Règlement du 27 Décembre 1643, il fut établi non-ſeulement ſur les Navires étrangers, mais même ſur les Navires François qui entreroient dans les rivières de la Garonne, de la Dordogne, de la Gironde, de l'Adour, de la Charente, &c. Le grand Amiral en a toujours joui depuis, & M. le Duc de Penthièvre en a obtenu la continuation par Arrêt du Conseil du 9 Mars 1745, pour en jouir comme ses prédécesseurs.

Ainsi on perçoit actuellement le droit d'Ancrage sur les Navires étrangers dans tous les ports de France, mais sans uniformité; on le perçoit même sur les Navires François dans quelques ports & rivières; enfin dans quelques endroits il est perçu au profit des villes ou des particuliers.

Sa Majesté a résolu, de supprimer ce droit d'Ancrage sur les Navires François, à compter du 1.er Janvier 1788, & de maintenir seulement celui sur les Navires étrangers, en le rendant uniforme.

En même-temps que Sa Majesté, attentive à tout ce qui intéresse ses Peuples, ne veut pas que ses propres Sujets demeurent assujettis à payer dans les ports de son Royaume, un droit qui naturellement ne concerne que les étrangers, & qui, à leur égard, est fondé sur la réciprocité, Elle trouve juste que M. le Duc de Penthièvre soit indemnisé de la perte de son produit; ce Prince le sera sans surcharge pour le Trésor royal, par l'augmentation dont le droit d'Ancrage, payé par les étrangers, est susceptible, & qui ne paroît pas pouvoir donner lieu à aucune réclamation, puisqu'elle laissera le droit fort au-dessous de celui que les Nations étrangères font payer aux Navires François, & que même le droit rendu uniforme, sera moindre par-tout qu'il n'est aujourd'hui dans quelques-uns des ports du Royaume.

Le droit d'Ancrage, tel qu'il se perçoit actuellement sur les Navires étrangers, à raison de trois sous, six sous trois deniers par tonneau en quelques endroits, & de six sous neuf deniers par tonneau en d'autres, non compris les six sous pour livre additionnels à ce droit, produit d'après le calcul d'une année sur dix, quatre-vingt-onze mille quatre cents quatre-vingt-quatre livres cinq sous.

Il est reconnu, de concert avec le département de la Marine, que ce droit peut être fixé uniformément à sept ſous par tonneau plein, & trois ſous ſix deniers par tonneau vide: cette taxe donnera en augmentation de produit annuel, ſoixante-quatre mille cent quatorze livres huit ſous ſix deniers; & il eſt convenu avec M. l'Amiral, que par l'abandon qui lui ſeroit fait de cette augmentation, il ſe trouveroit pleinement dédommagé du droit d'Ancrage qui ſe levoit ſur les Navires François, & de quelques autres droits, pareillement perçus ſur la navigation Françoiſe, & qui ſont attribués à ſa charge.

SAVOIR:

Le droit de petit tonnelage à Cherbourg.

Le même droit à Portbail.

Le droit de baliſe à Bourgneuf en Bretagne.

Le droit de leſtage & déleſtage.

Le droit ſur les charbons de terre à Saint-Valery-ſur-Somme.

Tous ces droits ſeront ſupprimés.

Les droits d'Ancrage appartenans à des particuliers, le ſeront également, à dater du 1.er Janvier 1788, & il ſera ordonné aux propriétaires de remettre leurs titres dans le délai de ſix mois, pour être procédé à la liquidation & à l'évaluation du capital qui pourra leur être dû, dont les intérêts leur ſeront payés ſur le pied de cinq pour cent, ſans retenue, à compter du jour de la dépoſſeſſion.

DROITS DE LODS ET VENTES.

SA MAJESTÉ entend auſſi ſupprimer le droit de lods & ventes, qui ſe perçoit ſur les Navires François, ſoit marchands, ſoit de la Marine Royale, vendus dans le port de Breſt, duquel droit neuf parts appartiennent à Sa Majeſté & la dixième au ſieur du Roſel; la liquidation en ſera faite ainſi qu'il eſt dit ci-deſſus.

Pareille fuppreffion aura lieu à l'égard des fix & huit fous pour livre, qui fe perçoivent fur les droits de M. l'Amiral, & fur ceux de leftage & déleftage.

SOUS POUR LIVRE.

Les fix & huit fous pour livre, qui fe perçoivent fur les droits des Officiers d'Amirautés & des Greffes, & fur ceux des Villes & Commnnautés, feront également fupprimés, après qu'il aura été procédé à la vérification du montant de leur produit.

DENIERS POUR LIVRE.

L'intention de Sa Majefté eft que le produit des prifes pendant la guerre, & celui des bâtimens ou effets naufragés, foient affranchis du droit de quatre deniers pour livre, impofé fur le montant des ventes.

Le même droit de quatre deniers pour livre, ceffera pareillement d'être perçu fur le produit des fucceffions des gens morts en mer, des épaves & des navires & marchandifes vendus fur enchères, fauf l'indemnité dûe aux Officiers au profit defquels il a été aliéné: cette indemnité fera inceffamment réglée d'après la repréfentation de leurs titres & quittances de finance.

LESTAGE ET DÉLESTAGE.

Les droits de leftage & déleftage font de différente nature; les uns appartiennent à des Officiers lefteurs & délefteurs en titre, qui ont le privilége exclufif de lefter & délefter les Navires; d'autres appartiennent à des villes: tous font très-onéreux au Commerce.

Ces offices & droits feront fupprimés, & il fera pourvu à la liquidation & au rembourfement des finances.

Les villes qui en ſont en poſſeſſion, repréſenteront les tarifs en vertu deſquels ils ſe perçoivent, & le compte du produit de dix années en recette & en dépenſe: elles recevront un dédommagement proportionnel.

MAÎTRES DE QUAI.

Les Maîtres de Quai ſont chargés dans les Ports de tous les détails de la police relative à l'amarrage des Navires, à la ſûreté, au bon ordre & à la propreté des quais. Supprimer & indemniſer ces Officiers, ainſi que tous leurs ſubalternes, gardes, inſpecteurs, &c. ſeroit une dépenſe conſidérable, attendu le grand nombre de Ports où cette police eſt néceſſaire. Il paroît ſuffiſant de fixer modérément les attributions de ces Maîtres de quai qui continueront de veiller, ſous l'autorité des Amirautés, au leſtage & déleſtage. Il ſera procédé à l'examen du Règlement de police exiſtant dans chaque Port, ainſi que des tarifs des droits attribués à ces Officiers, afin d'y apporter les changemens convenables pour le bien du Commerce; à l'effet de quoi les Officiers des Amirautés ſeront tenus d'envoyer à M. l'Amiral & au Secrétaire d'État ayant le département de la Marine, les tarifs exiſtans, avec des mémoires ſur ceux qu'il ſeroit à propos d'y ſubſtituer.

DROITS DE VISITES.

Les droits de viſites lors de l'entrée & de la ſortie des Navires des ports de France, ont été établis pour ſervir d'émolumens aux Officiers des Amirautés, & aux Huiſſiers-viſiteurs chargés de ces viſites. Ils ſont très à charge au Commerce, & cependant, de l'aveu même des Officiers des Amirautés, les viſites ne ſe font plus depuis longtemps. Pluſieurs loix ont renouvelé l'obligation de remplir cette formalité, mais toujours inutilement.

Sa Majesté a considéré que le principal objet de ces visites, qui étoit d'éviter les débarquemens frauduleux, étoit suffisamment rempli par les préposés de la Ferme générale. En conséquence, Elle les supprimera, ainsi que les droits qui y sont attachés; les Officiers des Amirautés en seront indemnisés, d'après l'évaluation qui en sera faite.

La Déclaration concernant les assurances, détermine d'autres visites dont l'utilité est reconnue; mais comme il se trouve à cet égard plusieurs abus à réformer, Sa Majesté a résolu d'en faire faire une vérification exacte avant d'y pourvoir.

Les droits d'octrois perçus au profit des villes, communautés & pays d'États, sur la navigation, la pêche & la vente du poisson frais & salé, doivent être mis au rang de ceux qui nuisent au Commerce & à la navigation; mais leur produit ayant une destination utile, Sa Majesté se réserve de prononcer leur suppression, après qu'il aura été pris des mesures pour les remplacer par quelqu'autre revenu équivalent.

Les autres droits particuliers sur la pêche, la navigation, ou le Commerce maritime, sont en très-grand nombre; la plupart sont sans objet, plusieurs sont excessifs, tous sont très-gênans.

Sa Majesté voudroit en délivrer ses Sujets; mais ces droits étant de véritables propriétés, ne peuvent être supprimés qu'au moyen du remboursement du prix de leur capital évalué équitablement.

Dans cette vue, Sa Majesté consent à donner un fonds de 200,000 livres par an, pour former une Caisse d'amortissement destinée à payer le montant des liquidations. Il sera ordonné que les titres & pièces justificatives des droits en question, seront envoyés au Secrétaire d'État ayant le département de la Marine, dans le délai de six mois, passé lequel temps, & faute d'y avoir satisfait, la perception demeurera suspendue.

Enfin il ſera établi un bureau d'adminiſtration, ſous l'autorité du Secrétaire d'État ayant le département de la Marine, & du Contrôleur général des Finances, lequel s'occupera de ces liquidations & de l'examen des droits qu'il conviendroit de ſupprimer, comme étant les plus onéreux au Commerce.

FRAIS DE JUSTICE DANS LES AMIRAUTÉS.

L'enregiſtrement des congés, & les rapports d'arrivée de Navires ſont des opérations néceſſaires pour la police de la navigation. Il ne ſeroit pas convenable de changer l'ordre établi à cet égard, ni de priver les Officiers d'Amirautés, des droits qui leur ſont attribués légitimement pour leurs vacations aux naufrages & échouemens, ou pour les réceptions de Capitaines. Mais comme il exiſte pluſieurs abus ſur ces objets, Sa Majeſté ſe propoſe d'en faire faire la réviſion d'après les mémoires & les renſeignemens qui lui ont été remis, & d'examiner quelles ſeroient les diſpoſitions propres à aſſurer au Commerce la juſtice la plus prompte & la moins diſpendieuſe.

Quant aux frais des rapports & autres que les Officiers des Amirautés touchent dans les ports obliques, ſans y être jamais préſens, & qui forment des objets conſidérables & très-multipliés, Sa Majeſté en limitera la perception aux ſeuls Officiers qui ſeront préſens ou repréſentés par un autre Officier du Siége.

DROITS DE FEUX, TONNES ET BALISES.

Les droits de feux, tonnes & baliſes étant deſtinés à l'entretien d'objets utiles pour la ſûreté de la Navigation, il eſt juſte que ceux qui profitent de l'avantage de ces établiſſemens en ſupportent les frais.

Sa Majeſté ſe propoſe de ſimplifier la perception de ces droits, & de la rendre plus uniforme.

COURTIERS, JAUGEURS, INTERPRÈTES ET PILOTES-LAMANEURS.

Les Jaugeurs, Courtiers & Interprètes, ſont en même-temps les Agens des négociations du Commerce & les Notaires des affrêtemens & autres contrats maritimes; leurs fonctions ſont néceſſaires. Il en eſt de même de celles des Pilotes-lamaneurs; mais les abus qui ſe ſont introduits dans toutes ces parties, exigent une réforme néceſſaire à l'avantage de la Navigation, ainſi qu'à ſa ſûreté.

Sa Majeſté ſe fera rendre compte de tous ces détails, ainſi que des titres & des tarifs de perception, & y ſtatuera de la manière la plus utile & la plus équitable.

Elle eſt auſſi dans l'intention d'accorder la plus grande faveur au cabotage & à la navigation de port en port, qui ſe fait ſur les côtes de ſon Royaume. Les meſures qu'Elle a déjà priſes & les diſpoſitions qu'Elle annonce, font aſſez connoître que ſon intention pour ce qui intéreſſe le Commerce, embraſſe juſqu'aux moindres détails ſuſceptibles de réforme ou d'amélioration.

N.° VI.

MÉMOIRE

Sur les Droits qui ſeront acquittés uniformément à l'avenir ſur les Marchandiſes coloniales.

PLUSIEURS Provinces du Royaume jouiſſent de l'exemption des droits de conſommation ſur les Sucres. Quelques-unes en jouiſſent auſſi ſur les Cafés, & autres marchandiſes Coloniales;

Coloniales ; les unes & les autres en jouissent sous des modes différens & avec plus ou moins d'étendue.

La Bretagne reçoit les sucres de nos Colonies qui arrivent dans ses ports ; elle est exempte des droits *de consommation ;* mais elle est assujettie aux droits *du domaine d'Occident* & à divers droits locaux ; & quand elle expédie des sucres pour les autres Provinces du Royaume, ils acquittent les droits de consommation, sans déduction des droits précédemment payés, dont la restitution n'a pas même lieu pour les sucres qu'elle exporte à l'étranger.

La Franche-Comté est exempte des droits de consommation sur les sucres, cacaos, gingembre, rocou & indigos qu'elle tire des différens ports du Royaume, par transit & sous acquit à caution, qui constate que ces objets sont destinés à sa consommation.

L'Alsace, la Lorraine & les Trois-évêchés jouissent de l'affranchissement de tous droits sur les sucres, les cafés, les cacaos, gingembre & indigos qu'ils tirent, soit de nos Colonies par les ports du Royaume, où ces objets ont cependant acquitté les droits du domaine d'Occident, soit de l'étranger avec qui ils communiquent en toute franchise.

Ces différentes exemptions sont devenues une source continuelle d'abus.

Les versemens frauduleux qui se font des Provinces exemptes, dans l'intérieur du Royaume, privent Sa Majesté d'une partie des droits dûs sur toutes les marchandises Coloniales qui se consomment dans ses États.

Les barrières intérieures étant anéanties, ces versemens n'auroient plus aucun frein, & il faut, ou supprimer totalement les droits sur les sucres, cafés & autres marchandises Coloniales, ou y assujettir les Provinces qui en sont exemptes.

Or le sacrifice entier de ces droits qui seroit un objet

de plus de quatre millions, n'eſt pas propoſable; le bien public ne le demande pas; l'activité du Commerce dans cette partie eſt ſuffiſamment aſſurée par le luxe; il n'a beſoin que d'encouragemens pour nos raffineries, à qui Sa Majeſté en a déjà accordé de très-efficaces & qu'Elle protégera de plus en plus.

Du reſte les droits ſur les marchandiſes Coloniales portent principalement ſur les Citoyens les plus aiſés, & ne ſont point au rang de ceux dont la remiſe eſt ſollicitée pour le ſoulagement de la claſſe indigente.

Il n'y a donc pas de motif de les ſupprimer; & dès-lors il devient indiſpenſable d'y ſoumettre tout le Royaume.

Mais la Bretagne aura la faculté de l'entrepôt pour toutes les marchandiſes des Colonies, & cette Province, ainſi que la Franche-Comté, l'Alſace, la Lorraine & les Trois-évêchés continueront de jouir des avantages du tranſit en franchiſe.

Ces Provinces d'ailleurs profiteront ſenſiblement de la ſuppreſſion des droits locaux & de circulation intérieure, de ceux ſur la marque des fers, de ceux pour les huiles, de tous ceux dont le Commerce & l'Agriculture vont être affranchis. Le bien qu'elles en recevront compenſera & au-delà la perte de leur exemption ſur les ſucres & autres marchandiſes Coloniales, qui deviendroit inconciliable avec le plan général; en tout, leur ſort ſe trouvera ſûrement amélioré: c'eſt une vérité démontrée par les calculs les plus certains, & dont l'état annexé au Mémoire ſur les Traites, préſente les réſultats.

On y voit que la Bretagne, en particulier, gagnera plus d'un million annuellement, & que toutes les autres auront auſſi un bénéfice effectif.

En ſorte qu'indépendamment de la prépondérance que doit avoir l'intérêt général du Royaume, il eſt vrai de dire qu'aucun intérêt particulier ne ſera léſé.

Sa Majesté se propose en conséquence d'ordonner :

1.° Qu'à compter du 1.er Octobre prochain, les marchandises des Isles qui arriveront dans la province de Bretagne, seront exemptes des droits locaux de Prévôté & autres perçus à leur arrivée dans les ports de cette Province.

2.° Qu'à la même époque ces marchandises jouiront d'une année d'entrepôt, en remplissant les formalités qui seront prescrites par l'Ordonnance des Traites, pendant lequel temps ces marchandises pourront être expédiées à l'étranger en exemption de tous droits.

3.° Que les sucres, cafés & autres marchandises des Isles qui seront retirées de l'entrepôt pour la consommation du Royaume, acquitteront les mêmes droits que celles importées dans les autres Ports : à l'effet de quoi le Commerce des Isles sera régi dans les ports de Bretagne, par les mêmes principes que dans les autres ports du Royaume.

4.° Que les exemptions dont jouissent les provinces de Franche-Comté, Alsace, Lorraine & Trois-évêchés, cesseront à la même époque, en laissant néanmoins subsister toutes les faveurs dont elles jouissent par le transit.

N.° VII.

MÉMOIRE

Sur les modifications nécessaires dans la jouissance des priviléges qui sont accordés à quelques Provinces, relativement à l'impôt sur le Tabac.

TOUTES barrières intérieures étant supprimées, il devient impossible de maintenir le régime actuel des Provinces dans lesquelles la vente exclusive du Tabac n'a pas lieu.

Sa Majesté n'ignore point qu'aux termes de la Déclaration de 1674, titre primitif de l'établissement de la vente exclusive du Tabac, & qui comprend, sans exception, toute l'étendue du Royaume, la culture, la fabrication & le débit libre du Tabac dans les provinces d'Alsace, de Franche-Comté, de Flandre, d'Artois, de Hainaut & du Cambrésis, pourroient n'être regardés que comme une tolérance, plutôt que comme un privilége formel, & qu'en rigueur il n'y auroit pas de juste sujet de réclamation, si à cause de son incompatibilité avec le régime général, cette tolérance étoit jugée ne devoir plus subsister.

Mais Sa Majesté, en s'occupant particulièrement de ce qui intéresse tout le Royaume, ne perd point de vue les ressources particulières dont jouissent quelques Provinces, & qu'il peut être à propos de leur conserver.

Elle a considéré que la culture du Tabac est un objet important pour l'Alsace, où son produit forme une branche très-étendue de Commerce avec l'étranger.

Elle sait que cette culture est moins précieuse dans la Flandre, où la qualité des Tabacs est très-médiocre; & qu'elle l'est beaucoup moins encore dans le Hainaut, l'Artois, le Cambresis & la Franche-Comté, Provinces dans lesquelles elle s'amoindrit de jour en jour: il est même à présumer que le temps conduira naturellement ces dernières Provinces à l'abandonner, & à y substituer d'autres genres de cultures, telles que celle des chanvres, des lins & des colsats.

Mais Sa Majesté ne veut user d'aucune contrainte à cet égard; son intention est seulement de faire surveiller la culture du Tabac dans les Provinces où elle est permise, & de prendre des mesures pour que dans l'emploi de son produit, il ne soit pas abusé des facilités qu'Elle a cru devoir donner au Commerce, en supprimant toutes les barrières intérieures du Royaume.

Le Roi ſe propoſe en conſéquence d'ordonner :

1.° Qu'à compter du 1.er Juin de la préſente année, tout Cultivateur de tabac des Provinces ci-deſſus déſignées, ſera tenu de déclarer aux Prépoſés qui ſeront établis à cet effet par la Ferme générale, l'étendue de terrein qu'il voudra employer à cette culture.

2.° Qu'à l'inſtant de la récolte, le Cultivateur avertira le Prépoſé dans le diſtrict duquel il ſe trouvera, de venir vérifier les quantités de tabac qui ſeront récoltées.

3.° Tout Cultivateur aura un délai de trois mois pour faire ſécher ſon tabac ; après lequel temps il pourra le vendre, ſoit à la Ferme générale, ſoit à l'étranger. Les Cultivateurs de la Flandre pourront vendre leurs tabacs aux fabriques établies dans la haute ville de Dunkerque ; & ceux de l'Alſace pourront vendre les leurs aux manufactures établies dans la ville de Straſbourg.

Dans le cas de vente à la Ferme générale, les Vendeurs ſeront tenus de prendre de ſes Prépoſés, un reçu des quantités qu'ils auront livrées ; & pour les ventes qui ſeront faites à l'étranger, ou aux manufactures de la ville de Straſbourg, le Vendeur prendra un acquit à caution qui ſera déchargé à la frontière du Royaume ou aux portes de cette ville.

Si dans les trois mois accordés pour la vente, l'Habitant n'a pu vendre tout ſon tabac, il ſera tenu de faire ſa déclaration des quantités reſtantes, de les repréſenter toutes & quantes fois il en ſera requis, ou de juſtifier de leur emploi.

4.° La fabrication du tabac appartiendra excluſivement à la Ferme générale, ſauf que les villes de Straſbourg & de Dunkerque continueront d'en pouvoir fabriquer ; & il ſera pris des meſures ſuffiſantes pour que leurs fabrications & le débit des tabacs fabriqués, qu'ils ne pourront vendre qu'à l'étranger, ne donnent lieu à aucune fraude.

5.° Il ſera pourvu par les Fermiers-généraux à l'établiſſement d'un aſſez grand nombre d'entrepoſeurs & buraliſtes pour fournir à la conſommation publique. Les entrepôts & bureaux ſeront approviſionnés de tabac de même nature & qualité que celui qui a cours dans le Royaume, & le prix ſera le même que dans toutes les autres Provinces.

6.° Sa Majeſté n'étant point dans l'intention de faire profiter les Finances de l'augmentation que les circonſtances l'obligent de mettre au prix du tabac en Alſace, Franche-Comté, Flandre, Hainaut, Artois & Cambréſis, veut que le bénéfice de la vente du tabac dans leſdites Provinces, déduction faite de tous frais d'achat, fabrication & régie, ſoit remis en entier aux États ou aux Aſſemblées provinciales qui ſe trouveront en icelles, pour être employé au ſoulagement des habitans, & ſervir à la diminution des charges les plus onéreuſes.

7.° Le tabac à fumer étant principalement à l'uſage des gens les moins aiſés, le prix actuel de vente n'en ſera point augmenté. Il ſera diſtribué aux habitans dans la proportion néceſſaire à leurs beſoins; & cette proportion ſera réglée par les États ou Aſſemblées provinciales.

Il y a lieu de croire, que les habitans de ces différentes Provinces reconnoîtront dans la ſageſſe de ces diſpoſitions, l'attention de Sa Majeſté à ſaiſir tous les moyens de concilier leurs intérêts particuliers avec ſes vues générales.

N.° VIII.

MÉMOIRE

Concernant la Gabelle.

UN impôt ſi conſidérable dans ſa qualité, qu'il excède le produit de deux Vingtièmes ; ſi diſproportionné dans ſa répartition, qu'il fait payer dans une Province vingt fois plus qu'on ne paye dans une autre ; ſi rigoureux dans ſa perception, que ſon nom ſeul inſpire de l'effroi; un impôt, qui frappant une denrée de première néceſſité, pèſe ſur le pauvre preſque autant que ſur le riche; qui prive le Commerce de plus d'une branche intéreſſante, qui enlève à l'Agriculture un moyen ſalutaire de conſerver ſes beſtiaux; un impôt enfin dont les frais vont au cinquième de ſon produit, & qui par l'attrait violent qu'il préſente à la contrebande, fait condamner tous les ans à la chaîne ou à la priſon, plus de cinq cents chefs de famille, & occaſionne plus de quatre mille ſaiſies par année : tels ſont les traits qui caractériſent la Gabelle. Les retracer, c'eſt dire à quel point le Roi deſire de ſoulager ſes Peuples d'un fardeau ſi accablant.

Mais le produit de cet impôt donne un revenu de près de 60 millions. Il eſt impoſſible d'en faire le ſacrifice ; Sa Majeſté ne peut, quant à préſent, ſe propoſer que d'en alléger le poids, de rendre les formes de perception moins dures, la diſproportion des prix moins choquante; d'adoucir le ſort des pays de grandes Gabelles, d'écarter les effets de la contrebande en lui ôtant ſon aliment, & de faire tourner au profit de ſes Sujets, toute l'économie qui réſultera de la ſuppreſſion des bureaux, des Commis, des frais de garde & de ceux de recouvrement.

Pour connoître les moyens d'étendre le plus qu'il eſt poſſible ces différens genres de ſoulagemens, Sa Majeſté s'eſt fait rendre compte des projets les plus raiſonnables, qui ont été formés ſur cette matière ; Elle a pris la peine d'en diſcuter pluſieurs dans le plus grand détail; Elle en a fait calculer avec ſoins les réſultats, & Elle a vu avec peine que les plus ſpécieux en théorie, ceux qui rempliroient le mieux ſes vues de juſtice, d'égalité & de bienfaiſance, rencontreroient dans l'exécution des obſtacles inſurmontables.

Sa Majeſté n'a pu s'arrêter à l'idée d'anéantir totalement la Gabelle, en la remplaçant par une taxe pécuniaire proportionnée à ce qu'il en coûte à chaque individu pour sa consommation de sel, ou par une imposition équivalente, quant au produit, mais répartie généralement au marc la livre de la Taille ou de la Capitation.

Au premier cas, la taxe seroit aussi impraticable dans sa répartition, qu'excessive à l'égard des Provinces de grandes Gabelles; ces Provinces qui forment à peu-près le tiers du Royaume auroient à supporter 40 millions sur la masse totale de l'impôt. Les pays de petites Gabelles & de salines, qui ne sont ensemble qu'environ le quart du Royaume, en supporteroient 17 millions, & il n'y en auroit que trois à payer par les Provinces franches ou rédimées, qui sont plus que les deux cinquièmes du Royaume.

Au second cas, il faudroit, ou que le principal de la Taille fût plus que doublé, ou que la Capitation fût portée au-delà du triple de ce qu'elle est aujourd'hui. De quelque manière qu'on s'y prît, cette énorme augmentation d'impôt exigible à des époques fixes, & en même temps que les autres impositions, rencontreroit des difficultés invincibles dans la perception ; elle supposeroit l'anéantissement de toutes les immunités dont jouissent différentes Provinces; elle seroit injuste à l'égard des individus dont plusieurs se trouveroient imposés au quadruple de ce que leur coûte aujourd'hui l'impôt du sel, à raison de leur consommation, & elle participeroit à l'arbitraire des impositions auxquelles elle seroit accessoire.

En général toute taxe ou contribution qui seroit substituée à la Gabelle, & n'en conserveroit pas le caractère primitif, auroit encore par-dessus tous les inconvéniens qu'on vient d'indiquer, celui d'exciter l'inquiétude de voir un jour renaître quelque tribut sur le sel, sans diminution de celui qui en seroit le remplacement. Il faut donc écarter d'abord ce premier moyen, & le regarder comme impraticable.

Il en est un autre très-séduisant au premier aspect, très-simple dans son exécution, & qui, conforme aux principes de la de la justice, le seroit également aux vues d'uniformité & d'égalité que Sa Majesté s'efforce d'étendre à tous les genres de contributions.

Ce seroit d'établir un droit de vingt livres par quintal, perceptible, à l'extraction des marais salans, sur tous les sels destinés à la consommation nationale. La levée de ce droit suffiroit pour remplacer le produit de la Gabelle; elle n'exigeroit aucune barrière intérieure; elle permettroit à tous les Sujets du Roi de se procurer du sel à un prix modéré, qui seroit réglé sur le pied de quatre sous la livre, & elle établiroit une juste proportion entre la contribution & la consommation.

Mais ce plan dont Sa Majesté a fait rédiger toutes les parties, pour mieux en apercevoir les avantages & les difficultés, est inconciliable, non-seulement avec les privi-léges des Provinces franches ou rédimées, mais même avec leur constitution.

Sa Majesté étoit bien dans l'intention d'accorder à chacune d'elles une indemnité proportionnée à l'augmentation qu'elle auroit soufferte sur le prix du sel, pour être ramenée au niveau des autres Provinces. Le bénéfice résultant de la suppression du faux-saunage & des frais de garde, auroit fourni une grande partie des fonds nécessaires pour ces dédommagemens, & Sa Majesté n'auroit point regretté le sacrifice de ce qu'il eût fallu y ajouter pour les compléter, en remettant à ces Provinces les plus onéreuses de leurs impositions.

Mais tous ces actes de justice & de bonté auroient-ils suffi pour faire supporter tranquillement au Peuple des pays privilégiés, un changement dont l'effet eût été de sextupler dans certaine Province, telle que la Bretagne, & de quadrupler ou tripler dans d'autres le prix du sel! L'idée seule d'une assimilation aux pays de Gabelles n'auroit-elle pas soulevé tous les esprits, & occasionné dans toutes les têtes une fermentation dangereuse! Le cœur du Roi seroit trop douloureufement affecté, s'il falloit employer des actes de force & de févérité pour l'exécution d'un acte purement paternel.

Sa Majefté a d'ailleurs confidéré d'un côté qu'au moment où ce projet auroit tranfpiré, il fe feroit fait dans les Provinces où il y a des marais falans, des approvifionnemens exceffifs qui auroient néceffairement altéré les produits de plufieurs années. D'un autre côté que le prix auquel le fel fe trouveroit porté dans les Provinces franches & rédimées, par l'établiffement du droit uniforme de vingt livres par quintal, cauferoit à l'Agriculture & au Commerce de ces Provinces, un préjudice qui ne pourroit être compenfé par aucune forte de dédommagement, en ce qu'il ne feroit plus poffible de le faire fervir à l'engrais des terres, à la confervation des beftiaux, aux falaifons des viandes, & aux beurres & fromages qui font aujourd'hui une de leurs principales reffources.

Tous ces motifs réunis ont fait renoncer au projet de rendre le prix du fel uniforme dans tout le Royaume.

Il feroit encore plus impraticable de vouloir rapprocher feulement le prix du fel dans les différentes Provinces, en l'élevant d'abord à un taux de 18 à 20 livres dans les Provinces franches, enfuite par gradation, dans les Provinces attenantes, & de proche en proche jufque dans les Provinces de grande Gabelle où il feroit diminué de manière à ne plus laiffer fubfifter des différences capables d'exciter à la contrebande.

Ce projet qui n'eft qu'une modification du précédent, auroit comme lui l'inconvénient d'occafionner une effervefcence dangereufe & un préjudice irréparable dans les Provinces en poffeffion d'une franchife abfolue; & il auroit en outre, celui d'exiger encore des barrières & une police intérieures, pour obvier aux verfemens plus ou moins à craindre en raifon de la différence qu'il faudroit laiffer fubfifter entre les prix, pour ne pas perdre la plus grande partie des produits.

Deux autres moyens d'écarter la contrebande & de procurer quelque adouciſſement ſur l'impôt du ſel, ont fixé l'attention de Sa Majeſté.

Le premier conſiſteroit dans la fixation des quantités de ſel de franchiſe, auxquelles ſeroient limitées les Provinces privilégiées ou rédimées, en proportion de ce qu'elles doivent naturellement conſommer, & dans l'établiſſement d'un prix uniforme, tel que de 40 livres le quintal pour tout le ſel qui excéderoit celui de franchiſe : mais cette fixation qui ſeroit encore regardée comme une atteinte aux droits des pays francs, & qui y introduiroit l'exercice des Employés des Fermes, exciteroit preſque autant de plaintes & de fermentation, qu'une augmentation de prix ; le malheureux Cultivateur ſe priveroit du ſel qui lui ſeroit délivré en franchiſe, pour le vendre aux pays limitrophes où il ſeroit plus cher ; la conſommation des pays de Gabelles, & conſéquemment le produit de l'impôt, diminueroient en proportion ; enfin le prix de 40 livres au quintal ne permettroit pas d'en faire uſage pour l'entretien des beſtiaux & le commerce des différentes ſalaiſons.

Le ſecond moyen eſt celui qui a paru mériter la préférence ſur tous les autres, parce que, ſans rien changer à la conſtitution des Provinces *franches* ou *rédimées*, & ſans faire perdre aux finances du Roi, le produit de la Gabelle, il offre tous les avantages, tous les adouciſſemens qui peuvent s'accorder avec la triſte néceſſité de maintenir cet impôt.

Il procure à l'État l'extinction du faux-ſaunage, la poſſibilité de ſupprimer toutes les barrières intérieures, & une grande économie dans les frais de recouvrement.

Il procure au Peuple une diminution ſur le montant de l'impôt, une répartition moins rigoureuſe du ſel obligé, & la faculté d'avoir du ſel libre à volonté au-deſſus de la quantité impoſée.

Il conſiſte à fixer invariablement les quantités de ſel que les pays de Gabelle ſeront tenus de prendre aux greniers de la Ferme, dans une proportion réglée un peu au-dessous de ce qu'ils en prennent actuellement, avec diminution de prix, & avec l'avantage en outre, qu'après qu'il aura été satisfait au devoir de cette fixation, tout l'excédant que les particuliers voudront consommer, leur sera délivré en franchise & au prix marchand, par la Ferme générale, en concurrence avec le Commerce.

Avant de développer toutes les parties de ce plan, & afin que l'Assemblée puisse plus facilement en apprécier les effets, en les comparant avec l'état présent, il est à propos d'entrer dans quelques détails sur l'établissement de la Gabelle dans le Royaume, & de pénétrer dans le dédale de loix & de formes différentes qui en composent le régime, pour en donner du moins une notion générale.

Il est inutile de rechercher quelle a été la première origine de la Gabelle en France, & quels ont été ses accroissemens depuis l'époque où le droit sur le sel, consenti par les États-généraux en 1353, pour des besoins momentanés, & prorogé en 1358, devint ensuite fixe & permanent; il suffit d'observer qu'en 1537, cet impôt fut porté au quart de la valeur du sel; qu'en 1543 il le fut jusqu'aux trois huitièmes, & qu'il étoit alors perçu indistinctement dans toutes les Provinces du Royaume, excepté la Bretagne qui, par l'Ordonnance de 1544, portant établissement de la perception de l'impôt du sel dans les six lieues limitrophes des marais salans, a été maintenue dans cette exception, sous la condition expresse de la supprimer si elle donnoit lieu à des abus.

En 1549 & 1553, le Poitou, la Saintonge, l'Aunis, l'Angoumois, le haut & bas Limousin, la haute & basse Marche, le Périgord & la haute Guyenne, se rédimèrent de la Gabelle, moyennant une somme de 1,743,500 livres. Plusieurs autres Provinces ont obtenu des affranchissemens partiels ou des modifications de l'impôt par de semblables rachats; quelques-unes en consentant à des augmentations ſur les Tailles. De ce nombre eſt une partie de l'Auvergne, dont l'autre partie eſt reſtée ſous le régime des Gabelles.

Ce régime eſt très-inégal dans les Provinces même qui y ſont ſoumiſes. Les unes ont ſubi le droit & toutes ſes augmentations avec la plus grande rigueur; ce ſont *les Provinces de grandes Gabelles.*

Les autres ont été plus ménagées & ont trouvé moyen de ſe maintenir à l'abri des crûes ſucceſſives qui ont élevé exceſſivement le prix du ſel; ce ſont *les Provinces de petites Gabelles* auxquelles on peut aſſimiler *les pays de Gabelles locales*, tels que la Franche-Comté, la Lorraine, les Trois-évêchés & le Réthelois.

La Bretagne a conſervé une franchiſe abſolue; l'Artois, la Flandre, le Hainaut, le Calaiſis, le Boulonois, l'Alſace, le Béarn, la baſſe Navarre, & autres pays nouvellement acquis à la Couronne, en jouiſſent auſſi; & quoique la plupart acquittent des droits particuliers, comme ces droits ſont fort modiques, on les comprend indiſtinctement ſous le titre de *Provinces franches.*

On ne peut ranger dans aucune claſſe la partie de la Normandie, connue ſous le nom de *pays de Quart-Bouillon,* qui ayant continué d'acquitter en nature l'ancien impôt du Quart, avec ſa crûe d'un huitième, lorſqu'elle devint générale, s'eſt maitenue ſur le même pied, & n'a ſubi que dans ces derniers temps l'augmentation des ſous pour livre.

Cette étrange conſtitution qui diviſe tout le Royaume, exige 1200 lieues de barrière intérieure, entretient une guerre continuelle entre les Prépoſés de la Ferme & les Contrebandiers, & occaſionne tous les ans plus de 4000 ſaiſies domiciliaires, plus de 3400 empriſonnemens, & plus de 500 condamnations à des peines capitales ou afflictives.

La multiplication des barrières & des gardes n'a pas ſuffi pour aſſurer les produits de l'impôt dans les Provinces qui en ſupportent inégalement la rigueur; il a fallu y pourvoir par différentes ſortes de régies dont un court expoſé ſera connoître que dans toutes les Provinces qui ne ſont ni franches ni rédimées, la conſommation du ſel de la Ferme eſt d'obligation indiſpenſable.

Ces régies peuvent ſe réduire à quatre principales.

1.° *Régie de greniers d'impôt.* Elle a lieu dans la partie des grandes Gabelles, qui avoiſine les pays de franchiſe.

Le ſel de devoir, c'eſt-à-dire, la quantité qu'on eſt forcé de conſommer, y eſt impoſé collectivement par paroiſſe & par les Officiers des juridictions de Gabelles; des Collecteurs nommés annuellement ſont chargés de la répartition ſur les contribuables; ils ſont perſonnellement reſponſables du prix de la quantité de ſel à laquelle leur Communauté ſe trouve taxée, & ils font habituellement la répartition.

Indépendamment de cette délivrance de *ſel de devoir ou d'impôt*, ceux qui deſirent faire des ſalaiſons, ſont tenus de lever directement au grenier le ſel néceſſaire à cet effet: s'ils y emploient celui qui leur eſt délivré par les Collecteurs, ils encourent les peines de l'amende & de la confiſcation des ſalaiſons.

Ainſi l'obligation porte ſtrictement ſur tous les genres de conſommation.

Les Nobles, Eccléſiaſtiques & Privilégiés ne ſont pas compris dans les rôles d'impôt; mais ils ſont individuellement tenus de lever directement au grenier, leur ſel de devoir dans la proportion de 7 livres par tête, & de prendre en outre le ſel dont ils ont beſoin pour leurs ſalaiſons; ce qu'ils ſont tenus de conſtater par des billets de Gabelle.

2.° *Régie de greniers de vente volontaire;* c'eſt celle qui eſt établie dans les Provinces de grandes Gabelles plus éloignées des pays de franchiſe.

Dans ces Provinces, l'obligation *du devoir de Gabelle* eſt individuelle; chaque chef de famille eſt forcé de lever directement au grenier dans la proportion de 7 livres par tête; & ce devoir de Gabelle ne le dispense pas d'acheter le sel nécessaire pour ses salaisons dont les billets de *gabellement* sont différens de ceux de devoir. A défaut de la représentation de ces billets ils encourent l'amende & la confiscation.

Cette forme est encore plus dure que celle des *greniers d'impôt;* en effet, l'obligation du devoir de Gabelle, à raison de 7 livres par tête, est trop foible pour les gens aisés, & qui consomment au-delà; elle est trop forte pour le pauvre qui y est rigoureusement assujetti, à l'exception de la classe la plus indigente, à qui il est permis de se pourvoir au regrat, avantage perfide que le bénéfice du regratier fait tourner en surcharge.

Au surplus l'interdiction choquante de pouvoir employer à des salaisons le sel qu'on a levé pour son usage, a également lieu dans ces pays qu'on a jugé à propos de qualifier de *vente volontaire,* quoique tout y soit forcé & soumis à des peines menaçantes.

3.° *Régie des dépôts.* Elle est établie dans les parties des Provinces franches ou rédimées, limitrophes des grandes Gabelles, telles que les cinq lieues de l'Auvergne, de la Marche & du Poitou, les deux lieues de la Bretagne, les trois lieues de l'Artois, du Cambresis & de la Franche-Comté, voisines des grandes Gabelles.

Elle a pareillement lieu dans le *pays de Quart - Bouillon,* & dans le Réthelois, où le sel est à bas prix.

Dans ces districts, les consommations de toutes sortes sont limitées à 14 livres de sel par tête au-dessus de huit ans; personne ne peut avoir d'approvisionnement au-delà du besoin de six mois, à peine d'amende & de confiscation; les visites domiciliaires & les saisies y sont fréquentes, parce que la limitation de 14 livres de sel par tête est notoirement inférieure aux consommations. Cette limitation a pour but de diminuer les versemens des pays francs sur les grandes Gabelles; mais elle est inefficace, parce que les enlèvemens ſe font au-delà des lieux ſujets à cette police & dans leſquels il n'exiſte aucune gêne.

4.° *Régie des petites Gabelles.* Elle varie ſuivant les diſtricts, mais porte par-tout le même caractère d'obligation forcée.

Dans les Gabelles du Lyonnois, les contribuables ſont tenus de prendre des billets de gabellement juſtificatifs des quantités de ſel qu'ils ont levées, ſoit au grenier, ſoit au regrat; & à défaut de cette repréſentation lors des viſites domiciliaires, ils ſont expoſés aux amendes & aux ſaiſies.

Dans le Dauphiné, le commerce du ſel eſt libre, mais ceux qui le font ſont tenus d'avoir des billets de *gabellement* indicatifs des quantités de ſel levées au grenier; à défaut de repréſentation de ces billets, ils ſont condamnés pour la première fois à vingt livres d'amende, pour la ſeconde à cinquante livres, & réputés faux-ſauniers pour la troiſième.

En Provence & en Languedoc, les contribuables ont la liberté d'acheter le ſel qui leur eſt néceſſaire, ſoit au grenier, ſoit à des muletiers & voituriers qui ont la faculté de le tranſporter dans l'intérieur de ces Provinces; & à défaut de repréſentation de ces billets de *gabellement*, ils ſont expoſés aux ſaiſies domiciliaires; elles ſont très-multipliées dans ces Provinces.

On peut juger par ces différentes régies, par ces amas confus de formalités, ſurchargées encore de pluſieurs autres modifications particulières, dont le détail ſeroit trop long, combien de frais exige la perception de la Gabelle, combien de tourmens elle occaſionne. Mais ce qui en réſulte auſſi, & ce qu'il étoit eſſentiel de prouver avant d'en venir à l'explication du nouveau régime que Sa Majeſté ſe propoſe d'établir, c'eſt que la conſommation du ſel pris aux greniers de la Ferme, eſt de néceſſité abſolue dans toutes les Provinces de grandes ou petites Gabelles, ou de Gabelles locales; & que ſi toutes ne ſont pas ce qu'on appelle *pays*

de

de devoir, toutes sont sujettes à un devoir réel, à l'obligation de prendre le sel de Gabelle, au point que dans toutes, on est tenu de justifier l'acquittement de cette obligation, à peine de subir les peines de faux-saunage.

Ce n'est donc pas innover, ni faire tort à aucune des Provinces sujettes à la Gabelle, que de les considérer toutes comme soumises au devoir de prendre une certaine quantité de sel de la Ferme; & c'est les avantager plutôt que les grever, que de fixer immuablement pour chacune d'elles, la quantité de *sel obligé,* en proportion de ce qu'elles en prennent aujourd'hui & même un peu au-dessous, sans qu'à l'avenir elle puisse être augmentée, quelque accroissement qu'il survienne dans la population.

Le relevé qui a été fait de tout le sel vendu dans les greniers du Fermier des Gabelles, pendant six années consécutives, a mis à portée de vérifier que dans aucune Province, la distribution du sel d'impôt n'a surpassé la mesure naturelle de la consommation de chaque individu. Si dans quelques-unes elle paroît l'avoir excédée, c'est que le prix du sel y étant inférieur, elles ont paru consommer les sels qu'elles versoient en fraude sur les Provinces voisines qui étoient plus grevées qu'elles.

Ainsi les contribuables seront traités favorablement, lorsqu'on n'exigera des Provinces qui ne sont pas à portée de faire des versemens, qu'une consommation un peu moindre que celle qu'elles font réellement; & de celles où le sel est à plus bas prix, une consommation fort au-dessous de celle qu'elles paroissent faire aujourd'hui.

L'établissement des Assemblées provinciales, des Assemblées de district & des Assemblées paroissiales, procurera les moyens de répartir cette masse de sel de devoir, d'une manière équitable & proportionnée. Ces Assemblées pourront assurer le recouvrement du produit de l'impôt, sans tourmenter les contribuables par les perquisitions, les saisies

& les formalités sans nombre, qui aggravent aujourd'hui le fardeau de la Gabelle.

Cet impôt sera d'ailleurs diminué d'un cinquième sur le principal, dans les pays de grandes Gabelles, ainsi que dans la Bresse, le Lyonnois, la Lorraine & les Trois-évêchés ; il le sera d'un dixième dans les autres Provinces sujettes aux petites Gabelles, où le sel sera affranchi des deux sous pour livre établis par l'Édit du mois d'Août 1781.

On verra par un état joint à la suite de ce Mémoire, que tant par cette diminution d'impôt, que par la fixation modérée des consommations forcées, les pays de Gabelle recevront un soulagement de neuf à dix millions ; Sa Majesté en éprouve un réel en le leur procurant.

Elle leur procure un avantage encore plus important, en les assimilant au sort des Provinces *rédimées*, lorsque le devoir de Gabelle sera rempli, & en leur accordant alors la liberté de se pourvoir de sel au prix marchand, seul moyen de favoriser l'accroissement des consommations, autant que l'intérêt de l'Agriculture le fait desirer.

Le produit de l'impôt sur le sel ne sera point altéré par ce nouveau plan ; & le bénéfice qui en résultera pour les Peuples, ne sera point en perte pour le Trésor royal. Il suffit pour le croire aisément, de considérer :

1.° Qu'il y aura sur les frais de garde & de recouvrement une réduction estimée devoir être d'environ trois millions :

2.° Que la consommation excédant celle de devoir augmentera sensiblement, & qu'au lieu d'être au profit de la contrebande, elle formera un nouveau produit pour la Ferme :

3.° Que ce produit sera assuré par un droit de 4 livres par quintal, qui n'étant que l'équivalent de ceux qui sont perçus dans les Provinces rédimées, ne donnera lieu à aucun versement, & n'empêchera pas que le sel ne puisse être délivré par la Ferme au prix du Commerce, & même à un prix un peu inférieur qui sera de 20, de 24 ou de 30 deniers au plus par livre de sel, suivant les différentes distances & à raison des frais de transport.

D'après ces vues qui portent le soulagement sur la Gabelle, aussi loin que la bienfaisance du Roi & sa justice même le demandent; sans aller au-delà de ce que permet l'économie indispensable & la nécessité de conserver intégralement les revenus, Sa Majesté se propose de fixer l'impôt du sel, à compter du 1.er Janvier 1788, sur les bases suivantes:

1.° Les quantités de sel qu'on sera tenu de prendre aux greniers de la Ferme, dans les Provinces de grandes & petites Gabelles, & dans les Gabelles locales de Lorraine, des Trois-évêchés, de la Franche-Comté, du Réthelois, de Rocroi & Charleville, & du pays de Quart-Bouillon, seront fixées immuablement & sans que la fixation puisse être augmentée pour telle cause que ce soit, sur le pied des quantités énoncées dans l'état annexé au présent Mémoire.

2.° Les quantités de sel qui seront en conséquence délivrées par la Ferme, le seront au prix usité dans chaque grenier, sous la déduction néanmoins des deux sous pour livre établis par l'Édit du mois d'Août 1781, à l'égard des pays de petites Gabelles, & de quatre sous pour livre, ou d'un cinquième du principal, à l'égard des pays de grandes Gabelles, & du Lyonnois, de la Bresse, de la Lorraine & des Trois-évêchés.

3.° La délivrance du sel se fera dans les greniers de la Ferme, au poids, à raison de cent livres effectives par quintal, au lieu que la délivrance qui se fait actuellement à la mesure, n'est que de quatre-vingt-seize à quatre-vingt-dix-huit livres.

4.° Les Assemblées provinciales seront, à compter du 1.er Janvier 1788, chargées du soin de répartir les quantités fixées pour le devoir de Gabelle, entre les différens districts dont elles seront composées, & ce à raison de l'étendue de leur population & des facultés de leurs habitans.

Les Assemblées de district répartiront entre toutes les paroisses comprises dans leur arrondissement, la masse de sel pour laquelle ces districts auront été employés dans la répartition générale de la Province.

Enfin les Assemblées paroissiales répartiront la portion de sel de devoir dont la paroisse se trouvera chargée, de façon que le pauvre ne se trouve imposé que dans une proportion modique, sans que le Citoyen aisé le soit jamais au-dessus de sa consommation effective, estimée modérément.

5.° Les Collecteurs des paroisses feront, sous l'inspection & avec l'assistance des Syndics, le recouvrement du prix du sel de devoir. Ils en verseront le produit entre les mains des Receveurs des Gabelles, en douze payemens égaux : il leur sera accordé trois mois de délai pour faire ce recouvrement, de façon qu'ils ne payeront le prix du sel qui leur aura été délivré au 1.er Janvier qu'au 1.er Avril, & ainsi successivement; & le payement intégral du sel qu'ils auront reçu dans le courant d'une année, ne sera par eux entièrement effectué qu'au 1.er Avril de l'année suivante.

6.° Les Communautés d'habitans seront garantes & responsables du prix du sel délivré à leurs Collecteurs, & de leur exactitude dans les payemens, sauf leur recours contre les Contribuables; elles seront chargées des frais de collecte, qui ne pourront pas excéder deux deniers pour livre, & ne sont presque rien en comparaison des remises que Sa Majesté leur accorde.

7.° Il sera établi dans chaque ville principale, & généralement dans tous les lieux où la Ferme a des greniers, des magasins de sel de franchise destinés à subvenir à la consommation excédant celle de devoir, & dans lesquels tout Consommateur trouvera toujours telle quantité de sel qu'il voudra acheter, à un prix qui sera fixé pour chaque lieu, à un taux égal & même inférieur à celui que le Commerce pouroit établir, ſans que ce prix de franchiſe puiſſe jamais être augmenté, & ſans que les magaſins aient aucun droit excluſif, leur vente devant être par-tout en concurrence avec celles du Commerce libre.

8.° Les droits de brouage, traite de charente, convoi, comptablie, courtage, droits locaux & autres généralement quelconques (à l'exception ſeulement de ceux établis en Bretagne, à l'égard deſquels il ne ſera rien innové), ſeront ſupprimés; & leur perception ceſſera, à compter du 1.er Janvier 1788.

9.° En remplacement de tous ces droits, & de celui qui ſe paye déjà à l'extraction des marais ſalans, il ſera perçu un droit de quatre livres par quintal, ſur tous les ſels deſtinés à la conſommation du Royaume, à leur enlèvement des lieux de fabrication, la Bretagne néanmoins exceptée; ſauf à prendre les précautions néceſſaires pour aſſurer la perception du droit ſur le ſel qui ſera enlevé des marais de cette Province, pour la conſommation des autres parties du Royaume.

Le droit uniforme de quatre livres n'excède pas ceux qui exiſtent déjà à l'extraction des ſels pour les Provinces rédimées; & il ne mettra pas le ſel de franchiſe qui ſera délivré par-tout pour les excédens de conſommation, au-deſſus du prix actuel du Commerce.

10.° Les ſels qui ſeront enlevés des marais ſalans pour être exportés à l'étranger, ceux qui ſeront deſtinés pour la pêche & pour l'approviſionnement des Colonies, ſeront exempts de tous droits.

11.° Enfin il ſera pris des meſures efficaces pour que les magaſins & dépôts de ſel de franchiſe ſoient, ainſi que les greniers, exactement & ſuffiſamment approviſionnés, pour que les livraiſons s'y faſſent avec la plus grande fidélité, & que s'il s'y gliſſoit quelqu'abus, il fût promptement réprimé.

Par cet arrangement il ne reſtera plus aucun beſoin de

défendre les Provinces du Royaume, les unes des autres, de les séparer par des barrières, & d'employer une armée d'Ambulans à la poursuite des Contrebandiers. La fixation constante & invariable des quantités de sel pour lesquelles on payera l'impôt dans les Provinces qui y sont sujettes, dispensera de toute autre précaution, puisqu'au delà de cette fixation, toute consommation sera libre, & à un prix moindre que celui du faux-saunage. En même-temps les Provinces *franches* ou *rédimées*, continueront de jouir de tous leurs avantages, & il ne sera rien innové à leur constitution.

Il n'y a d'embarras que par rapport à quelques-unes des plus grandes villes, celles qui ont le plus de population, & où le nombre des habitans varie continuellement, telles que Paris, Versailles, Rouen & Lyon. Il seroit sans doute fort difficile, pour ne pas dire impossible, d'établir dans ces villes la distribution du sel de devoir; les rôles de répartition qui ne pourroient pas comprendre ceux des consommateurs qui n'auroient pas un domicile fixe & permanent, seroient nécessairement injustes à l'égard des autres contribuables, & leur exécution rencontreroit une infinité d'obstacles.

D'un autre côté, si on y laissoit subsister l'usage de prendre le sel au grenier de la Ferme indéterminément & sans aucune fixation, tandis que la banlieue & les villages circonvoisins jouiroient de la faculté de se procurer, pour ce qui excéderoit leur consommation de devoir, du sel de franchise qui ne leur coûteroit que la sixième partie de celui qui se vend au grenier, la contrebande auroit trop d'appât pour qu'il fût possible d'empêcher les introductions frauduleuses.

Il paroît en conséquence indispensable de remplacer, dans les quatre villes qu'on vient de nommer, le produit de la Gabelle, par une autre imposition particulière équivalente à la réduction qu'il faudroit faire sur le prix du sel, qui y ſeroit délivré, pour le mettre à peu près au niveau de celui de franchiſe. Elles pourront elles-mêmes propoſer les moyens qui leur paroîtront les plus convenables pour y ſubvenir. Sa Majeſté les y invite, & tant ſur ce point, que généralement ſur tout ce qui concerne les moyens d'alléger le poids de la Gabelle, Elle recevra & pèſera avec grande attention les obſervations que lui préſentera l'Aſſemblée des Notables, qui ſans doute s'empreſſera de ſeconder ſes vues bienfaiſantes ſur un objet auſſi intéreſſant pour le Peuple.

La plus grande difficulté ſera ſans doute par rapport à la ville de Paris, où le produit de la Gabelle ſurpaſſe trois millions. Il paroît cependant poſſible d'y ſuppléer par une légère augmentation de droits ſur les conſommations, qui n'affecteroit pas la ſubſiſtance des habitans, étant plus que compenſée par une diminution de plus de trois quarts ſur le prix du ſel.

Le prix réduit à 15 livres le minot, ou 3 ſous la livre, qui coûte aujourd'hui 13 ſous 5 deniers, donneroit encore en excédant du prix d'achat, y compris les frais de tranſport, un produit d'environ	400,000[tt]
Sur la vente du ſel de franchiſe, qui ſeroit fixé dans la généralité de Paris, à 12 livres 10 ſous le quintal, il y auroit encore un profit de Ferme de	250,000.
Un ſeul ſou pour livre ſur tous les droits d'entrée, produiroit	1,500,000.
En y aſſujettiſſant les privilégiés, ce ſou pour livre produiroit en ſus, environ	250,000.
Enfin une taxe de 10 livres par chaque domeſtique au-delà de deux, eſt eſtimée pouvoir monter à	600,000.
TOTAL	3,000,000.

Des moyens ſemblables ou tels autres, dont la propoſition ſera faite à Sa Majeſté, pourront remplacer la Gabelle dans les villes de Verſailles, Rouen & Lyon; elle n'a pas lieu dans les autres très-grandes villes du Rôyaume, & par rapport aux moindres, la diſtribution *du ſel obligé* ne feroit nullement impraticable.

Enfin quelque parti qu'il y ait à prendre ſur cette difficulté, elle n'eſt ſûrement pas inſoluble, & ne ſauroit paroître aſſez conſidérable pour faire renoncer à l'exécution d'un plan qui, par une diminution conſidérable ſur le plus onéreux des impôts, par une fixation modérée de l'objet qui y eſt ſoumis, par une répartition douce & équitable du ſel de devoir, & par la conceſſion du ſel de franchiſe pour la conſommation excédante, ſoulageroit infiniment le Peuple, faciliteroit la conſervation des beſtiaux, contribueroit au progrès de l'Agriculture, étendroit le commerce des ſalaiſons, pourroit même ſervir à l'amélioration des laines, & procureroit en tout genre à l'État les avantages les plus précieux.

GABELLE.

GABELLE.

AT contenant, 1.° la Comparaiſon des quantités de Sel vendues, année commune, par la Ferme générale, dans les ovinces de grandes & petites Gabelles, avec les quantités fixées pour devoir de Gabelle, à titre d'abonnement & un prix invariable; 2.° la Comparaiſon du montant de ce que paye chaque Province, au prix actuel du Sel, déduction te des frais d'achat & de tranſport; avec le montant de ce qu'elles payeront à l'avenir pour le Sel de leur fixation pective, déduction faite également des frais de tranſport; 3.° le Réſultat des modérations qui auront lieu en faveur chaque Province, ſuivant la fixation projetée, tant pour la quantité qui ſera diminuée, que pour le prix qui ſera luit, à raiſon du cinquième du prix principal, dans les grandes Gabelles, dans celles du Lyonnois, de la Lorraine des Trois-évêchés, & d'un dixième dans le ſurplus des petites Gabelles.

NOMS DES ÉRALITÉS ET PROVINCES.	CONSOMMATIONS ET PERCEPTIONS ACTUELLES.			PERCEPTIONS À RAISON DE LA NOUVELLE FIXATION.			SOULAGEMENT résultant de la nouvelle Fixation en chaque Province.
	CONSOMMATIONS actuelles EN SEL de la Ferme.	PRIX actuel DU SEL dans chaque District déduction faite des frais d'achat & de voiture.	PERCEPTIONS actuelles au profit DU ROI.	QUOTITÉS de la fixation pour chaque PROVINCE.	PRIX DU SEL, déduction faite des frais d'achat & de voiture.	PERCEPTIONS au profit DU ROI.	
	Minots.	*L. S. D.*	*Livres.*	*Minots.*	*L. S.*	*Livres.*	*Livres.*
éralité de Paris, non compris les villes : Paris & Verſailles	96192.	60. 10. 6	5822021.	92000,	52. 10	4830000.	992021.
éralité d'Orléans	72296.	61. 3. 7	4423009.	68000.	53. ″	3604000.	819009.
éralité de Moulins	21241.	60. 16. 9	1292250.	21000.	52. 16	1161600.	130650.
éralité de Châlons-ſur-Marne	64080.	61. 13. 3	3960945.	63000.	53. 16	3389400.	571545.
éralité de Soiſſons	39808.	60. 11. 2	2410706.	39200.	52. 10	2058000.	352706.
éralité d'Amiens	53513.	59. ″ 6	3158605.	51500.	51. ″	2626500.	532105.
éralité de Rouen, excepté la Ville	70460.	56. 14. 10	3998005.	68000.	49. ″	3332000.	666005.
éralité de Caen	12816.	56. 12. 1	725492.	12900.	48. 18	630810.	94682.
éralité d'Alençon	56718.	55. 12. 3	3154230.	54000.	48. 4	2602800.	551430.
éralité de Tours	105827.	58. 19. 2	6239384.	110000.	51. ″	5610000.	629384.
éralité de Bourges	28320.	61. 1. ″	1728936.	28000.	52. ″	1456000.	272936.
gogne	63120.	47. 15. 11	3016873.	62000.	40. ″	2511000.	505873.
nnois, Forès, Beaujolois, à l'exception : la ville de Lyon	48000.	40. ″ ″	1930000.	47000.	33. ″	1551000.	379000.
onnois, Breſſe, Bugey & Dombes	35400.	50. ″ ″	1770000.	34000.	43. 10	1479000.	291000.
aine	84221.	26. ″ ″	2189746.	80000.	22. 10	1800000.	389746.
s-évêchés	28622.	33. 10. ″	958837.	28500.	27. 10	769500.	189337.
che-Comté	104586.	9. ″ ″	941274.	90000.	8. ″	720000.	221274.
elois, Rocroi & Charleville	10152.	12. ″ ″	121824.	9000.	12. ″	108000.	13824.
de Quart-Bouillon	112292.	10. ″ ″	1122920.	80000.	10. ″	800000.	322920.
phiné & Principauté d'Orange	92150.	32. ″ ″	2944800.	80000.	29. ″	2320000.	624800.
ıçon & Ville-Vieille	4660.	18. ″ ″	83880.	4000.	18. ″	72000.	11880.
guedoc, Vélay, Vivarais & Gévaudan	182638.	31. ″ ″	5661778.	170000.	29. ″	4930000.	731778.
aire & Chalabre	3670.	12. ″ ″	44040.	3300.	12. ″	39600.	4440.
ergne	24030.	27. ″ ″	448810.	23000.	26. ″	398000.	50810.
ergue	36850.	27. ″ ″	994950.	33000.	26. ″	858000.	136950.
ſſillon	12752.	25. 5. ″	321988.	12000.	23. 12	283200.	38788.
ence	69460.	22. 10. ″	1562850.	66000.	22. ″	1452000.	110850.
	1533874.		61018153.	1430400.		51302410.	9635743

OBSERVATIONS.

fixation des quantités a été réglée ſuivant le plus ou le moins d'éloignement des lieux de franchiſe.

s villes de Paris, Verſailles, Rouen & Lyon ne ſont pas compriſes dans cet état; il leur ſera fait une remiſe ortionnée, lorſqu'il y aura un parti pris à leur égard.

Auſſitôt que Monſieur de Calonne a eu fini de parler, les trois Commiſſaires du Roi ſe ſont levés & s'étant approchés de MONSIEUR, lui ont remis un exemplaire imprimé de chacun des huit Mémoires ci-deſſus : après quoi MONSIEUR a levé la Séance, & s'eſt retiré dans le même ordre qu'il étoit arrivé.

Dans l'intervalle entre la Séance du 12 Mars & celle du 29 du même mois, les Bureaux ayant cru qu'on pourroit tirer de quelques expreſſions du diſcours prononcé par Monſieur le Contrôleur général, dans la première de ces deux Séances, une induction contraire aux opinions qu'ils avoient exprimées, & ayant demandé au Roi que leurs réclamations à cet égard fuſſent inſcrites dans le Procès-verbal à la ſuite de ce diſcours, SA MAJESTÉ a bien voulu le permettre ; en conſéquence elles ſont inſcrites ici comme il ſuit :

RÉCLAMATION

Du premier Bureau.

Du Jeudi 15 Mars 1787.

LE Bureau préſidé par MONSIEUR, après avoir entendu la lecture du diſcours prononcé dans l'Aſſemblée du 12 de ce mois, par Monſieur le Contrôleur général, a été pénétré de la plus reſpectueuſe reconnoiſſance des marques de ſatisfaction qu'il annonce de la part de Sa Majeſté; mais en même-temps, il n'a pas dû ſe diſſimuler qu'on pourroit inférer de quelques-unes des expreſſions de ce diſcours, que les opinions du Bureau ne différoient des Mémoires qui lui ont été communiqués, que ſur des objets de forme & non ſur des points eſſentiels; & conſidérant combien il eſt important que ſes opinions ſoient conſervées dans leur intégrité, il ne peut ſe diſpenſer d'obſerver que ſes délibérations ſur les Aſſemblées provinciales, étoient relatives à l'entière conſtitution de ces Aſſemblées, & non à de ſimples détails de forme; que l'impoſſibilité reconnue d'établir une impoſition territoriale, perçue en nature, ne l'a pas conduit à former une opinion ſur une impoſition territoriale quelconque, avant d'avoir obtenu préalablement des communications qui puſſent l'éclairer ſur ſa néceſſité, ſa meſure & ſa durée, & que les difficultés expoſées par le Bureau, relativement à un changement conſidérable & ſubit dans la nature & la forme des impoſitions, préſenteroient les plus grands inconvéniens; qu'enfin croyant n'avoir rien laiſſé d'incertain ſur l'objet & l'eſprit de ſes délibérations, & ayant le plus grand intérêt d'écarter toute induction qui pourroit en altérer le ſens ou en atténuer la force:

Le Bureau a arrêté que la reſpectueuſe réclamation qu'il forme en ce moment, après avoir été inſcrite ſur le regiſtre de ſes délibérations, ſera remiſe à MONSIEUR, en le ſuppliant de vouloir bien obtenir qu'elle ſoit inſérée dans le Procès-verbal de l'Aſſemblée générale, à la ſuite du diſcours qui a été prononcé le 12 de ce mois par le Miniſtre des Finances.

RÉCLAMATION

Du second Bureau.

Du Mercredi 14 Mars 1787.

COMME on pourroit induire du discours de Monsieur le Contrôleur général, du 12 de ce mois, que les opinions du Bureau ne diffèrent des Mémoires qui lui ont été communiqués que sur des points peu essentiels ; & comme il est important aux Notables que leurs sentimens soient transmis dans leur intégrité, au Roi, à la Nation & à la Postérité ; le Bureau a cru devoir supplier Sa Majesté de permettre que les avis du Bureau que Monseigneur Comte d'Artois a bien voulu remettre à Sa Majesté, soient insérés, ainsi que la présente supplication, dans le Procès-verbal de l'Assemblée, comme un monument exact de l'opinion du Bureau, & un préservatif contre toute induction contraire. *Signé* CHARLES-PHILIPPE. *Et plus bas*, LAMBERT.

RÉCLAMATION

Du troisième Bureau.

Du Vendredi 16 Mars 1787.

LE Bureau présidé par Monseigneur le Duc d'Orléans, après lecture du discours de Monsieur le Contrôleur général, pénétré des témoignages de satisfaction que le Roi a bien voulu donner au zèle & à l'application des Bureaux, pour son service & celui de l'État, a pensé qu'il étoit comptable au Roi & à la Nation, de ses véritables sentimens, & il a cru devoir s'expliquer sur la différence des principes qui ont dicté ses avis, avec ceux des Mémoires qui lui ont été communiqués. Le Bureau a reconnu que ses principes ont été contraires à ceux des Mémoires sur l'établissement des Assemblées provinciales, comme inconstitutionnelles, & comme privées des pouvoirs nécessaires pour les rendre utiles; sur l'impôt en nature appelé *impôt territorial* comme indéfini, disproportionné & dispendieux; & sur les remboursemens des dettes du Clergé, comme contraires aux principes de la propriété. Le Bureau a cru devoir déclarer encore qu'il n'a délibéré sur aucun impôt en argent, perçu ou à percevoir, établi ou à établir, sous la dénomination de *Vingtièmes*, ou sous toute autre dénomination, parce qu'il a desiré préalablement & avant toute délibération, d'avoir sous les yeux les comptes des recettes & dépenses, les plans & projets annoncés par Monsieur le Contrôleur général, & les moyens d'économie que Sa Majesté se propose pour le soulagement de ses Peuples. Le Bureau supplie le Roi de vouloir bien permettre que la présente réclamation soit insérée dans le Procès-verbal de l'Assemblée générale des Notables, tenue le 12 de ce mois.

RÉCLAMATION

Du quatrième Bureau.

Du Jeudi 15 Mars 1787.

LE Bureau présidé par Monseigneur le Prince de Condé, après avoir pris en considération le discours qui lui a été communiqué par Monsieur le Contrôleur général, sur la demande contenue dans l'arrêté du 13 de ce mois, rempli de la plus entière confiance dans les vues bienfaisantes & paternelles du Roi, encouragé à donner de nouvelles marques de sa fidélité & de son zèle, à un Souverain qui ne cherche que la vérité, & pénétré de la plus respectueuse reconnoissance pour les témoignages de satisfaction que Sa

Majesté a daigné donner à l'Assemblée des Notables, par l'organe de son Ministre; craignant cependant qu'on ne pût induire du discours de Monsieur le Contrôleur général, que tous les principes contenus dans les différens Mémoires remis au Bureau, ont été adoptés par lui, quoique les sentimens exprimés dans ses délibérations, n'y aient pas toujours été conformes, que l'on ne pensât que les observations du Bureau ont sur-tout porté sur les formes, quoiqu'il n'ait pu s'expliquer sur plusieurs moyens d'exécution qui sont inséparables du fond, sans s'expliquer en même-temps sur le fond, & que l'on ne se méprît sur les véritables avis du Bureau, qui ne s'est pas principalement occupé des formes, quand il a pensé, à l'égard du premier Mémoire, que la composition proposée des Assemblées provinciales étoit en opposition avec les principes constitutifs de la Monarchie; à l'égard du second, que la Subvention territoriale en nature de fruits qui seule en étoit l'objet, ne pouvoit pas être adoptée, & que le troisième relatif à la libération du Clergé, donnoit de justes alarmes sur les propriétés, a persisté dans ses précédentes délibérations, & prié Monseigneur le Prince de Condé de remettre au Roi le présent arrêté, & de supplier très humblement Sa Majesté de vouloir bien permettre qu'il soit, ainsi que les délibérations précédentes & leurs motifs, inséré dans le Procès-verbal de l'Assemblée des Notables, à la suite du discours de Monsieur le Contrôleur général.

RÉCLAMATION

Du cinquième Bureau.

Du Mercredi 14 Mars 1787.

MONSEIGNEUR le Duc de Bourbon ayant fait lecture de la copie du discours prononcé à l'Assemblée dernière, par Monſieur le Contrôleur général, ſur quoi le Bureau par une ſuite de ſa délibération d'hier, après en avoir pris connoiſſance, a reconnu qu'il n'atténuoit ſes précédentes délibérations, ni ſur le fond, ni ſur la forme; auxquelles délibérations il ſe réfère entièrement.

Du Mardi 27 Mars 1787.

Monſeigneur le Duc de Bourbon a lû une déciſion du Roi, qui lui a été envoyée par MONSIEUR, laquelle porte que le Roi a ordonné que les arrêtés des Bureaux ſur ce qui s'eſt paſſé à la Séance du 12, ſeront mis à la ſuite du Procès-verbal de la même Séance.

Le Bureau s'eſt fait repréſenter ſa délibération du 14, à la fin de laquelle il s'eſt référé entièrement à ſes délibérations précédentes, ſur les ſix Mémoires de la première Diviſion, tant par rapport au fond, que par rapport à la forme, & ne voulant laiſſer aucun prétexte de doute ni d'équivoque ſur le ſens de ladite délibération du 14, a arrêté de ſupplier Sa Majeſté de trouver bon & d'ordonner que le précis deſdites délibérations que le Bureau avoit rédigé le 9, pour être porté au Comité de MONSIEUR, ſoit inſéré dans le Procès-verbal de l'Aſſemblée, à la ſuite de ſadite délibération du 14, & ſelon ſa teneur comme il ſuit:

Du Vendredi 9 Mars 1787.

Monſeigneur le Duc de Bourbon a fait lecture d'un Mémoire qui lui a été remis par MONSIEUR; & pour s'y conformer, le Bureau a fait la ſubſtance de toutes les délibérations précédentes comme il ſuit:

Le Bureau a penſé que l'établiſſement des Aſſemblées provinciales feroit utile; mais que le plan propoſé par le Mémoire, indépendamment de pluſieurs inconvéniens qu'il préſente, paroît s'éloigner de la conſtitution Françoiſe, en ce que par la confusion des trois Ordres, il détruit la hiérarchie nécessaire au maintien de l'autorité du Monarque & à l'existence de la Monarchie. Le Bureau propose de donner à ces Assemblées une forme plus analogue à la constitution du Royaume, & il supplie Sa Majesté de les investir de toute l'autorité nécessaire pour la répartition des impôts, pour l'adjudication, la surveillance & la réception des travaux publics.

Le Bureau a été d'avis, que la perception en nature, ne peut être admise, étant nécessairement indéfinie, disproportionnée, inégale & dispendieuse; que la perception en argent devroit être répartie sur toutes les terres du Royaume, sans exception, & à proportion de leurs revenus, & que pour mettre les Notables en état de former un avis sur la nécessité, la mesure & la durée d'une Subvention, en comparant les moyens aux besoins, Sa Majesté sera suppliée de leur faire communiquer les états demandés par la délibération du 5 Mars, & de prendre en considération les réserves qui y sont contenues.

Le Bureau a été d'avis du remboursement des dettes du Clergé, dont la convenance a été généralement sentie; mais que les deux moyens proposés par le Mémoire, s'ils étoient impérieusement ordonnés, porteroient atteinte à la propriété, blesseroient les principes de la justice distributive, & pourroient sous quelques rapports nuire à la police générale du Royaume.

S'en rapportant aux dispositions du Clergé pour concourir par tous moyens justes & convenables aux intentions de Sa Majesté.

Le Bureau a été d'avis que, dans les résolutions annoncées de la part du Roi, il ne reconnoît que des vues de bienfaisance, observant par rapport aux taux des cotes que les Artisans & Manouvriers des villes & des campagnes ne doivent pas être assimilés indistinctement entre eux, & qu'il seroit utile que les Assemblées provinciales proposassent ce qu'elles qu'elles estimeroient convenable à ce sujet, ainsi que sur la répartition de la somme destinée aux secours des plus pauvres Artisans & des petits Propriétaires malheureux. Le projet de loi généralement adopté.

Le Bureau est d'avis que la suppression de la Corvée en nature est aussi juste qu'utile, & que tout ce qui concerne la quotité & la répartition de la prestation en argent, ainsi que l'adjudication, la surveillance & la réception des travaux en résultans, doit être confié aux Assemblées provinciales.

Au surplus, le Bureau se réfère au contenu de ses décisions motivées qui sont sous les yeux de Sa Majesté.

RÉCLAMATION

Du sixième Bureau.

Du Mercredi 14 Mars 1787.

LE Bureau présidé par Monseigneur le Prince de Conti, ayant pris lecture du discours de Monsieur le Contrôleur général, craignant encore qu'on ne pût induire de quelques-unes de ses expressions, que le Bureau a adopté par ses arrêtés, le fond des propositions contenues dans plusieurs des Mémoires qui ont été renvoyés à son examen, a persisté dans tous ses arrêtés, notamment dans ceux des 5 & 7 de ce mois, par lesquels il a demandé avant tout, la remise des états de recettes & dépenses de 1786 & 1787, celui des économies proposées, enfin celui des objets sur lesquels pourront porter les retranchemens.

Signé L. F. J. DE BOURBON. *Et plus bas*, DE LA GALAIZIÈRE.

RÉCLAMATION

Du septième Bureau.

Du Mercredi 14 Mars 1787.

LE Bureau présidé par Monseigneur le Duc de Penthièvre, remarquant qu'on pourroit induire du discours prononcé par Monsieur le Contrôleur général, dans l'Assemblée générale du 12 de ce mois, que les observations de l'Assemblée ne portent que sur la forme & l'exécution des projets, croit devoir supplier très-humblement le Roi, d'observer qu'en applaudissant avec reconnoissance aux principes d'équité & aux vues qui animent Sa Majesté pour le soulagement de ses Peuples, par la réformation des abus, ses avis diffèrent cependant en plusieurs points principaux, d'avec le fond des projets & les moyens proposés dans les Mémoires pour parvenir à ce but. Il croit devoir supplier Sa Majesté de permettre que ses avis motivés soient insérés dans le Procès-verbal de l'Assemblée.

QUATRIÈME SÉANCE.

Le Jeudi 29 Mars 1787.

MONSIEUR, Monſeigneur Comte d'Artois & les Princes, à l'exception de Monſeigneur le Duc d'Orléans s'étant rendus à la ſalle d'Aſſemblée à onze heures du matin dans l'ordre accoutumé, & ayant pris ſéance, le ſieur Hennin a lû le Procès-verbal de la Séance tenue le 12 de ce mois.

Monſieur le Baron de Breteüil s'eſt enſuite levé, a ſalué MONSIEUR, Monſeigneur Comte d'Artois, & les Princes, & après s'être aſſis & couvert, a fait le diſcours ſuivant.

DISCOURS

De Monſieur le Baron de Breteüil.

MESSIEURS,

LE ROI nous a ordonné de continuer à vous communiquer ſes vues ſur différens objets d'adminiſtration. L'intention de Sa Majeſté eſt de concilier & d'unir enſemble l'intérêt perſonnel de chaque Citoyen, les intérêts de tous les différens Ordres qui conſtituent cette Monarchie, &

le premier, le plus grand de tous les intérêts, celui de la prospérité nationale & du bonheur public.

Monsieur le Contrôleur général va mettre sous vos yeux la suite de ses différentes propositions.

Monsieur de Calonne s'est ensuite levé, & après avoir salué, s'être assis & couvert, a dit:

DISCOURS

De Monsieur le Contrôleur général.

MESSIEURS,

PAR l'examen que vous venez d'achever des vues de Sa Majesté, sur ce qui intéresse le Commerce & la circulation intérieure du Royaume, vous avez aperçu qu'elles respirent toutes la bienfaisance dont son cœur est rempli, que toutes ont l'utilité publique pour objet, & qu'en cherchant les moyens de rétablir l'ordre & l'uniformité de principes dans cette partie importante de l'Administration, Elle les ramène toujours à sa plus chère intention, celle de soulager ses Sujets.

Vous retrouverez, Messieurs, dans les nouveaux objets que nous sommes chargés de mettre sous vos yeux, le même esprit de justice & de régularité, les mêmes sentimens de bonté.

Si Sa Majesté a porté son attention & voulu fixer la vôtre sur ce qui concerne ses propres Domaines, ce n'est point dans la vue d'en tirer une ressource passagère qui, employée à des besoins du moment, absorberoit le fonds consacré à des besoins extraordinaires & au maintien de la dignité de la Couronne ; c'eſt uniquement parce qu'il lui a paru juſte d'étendre auſſi ſur cette partie, l'ordre économique qu'Elle doit au bien de ſes Peuples ; c'eſt parce qu'Elle a reconnu qu'Elle pourroit, en améliorant cette portion de ſes revenus, en tirer en même-temps un parti avantageux à la choſe publique.

Le plan qu'Elle s'eſt formé s'accorde avec les idées reçues depuis long-temps ſur la néceſſité de préſerver d'un entier anéantiſſement les foibles reſtes du Domaine de nos Rois, & ſur celle de remédier à la dégradation des forêts royales.

Inféoder les uns, aſſurer la conſervation des autres & les mieux adminiſtrer ; c'eſt en deux mots ce que Sa Majeſté ſe propoſe.

Elle s'eſt fait rendre compte de toutes les objections qu'on pourroit faire contre le projet d'inféoder les Domaines ; Elle a diſcuté dans ſon Conſeil toutes celles qui peuvent ſe tirer de la loi de l'inaliénabilité pour les apprécier ; Elle a conſidéré cette loi dans l'eſprit qui l'a dictée & dans les effets qui l'ont ſuivie.

Elle a vu que l'eſprit de la loi avoit été d'empêcher les aliénations abuſives, & de ne permettre que celles qu'exigeroient les néceſſités de l'État.

Elle a vu que ſes effets avoient été diamétralement oppoſés à ſon but ; que depuis cette loi, les Domaines de la Couronne avoient été pour le moins auſſi dilapidés qu'ils l'étoient auparavant, que la prohibition avoit été éludée de mille manières différentes, & que les aliénations interdites ayant été remplacées par des aliénations déguiſées, l'État n'en avoit été que plus lézé, parce que les plus illicites étant moins ſolides, ſont auſſi les moins productives.

Mais ce qui a le plus frappé Sa Majeſté, c'eſt la viciſſitude incroyable des loix contraires les unes aux autres, qui ſe ſont ſuccédées, ſe ſont choquées, ſe ſont entre-détruites depuis l'époque de la fameuſe Ordonnance de 1566, qui ſembloit avoir poſé des règles conſtantes en cette matière.

Le Roi a ſenti combien d'incertitudes dans la légiſlation domaniale, combien d'occaſions de procès ruineux, combien de troubles dans les familles, combien de confuſion dans toutes les idées, devoit produire cet amas de diſpoſitions inconſéquentes & contradictoires, enfantées pour la plupart par l'eſprit de fiſcalité, & dont la férie tracée en peu de mots, dans le Mémoire qui va, Meſſieurs, vous être préſenté, vous cauſera ſans doute autant d'étonnement qu'elle vous donnera le deſir de voir tarir cette ſource de déſordres dans les Domaines, & d'inquiétudes dans la Nation.

C'eſt un des principaux motifs qui a porté Sa Majeſté à vouloir prendre un parti qui puiſſe écarter tous les doutes, & qui, loin de détruire le principe de l'inaliénabilité, en aſſure davantage l'exécution, en le modifiant, comme les circonſtances l'exigent, en ne laiſſant ſubſiſter aucun moyen de l'altérer, & en lui donnant, par une juſte interprétation, une ſolidité inébranlable.

Je ne préviendrai pas, Meſſieurs, vos opinions ſur le moyen que Sa Majeſté a choiſi. Je ne puis douter de vos ſentimens, mais je n'ai pas la prétention de prévoir vos avis: je me borne à vous tranſmettre ce que Sa Majeſté a bien voulu me communiquer de ſes intentions, & à vous aſſurer en conſéquence, d'une part, que ſi Elle a été touchée du motif d'acquérir par un nouveau régime de ſes Domaines, une augmentation de revenus, qui ne doit pas être moindre de quatre ou cinq millions; Elle l'a été beaucoup plus de pluſieurs autres motifs qui intéreſſent plus immédiatement ſes Sujets, & que ſes principales vues ſont de tranquilliſer à jamais une infinité de familles, de fixer pour toujours la légiſlation domaniale, de s'interdire à Elle & à ſes Succeſſeurs, la faculté des conceſſions abuſives, d'aſſurer la conſervation de la partie la plus précieuſe de ſon Domaine, par l'inféodation de la propriété utile, d'augmenter ainſi la culture, de multiplier les Cultivateurs, & d'accélérer la libération des dettes de l'État.

D'une autre part, que son amour pour ses Peuples influe pareillement dans les changemens qu'Elle veut faire à l'administration de ses forêts; que c'est pour en conserver l'utilité au public & prévenir la disette des bois dans son Royaume, qu'Elle entend en retenir dans sa main l'intégrité inaltérable; qu'Elle a considéré que les mêmes abus qui les dégradent, deviennent des sources de tourmens pour ses Sujets, & qu'en supprimant une multitude excessive d'Officiers qui ne subsistent pour la plupart, qu'aux dépens des habitans des campagnes, Elle leur épargneroit des frais, des amendes, des poursuites, & ce qui est peut-être pis encore, la crainte bien ou mal fondée d'une éternelle vexation.

MÉMOIRES
DE LA
TROISIÈME DIVISION.

N.° I.er

MÉMOIRE

Sur les Domaines du Roi.

LE ROI, après avoir donné sa première attention aux moyens de réformer la répartition des impôts, d'encourager l'Agriculture, & de vivifier le Commerce, a voulu, par une suite de ses vues d'ordre & d'amélioration, s'occuper aussi de ses propres Domaines.

Leur peu de valeur & leur dégradation successive, ont donné lieu depuis long-temps à différens projets: mais on ne s'est fixé sur aucun: & les avantages qu'un plan, utilement combiné, auroit pu faire retirer de l'emploi de ces Domaines, ont été perdus pour le Roi & pour l'État.

Sa Majesté ayant résolu de les faire servir à l'utilité publique, sans nuire aux droits de sa Couronne, s'est fait rendre un compte exact de leur produit actuel & de leur consistance.

Il y a deux sortes de Domaines corporels.

Les forêts & les terres domaniales.

Il ne doit pas être question des forêts dans ce Mémoire. Elles ont paru exiger un examen particulier; & comme il est aussi intéressant pour tout le Royaume, que pour les finances de Sa Majesté, qu'Elle s'en réserve à perpétuité la possession, Elle n'a pas voulu les comprendre dans les vues qu'Elle a conçues pour ses autres Domaines.

Ceux-ci consistent en *terres & seigneuries*, en *châteaux & maisons*, en *corps de fermes & métairies*, en *landes & marais*, enfin en toute espèce de fonds domaniaux.

Ils produisent trois sortes de revenus.

La partie des terres & maisons est affermée pour la présente année, sur le pied de......	1,591,819[#]
La perception annuelle des cens, rentes & redevances, est de..................	701,097.
Enfin l'année commune des droits seigneuriaux casuels, prise sur les cinq dernières années qui ont été les meilleures, monte à..	2,431,475.
TOTAL...............	4,724,391.

Sur ce produit il faut prélever les dépenses annuelles dont il est chargé, telles que frais de justice, réparation des prisons, des auditoires, des châteaux, des bâtimens, des fermes, & tous frais de régie: ces dépenses s'élèvent à plus de deux millions par an.

Le produit effectif n'est par conséquent que d'environ.......................	2,500,000[#]

Mais on ne peut, ni se dissimuler que ces Domaines devroient rapporter beaucoup plus, ni s'étonner de ce qu'ils rapportent si peu.

C'est d'abord une vérité d'expérience dans l'administration des choses publiques, que le produit est presque toujours absorbé par les moyens même qu'on emploie pour le conserver. Les formes nécessaires pour la régie des Domaines, celles sur-tout auxquelles il faut recourir toutes les fois qu'il s'agit de constater, d'ordonner, de vérifier & de recevoir les réparations, occasionnent des frais toujours plus considérables pour le Roi, qu'ils ne le seroient pour des particuliers.

Mais combien d'autres circonſtances ſe réuniſſent, pour empêcher que les biens du Domaine ſoient portés à leur véritable valeur !

Les baux ne peuvent s'étendre au-delà de neuf ans, & rien n'en aſſure aux fermiers la prorogation.

L'Adminiſtrateur qui les paſſe n'a jamais vu les biens qu'il afferme, & ne peut les connoître qu'imparfaitement.

Le fermier qui les prend, ſouvent ſans intention de les tenir par lui-même, ne calcule dans le prix qu'il en donne, que le gain qu'il peut faire en ſous-affermant; car il y a encore des ſous-fermes pour une grande partie des Domaines du Roi.

Les ſous-fermiers, ou les fermiers, s'ils exploitent eux-mêmes, toujours incertains s'ils ne feront pas évincés dans le cours de leur jouiſſance, par un *don*, un *échange*, un *apanage*, n'oſent ſe livrer aux dépenſes utiles qui pourroient améliorer les fonds.

Quelle différence de ce que fait un propriétaire particulier, qui connoît la valeur de ſon bien, qui, l'œil fixé ſur les produits & ſur les accroiſſemens progreſſifs, calcule en conſéquence le prix de location, fait quand il le faut des ſacrifices, des avances économiques, & bonifie ainſi le champ qui lui rend avec uſure le prix de ſes ſoins & de ſes travaux !

Voilà pourquoi les Domaines du Roi ont ſi peu participé à la révolution qui, depuis vingt ans, a preſque doublé le revenu de toutes les terres. Voilà pourquoi, malgré le zèle & l'intelligence des Adminiſtrateurs actuels, ces Domaines ne ſont point encore affermés au taux des autres biens, quoiqu'ils ne payent ni Vingtièmes, ni taille, ni aucune eſpèce d'impôt.

Sa Majeſté perd donc tout-à-la-fois, la part que ces fonds ſupporteroient dans la contribution générale, s'ils étoient hors de ſa main; les frais qu'occaſionne la forme de leur régie; la différence qui ſe trouve néceſſairement entre le prix de ferme d'une terre domaniale, & celui d'une terre patrimoniale ; enfin tous les accroiſſemens de produit dont ces biens ſeroient ſuſceptibles, ſi l'on y conſacroit les dépenſes néceſſaires à leur amélioration.

Un autre motif a déterminé Sa Majeſté, & il eſt bien digne de la ſageſſe de ſes vues.

Elle a conſidéré que le Domaine de la Couronne, autrefois d'une telle valeur, qu'il ſuffiſoit à toute la dépenſe ordinaire de nos Rois, ne ſe trouve réduit à l'état d'exiguité où il eſt aujourd'hui, que par l'effet des conceſſions, des engagemens, des échanges & des envahiſſemens de toute eſpèce qui ſe ſont ſuccédés & multipliés de règne en règne, au point de faire craindre que, tôt ou tard, ce qui en reſte ne ſoit de même ſacrifié à la faveur & à l'importunité. Le Monarque le plus ferme dans ſes réſolutions, & le plus réſervé dans ſes libéralités, peut-il toujours ſe défendre des ſurpriſes, lorſque ſa bienfaiſance eſt ſans ceſſe aſſiégée par les ſollicitations touchantes des beſoins qui l'entourent, par les repréſentations favorables des ſervices rendus, & par les éternelles inſtances de l'inſatigable cupidité !

Toutes ces conſidérations réunies ont porté Sa Majeſté à ordonner de chercher un moyen régulier de détacher de la partie eſſentielle du Domaine de la Couronne, la poſſeſſion des fonds de terres qui, dans la main du Souverain, ne peuvent jamais atteindre toute leur valeur, & ſont au contraire toujours menacés d'arriver, par un dépériſſement ſucceſſif, à un entier anéantiſſement.

Ici s'eſt préſentée aux regards de Sa Majeſté la LOI DE L'INALIÉNABILITÉ du patrimoine royal ; loi inconnue ſous les deux premières Races, & qui n'a pris naiſſance que ſous la troiſième.

Sa Majeſté s'eſt fait rendre compte dans le plus grand détail de tout ce qui a trait à ce point important de la légiſlation de ſon Royaume.

Elle a vu que *bien avant encore ſous la troiſième Race, les*

Rois étoient maîtres d'inféoder à temps, même POUR TOUJOURS, *les terres qui leur avoient été réservées (1).*

Que lorsque le principe de l'inaliénabilité commença à s'établir, ce ne fut que sous la réserve des cas *où la raison feroit un devoir d'y déroger (2).*

Que cette réserve fut la source d'une foule de ventes & d'aliénations de toute espèce, qui firent sortir, dans le cours des deux siècles suivans, la plus grande partie du Domaine, de la main des Rois qui se succédèrent.

Que François I.er en déclarant *le Domaine & patrimoine de la Couronne être réputé sacré & ne pouvoir tomber au commerce des hommes (3),* permettoit les aliénations *causées pour urgentes affaires,* & sur-tout *pour les frais de la guerre,* & reconnoissoit qu'elles étoient inviolables & hors de toute atteinte.

Qu'en 1559, un Édit de François II, enregistré au Parlement & à la Chambre des Comptes de Paris, en consacrant le principe, que le Domaine *est sacraire & inaliénable,* exceptoit encore *les ventes & aliénations à prix d'argent faites par les Rois prédécesseurs, pour subvenir aux* BESOINS URGENTS, *pour le* FAIT DES GUERRES *& défenses du Royaume, dont les deniers étoient venus & entrés dans les Finances réaument, de fait & sans déguisement (4).*

Qu'enfin, ce ne fut qu'en 1566, qu'il fut solemnellement déclaré que le Domaine de la Couronne ne *pouvoit*

---

(1) *Vid.* les Monumens rassemblés dans le Mémoire imprimé en 1760, dans l'instance pendante au Conseil, entre M. le Duc de Bourbon & le Comte Marcellus, *de M. Gibert, Inspecteur des Domaines.*

(2) Ordonnance de Philippe-le-Long, du 29 Juillet 1318. *Si ce n'est au cas que nous le doyons faire par raison.*

(3) Édit du 30 Juin 1539.

(4) Édit du 23 Décembre 1517. — Déclaration du 25 Février 1519; autre du 10 Septembre 1543.

être aliéné qu'en deux cas seulement, l'un pour l'apanage des puînés mâles de la Maison de France, avec retour à la Couronne par leur décès sans mâles, l'autre pour la nécessité de la guerre, avec faculté de rachat perpétuel.

C'est la disposition de l'Ordonnance de *Moulins*, provoquée par les États-généraux & fondée, ainsi que le porte le préambule, sur ce *que le Domaine de la Couronne étoit* L'UN DES PRINCIPAUX NERFS DE L'ÉTAT, *& que sa conservation étoit un vrai moyen de soulager le Peuple des calamités dont il étoit affligé.*

Cette loi diffère des précédentes dans un point essentiel; elle ne permet plus l'aliénation, même *pour nécessité de guerre,* que *sous la faculté de rachat.*

Mais la prohibition, pour être plus stricte, n'en a pas été plus respectée, & le Domaine de la Couronne a eu, dans les deux siècles postérieurs, le sort qu'il avoit eu, dans le cours des deux siècles précédens. Le désordre a même été plus grand, & cette dernière époque n'a présenté, aux yeux de Sa Majesté, qu'une alternative continuelle de l'exécution & de l'infraction de la loi; que des promesses faites au nom du Souverain & presque aussitôt violées; qu'une législation vacillante, toujours s'ébranlant elle-même & faisant ensuite d'inutiles efforts pour se raffermir.

Un coup-d'œil rapide sur les Ordonnances qui ont suivi l'Édit de 1566, va en convaincre.

On voit d'abord que dès 1574, une vente considérable *de terres, fiefs & seigneuries domaniales,* fut ordonnée *(5)*, & que successivement en 1591 *(6)* & 1592 *(7)*, sous le ministère de Sully, on ordonna LA VENTE À PERPÉTUITÉ, *de maisons, terres, seigneuries & fiefs, greffes, sceaux &*

---

(5) Édit d'Avril, registré le 17 Mai.

(6) Édit de Septembre 1591, registré au Parlement séant à Tours, le 9 Octobre.

(7) Enregistré le 16 Décembre.

tabellionages, avec clause expresse, *qu'à ce moyen les justices deviendroient seigneuriales entre les mains des acquéreurs.*

Ce fut encore au même titre de PERPÉTUITÉ, qu'en 1619 *(8)*, un autre Édit ordonna de mettre en vente *les bois en grurie, grairie, segrairie, tiers & danger, dans toutes les Provinces du Royaume.*

Mais en 1644 (le 22 Mars), une Déclaration intervint, qui imposa à tous les détempteurs & propriétaires de Domaines, à titre de cens, rentes ou d'inféodation, une taxe du *douzième du prix desdits Domaines,* moyennant laquelle taxe, ils seroient *maintenus & confirmés à* PERPÉTUITÉ *en leur possession & jouissance.*

Ainsi, en portant atteinte à la *perpétuité* de l'ancien titre, on en créoit un nouveau, avec l'assurance de la même *perpétuité.* Ce ne fut en réalité que le présage d'une révolution encore plus funeste aux acquéreurs des Domaines.

En effet, malgré la *maintenue* solemnelle qui venoit d'être achetée par une nouvelle taxe, une autre loi donnée le 28 Janvier 1651, prononça *la réunion au Domaine de la Couronne* de tout ce qui avoit été aliéné. Cette réunion ne fut, pour ainsi dire, exécutée contre aucun des aliénataires. Les uns échappèrent aux recherches, les autres furent confirmés dans leur possession, moyennant quelques *supplémens de finance.*

Survinrent ensuite d'autres Ordonnances contraires. Des Édits & Déclarations donnés en 1658, 1672, 1697, 1702, 1708 & 1717 *(9)* annoncèrent de nouvelles *aliénations* À TITRE DE PROPRIÉTÉ INCOMMUTABLE & des INFÉODATIONS PERPÉTUELLES, non-seulement de *petits Domaines,*

---

(8) Édit de Mars 1619.

(9) Édit de Novembre 1658. Déclaration du 7 Avril 1672. *Idem.* du 13 Août 1697. Édit d'Avril 1702. *Idem.* d'Août 1708. *Idem.* d'Août 1717.

mais de *directes*, de *justices*, de *bois*, & même de *forêts*. Il est vrai que l'autorité législative revenant encore sur ses pas, détruisit plusieurs fois son propre ouvrage par d'autres loix intermédiaires, qui ordonnèrent ou des *réunions* ou des *supplémens de finance*, ou des *taxes*, ou des *reventes*.

De ce nombre fut l'Édit d'Avril 1667, qui *révoqua* non-seulement *toutes les aliénations des Domaines*, mais qui contraire à toutes les loix antérieures, réserva même au Roi *de rentrer dans les terres vaines & vagues, & autres petits Domaines aliénés à perpétuité, en remboursant les deniers d'entrée, & les impenses & améliorations.*

Il faut convenir que la plupart de ces loix mobiles qui s'entre-détruisoient sans cesse, étoient l'ouvrage de la fiscalité, mûe par le besoin. C'étoit pour trouver de l'argent qu'on *aliénoit;* c'étoit pour en trouver encore qu'on révoquoit les aliénations. On ne *réunissoit* que pour *revendre*, & souvent *l'abus de ces reventes & augmentations de finances, étoit tel qu'il n'en entroit aucuns deniers dans les coffres du Roi (10).*

Enfin la voix de la justice se fit entendre dans l'Édit de 1717, qui est regardé par les Auteurs, comme l'Ouvrage de M. le Chancelier D'AGUESSEAU.

Les *Billets de l'État* s'étoient multipliés au delà de toute mesure; l'argent étoit rare; le Commerce étoit obstrué; on voulut éteindre insensiblement cette masse d'engagemens si pesante sur l'État, si nuisible à ses vrais intérêts. Le Roi balança dans sa sagesse l'obligation de *rétablir le Domaine sacré de sa Couronne, & le* DEVOIR PLUS PRESSANT *& indispensable de veiller au soulagement de ses Peuples, en acquittant les anciennes dettes.* Il considéra que si *par les anciennes Ordonnances, il étoit permis de procéder à l'aliénation des Domaines, lorsque la nécessité de la guerre le requéroit,*

---

(10) Édit d'Avril 1667.

cette faculté devoit encore moins être interdite dans un temps où il s'agissoit de procurer un libre cours au Commerce, en donnant aux porteurs des billets d'État, la facilité de les échanger avec de médiocres portions des Domaines. Par ces motifs, le Roi ordonna la vente à faculté de rachat *de tous les petits Domaines restant entre ses mains, des justices & seigneuries sans domaine, des moulins, fours, pressoirs, halles & marchés, des terres vaines & vagues, marais, étangs, islots, terres labourables, bocqueteaux séparés des forts, des bacs, péages, travers, droits de minage, tabellionage, &c. le tout payable en billets d'État, sur le pied du denier trente, au moins.*

Depuis cet Édit on trouve une foule d'Arrêts du Conseil qu'il feroit trop long de rapporter, dont les uns dérogeoient aux loix antérieures, sous prétexte de remédier aux abus qu'elles occasionnoient, d'autres en introduisoient de nouveaux & sembloient vouloir leur donner des règles. On pourroit citer pour exemple les dispositions des Arrêts d'Août 1719, Juillet 1722, Mai 1724, Mars 1777, & plusieurs autres relatifs aux formes des adjudications à vie & des engagemens par ventes & reventes; inventions fiscales qui n'ont servi qu'à trafiquer ce qui restoit du Domaine royal, à énerver de plus en plus les loix, à porter de nouvelles atteintes aux véritables maximes. La fraude seule en a profité; & l'on a vu nombre d'engagistes, se cacher sous des noms inconnus, ou même se servir de personnes insolvables, pour racheter, à vil prix, ce qu'on paroissoit revendre sur eux.

A toutes ces loix a succédé, dans ces derniers temps, une opération qui a prouvé de plus en plus les pertes irréparables qu'avoit faites le Domaine royal. Deux Arrêts du Conseil des 26 Mai & 16 Juin 1771, ont fait rentrer le Roi dans les droits seigneuriaux dépendans des terres données en engagement, & il a été permis aux engagistes qui croiroient éprouver par-là quelque lésion, de remettre les

les Domaines qu'ils tenoient, en recevant le rembourſement des finances qu'ils avoient payées. Mais l'avantage qu'ils trouvoient dans leur poſſeſſion étoit tel, qu'aucun d'eux n'a été tenté d'y renoncer, malgré la déchéance de la directe prononcée contre eux.

L'Arrêt du 14 Janvier 1781, eſt le dernier acte émané de l'autorité ſouveraine dans cette matière. Sa Majeſté a autoriſé par cet Arrêt les Adminiſtrateurs de ſes Domaines à recevoir des engagiſtes de nouvelles *offres de rentes ou ſupplément de rentes d'engagement*, moyennant leſquelles ils ſeroient confirmés dans leur poſſeſſion pendant la durée de ſon règne.

On eſpéroit de cette dernière opération une augmentation conſidérable de revenu; on avoit calculé, d'après la ſuppoſition d'environ cent millions de finances d'engagemens, rapportant quinze pour cent, que le partage des bénéfices, au-deſſus de l'intérêt ordinaire, pourroit produire cinq millions de rentes. Il s'eſt préſenté très-peu d'engagiſtes; les ſoumiſſions reçues depuis 1781, ne s'élèvent pas à 200,000 livres, & l'on n'a pas même encore pu parvenir à former un état exact de tous les engagemens dont on avoit cru qu'on acquéreroit, par ce moyen, une connoiſſance certaine.

Telle a été l'étonnante variation des loix du Royaume, relativement au principe de l'inaliénabilité des Domaines. On le voit, ce principe, paroître & diſparoître alternativement ſous les différens règnes, & quelquefois ſous le même; des modifications & des dérogations, diverſifiées de mille manières, l'ont ſans ceſſe éludé: il ſemble qu'il ait été auſſi difficile de l'obſerver fidèlement, que de le heurter directement; & dans ce cahos, on a peine à reconnoître l'image ſacrée de la loi de l'inaliénabilité tant de fois rappelée par les Cours à la vénération publique, & plus ſouvent encore défigurée ſous leurs yeux, par la main du beſoin.

Mais au milieu de cette confuſion d'idées, une vérité

importante se fait sentir & est démontrée par le fait ; c'est que dans le temps même où le Domaine de la Couronne étoit assez important pour mériter d'être considéré, comme *l'un des principaux nerfs de l'État,* la loi impuissante pour en empêcher le délabrement, n'a servi qu'à fatiguer, pour ne pas dire égarer la confiance publique.

Faut-il laisser subsister cet état de perplexité également inquiétant pour les Peuples & nuisible aux intérêts du Souverain ! Ne vaut-il pas mieux, aujourd'hui sur-tout que l'ancien patrimoine de la Couronne n'offre *que le plus modique revenu (11),* se fixer à des vues qui préviennent tant d'inconséquences, établir un plan utile à l'État, sur une base qui soit à jamais inébranlable, & le revêtir de formes, tellement solennelles, qu'elles puissent lui assurer la stabilité qui doit être l'apanage de toutes les bonnes loix !

Pour former ce plan, Sa Majesté s'est arrêtée aux principes qui lui ont paru, au milieu de la fluctuation des loix domaniales, présenter les règles les plus sûres & les plus conformes au véritable esprit des Ordonnances.

La première de ces règles est que le patrimoine royal est légalement substitué à tous les successeurs à la Couronne, & que chaque Souverain n'en est pour ainsi dire que le dépositaire : c'est-là le fondement de l'inaliénabilité.

La seconde règle est l'exception de la première, & elle la confirme. Toute disposition tendante à priver le Roi & l'État de l'utilité des Domaines est interdite ; mais celle-là est légitime & doit être autorisée, qui tourne essentiellement à leur avantage. Des affaires *urgentes*, la *raison du bien public,* les *nécessités de guerre,* peuvent exiger l'aliénation du Domaine : alors, comme elle est permise, elle doit être irrévocable. C'est la disposition même des loix qui ont

(11) Arrêt du Conseil du 14 Juin 1781.

consacré le principe de l'inaliénabilité; les Édits de 1517, 1539, 1543, 1566 & 1571, le déclarent formellement.

Mais il ne suffit pas que l'aliénation soit fondée sur l'une de ces causes; c'est une troisième règle & une condition nécessaire, que l'emploi du prix soit constaté; il faut que les deniers soient *entrés dans les finances, réaument, de fait & sans déguisement.* Cette condition seule assure l'objet de l'aliénation & constate sa légitimité, en constatant l'utilité dont elle est à l'État.

Quatrième règle. L'aliénation ainsi faite ne doit pas être illusoire; car si le Domaine de la Couronne est *sacraire*, comme le disoit François II, l'engagement des Rois, lorsqu'il est sagement & utilement contracté, est plus *sacraire* encore. La justice qui est la première loi dont les Souverains soient redevables à leurs Peuples, doit rendre inviolables leurs promesses, avec encore plus de force qu'elle n'assure l'exécution des engagemens que leurs Sujets contractent entr'eux.

De ces vues générales, descendant à l'examen particulier de l'Édit de 1566, Sa Majesté a été convaincue que la réserve du *rachat perpétuel,* autorisée par cette loi, avoit été l'une des principales causes du dépérissement que le Domaine a éprouvé depuis. C'est elle qui a fait naître & multiplier les *engagemens,* les *adjudications à vie, les concessions à temps,* & même *les échanges.* Le Domaine auroit été conservé, si l'on se fût strictement attaché à la défense d'aliéner, hors des cas permis par les anciennes loix, & à veiller à l'emploi du prix des aliénations, faites dans ces cas; mais on a cherché à éluder la loi, & c'est la loi même qui en a fourni le prétexte.

D'abord par les *engagemens:* l'expérience du passé démontre l'inutilité & le désavantage *du rachat perpétuel.*

Son inutilité, puisque la plupart des engagistes, & les plus considérables sur-tout, protégés par une espèce d'indulgence qui a toujours prévalu, protégés encore davantage par la difficulté de les évincer & de reconnoître le Domaine royal, souvent confondu avec le leur, se sont perpétués dans leur possession, malgré la *loi du rachat.*

Son désavantage, parce que cette possession toujours révocable par sa nature, a empêché les engagistes de faire valoir les biens du Domaine, comme ils l'auroient fait s'ils en eussent été propriétaires incommutables.

Pour échapper à l'inconvénient de cette possession précaire des engagistes, l'*échange* s'est introduit; le Domaine royal a été échangé contre des Domaines particuliers. La loi n'avoit pas expressément proscrit cette espèce d'aliénation, on en a conclu qu'elle étoit autorisée: des loix l'ont déclarée valable; toutes les Cours souveraines l'ont jugée telle; & quel préjudice néanmoins n'est pas résulté de cette forme réputée légale! on ne parle pas des frais que les échanges ont entraînés, des évaluations interminables auxquelles ils ont donné lieu *(12)*; mais il est certain que les plus belles terres du Domaine ont été aliénées à ce titre, & que les Souverains n'ont reçu en échange que des objets de peu de valeur, des biens sans consistance, sans dignité & souvent litigieux.

C'est ainsi qu'une prohibition solennelle, qui avoit pour but de conserver le Domaine, n'a pu en empêcher la ruine, & que les infractions se sont multipliées sous toutes les formes, même sous la forme légale.

Mais si au lieu de s'arrêter au texte, souvent contradictoire, des loix domaniales, on s'attache à leur esprit, on reconnoîtra que l'Édit même de 1566, considéré dans sa fin & dans son veritable objet, ne peut qu'affermir les vues de Sa Majesté.

Lorsque la Nation demanda que le principe de l'inaliénabilité fût consacré, ce fut pour conserver à toujours un

---

(12) Les évaluations de la principauté de Sedan, ne sont pas encore finies; il en est de même de bien d'autres.

revenu précieux à ſes Souverains, & pour éviter qu'ils ne fuſſent forcés de recourir à des impôts. Le Domaine avoit encore à cette époque une grande conſiſtance ; il pouvoit ſuffire à toutes les dépenſes du Trône.

Le temps, les déſordres, les abus, les loix même, par leur verſatilité, tout a concouru à diſſiper la plus grande partie de ce Domaine ; & quand on le voit aujourd'hui réduit à deux millions, quand on le compare à près de 500 millions d'autres recettes, il ne paroît plus que comme un point imperceptible dans les reſſources de l'État.

Afin qu'il ne devienne pas abſolument nul, il eſt néceſſaire de prendre une nouvelle détermination qui fixe toutes les variations des loix, & concilie leur principe avec ce qu'exige le bien de l'État. Pour en conſerver les reſtes, il faut le faire changer de nature. Puiſqu'il eſt impoſſible que ſa propriété utile ſubſiſte dans la main du Souverain, il eſt indiſpenſable de l'en faire ſortir & il n'y a de choix que dans les moyens.

L'intention du Roi eſt de prendre ceux qui ſe rapprochent le plus qu'il eſt poſſible de l'eſprit des loix du Royaume, de maintenir le principe en tout ce qui eſt eſſentiel, & de ne modifier la forme que pour mieux conſerver la réalité.

Sa Majeſté a conſidéré qne l'objet capital du Domaine, ce qui eſt vraiment inaliénable, ce que tous les principes fondamentaux rendent inſéparable de la Couronne, c'eſt la *directe,* univerſelle ; c'eſt la ſeigneurie, inhérente au GRAND FIEF de la Souveraineté, origine & premier générateur de tous les autres fiefs du Royaume ;

Que le *jeu de fief* étant permis à tous ſes Sujets, par le droit commun de la France, il doit être au pouvoir du Souverain d'uſer de ce droit attaché à la puiſſance féodale ;

Que celui qui forma tous les fiefs, peut toujours en former de nouveaux ;

Qu'enfin les *inféodations* ſont ſi différentes des *aliénations*, que l'Édit même de 1566, en révoquant celles-ci, ordonna qu'il ne ſeroit porté aucun *préjudice* aux *inféodations jà faites :* ce qu'il n'auroit pu faire, ſi ces inféodations avoient été eſſentiellement contraires à l'inaliénabilité.

C'eſt d'après ces baſes que Sa Majeſté a penſé qu'*inféoder* le Domaine pour le dégager des hypothèques dont il eſt tenu, ce n'étoit point l'aliéner ; que l'*inféoder* pour le rendre plus fructueux & le mettre à l'abri d'une dégradation contre laquelle l'expérience a démontré que le frein des prohibitions légales ne pouvoit rien, c'étoit en défendre & protéger la ſubſtitution, plutôt que l'enfreindre.

A la vérité, l'Ordonnance de 1566, en confirmant *les inféodations jà faites*, défend d'en faire d'autres à l'avenir; mais les inféodations dont elle parle, ſont abſolument différentes de celles que Sa Majeſté ſe propoſe d'ordonner.

Celles-là étoient de véritables aliénations à prix d'argent, ſans rétention de glèbe, ni de rentes nobles & foncières qui puſſent en tenir lieu. Celles-ci au contraire, ne ſont autre choſe que le *jeu de fief*, permis de droit commun, avec *retenue de rentes en grains, & de tous les droits feodaux*. Le grand fief de la Couronne n'en ſera point altéré, il ſubſiſtera dans toute ſon intégrité.

Les inféodations qui furent inhibées en 1566, étoient des inféodations ſans cauſe, ſans emploi de deniers, ſans utilité pour l'État. Celles que le Roi ſe propoſe d'autoriſer, réuniſſent la faveur de toutes les cauſes marquées par les Ordonnances pour autoriſer l'aliénation même : *affaires urgentes.... avantage de l'État.... dettes contractées pour néceſſité de guerre.... emploi utile, &c.*

Celles-là devoient être défendues dans un temps où le revenu du Domaine étoit encore l'un des *principaux nerfs de l'État*. Celles-ci ſont devenues néceſſaires depuis que le Domaine eſt d'un trop *modique revenu* pour pouvoir ſervir à préſerver les Peuples d'aucun impôt.

L'Ordonnance de Moulins voulut, en profcrivant toute *aliénation* ou *inféodation*, prévenir le dépériffement du Domaine, déjà confidérablement diminué par des *dons*, par des *aliénations* à vil prix, par des *conceffions* de toute nature. Sa Majefté veut mettre fon domaine utile hors de fa main, pour en conferver les foibles reftes; pour fe mettre, Elle & fes fucceffeurs dans l'heureufe impuiffance d'en difpofer par de nouveaux dons, des conceffions nouvelles, des échanges ou autres titres onéreux à l'Etat, Elle veut l'inféoder pour l'améliorer, pour en tirer plus de valeur; de telle manière qu'il eft évident qu'aujourd'hui le bien public autorife, & même exige, ce que le bien public fit défendre alors.

Le calcul démontre cette vérité.

La directe & les droits aux mutations qui feront réfervés, font évalués communément *au tiers* de la valeur du fief. Sa Majefté trouvera un autre *tiers* de valeur dans les rentes en grains qui feront ftipulées par les inféodations & acenfemens. Elle ne perdra donc qu'un tiers du revenu actuel, pour lequel Elle recevra en deniers les deux tiers du capital entier.

Ces deniers étant employés à l'acquittement de *rentes domaniales*, de dettes caufées par la *néceffité de guerre*, ou à des *fuppreffions d'Offices* onéreux au Public, tourneront évidemment au profit de Sa Majefté, & à la décharge du Domaine de la Couronne, qui fe trouve affecté & hypothéqué à ces différentes dettes.

Mais Sa Majefté y trouvera encore de plus grands avantages, & fon revenu, loin de diminuer par l'emploi des deniers qu'Elle tirera des inféodations, recevra une augmentation qui furpaffera de beaucoup fon produit actuel.

Sa Majefté fe rédimera d'abord des *frais de juftice*, de [illegible] de *réparations* & de *régie*, frais inévitables, tant qu'Elle [illegible] par Elle-même de fon Domaine utile, & qui abfor[illegible] comme on l'a vu, la moitié de fa valeur.

Ses revenus s'accroîtront encore de toutes les impositions auxquelles les terres domaniales, rendues au Commerce, seront assujetties: de l'augmentation successive de ces impositions, à mesure que les terres s'amélioreront; & de celles des droits de quint, de relief, de lods & ventes qui s'élèveront dans la même proportion.

Enfin, comme il sera permis aux engagistes de convertir leur possession précaire & sujette au rachat, en une possession perpétuelle & incommutable, en profitant de la voie de l'inféodation dont ils payeront le prix, sauf la déduction de leur finance; il en résultera encore pour Sa Majesté un supplément de valeur, qu'aucune autre voie n'avoit pu jusqu'à présent lui procurer, l'amélioration de ses Domaines & des mutations plus fréquentes.

Il est impossible de n'être pas convaincu que ce plan assurera au Roi un revenu domanial plus considérable que celui dont il a joui jusqu'à présent.

Et ce revenu, l'État du moins sera assuré de le conserver.

On seroit étonné du calcul de ce qui a été *donné, engagé, échangé* sous chaque règne, depuis la première époque du principe de l'inaliénabilité, & même depuis l'Ordonnance de Moulins. S'il est un moyen de sauver ce qui reste des terres domaniales, c'est évidemment celui de *l'inféodation.*

C'est en même temps celui de rendre ces terres à une meilleure culture.

Assurés d'une possession irrévocable, les infeudataires ou censitaires des Domaines y donneront tous les soins qu'inspire l'amour seul de la propriété. On ne cultive bien que l'héritage auquel on est attaché, & on ne s'attache qu'à celui qu'on est sûr de conserver. La masse des productions s'accroîtra encore par la *subdivision de propriété* qui entre dans le plan de l'inféodation des Domaines, & qui ne peut qu'être favorable à l'Agriculture.

Le Royaume perd depuis des siècles tout ce qu'auroient produit les Domaines s'ils avoient été entre les mains des

cultivateurs

cultivateurs propriétaires. Ce qui eût été pour eux un surcroît de richesses, l'auroit été aussi pour l'État.

A cet accroissement du revenu public, se joindra l'avantage des amortissemens, auxquels seront invariablement employés les deniers qui proviendront des inféodations ; ils serviront à éteindre les rentes les plus onéreuses, & l'État gagnera la différence du denier du remboursement de ces rentes, au denier auquel se feront les adjudications.

Si les revenus du Roi en augmentent, ses Peuples en jouiront; Sa Majesté toujours empressée à saisir les moyens de les soulager, regarde encore comme une des plus grandes faveurs qu'Elle puisse leur procurer, celle de les délivrer des embarras & des contestations sans nombre que fait naître si souvent la seule idée, le seul soupçon de la Domanialité. Que de familles, dont ce soupçon a troublé le repos ! que de ventes, que d'arrangemens, que de partages auxquels il a mis obstacle ! & d'un autre côté, que de recherches odieuses n'occasionnent pas ces *reventes*, ces *surenchères*, qui sous la couleur de l'intérêt du Domaine, ne favorisent souvent que de vils intérêts particuliers, & comme l'a dit Sa Majesté Elle-même, dans son Arrêt de 1781, *mettent ses Sujets à la poursuite les uns des autres !*

Les inféodations tariront la source de toutes ces calamités.

Puisque c'est un principe reconnu par toutes les Nations, que l'utilité générale *est la Loi suprême*, ne doit-on pas conclure de tout ce qui vient d'être observé, qu'il est nécessaire, qu'il est par conséquent légal d'abandonner les anciennes formes d'*aliénation à faculté de rachat*, aussi nuisibles à l'intérêt du Domaine qu'à la tranquillité publique, & de leur préférer d'utiles *inféodations* ou *acensemens*, qui conservant au Roi la propriété directe, & augmentant son revenu, doivent bien moins être considérés comme des aliénations, que comme des actes d'une sage Administration.

Tous ces motifs, & le ſentiment de pluſieurs Magiſtrats & Juriſconſultes très-éclairés, ont convaincu Sa Majeſté que cette manière d'uſer du pouvoir qui lui appartient, ne préſentoit rien qui ne s'accordât avec l'eſprit & le principe des loix mêmes, qui font regarder les Domaines comme inaliénables.

La ſageſſe & l'utilité évidente de ce plan feront la ſûreté des acquéreurs ; le bon emploi du prix des inféodations ſera le garant de leur ſtabilité, & le gage de la confiance publique. Il eſt impoſſible de craindre qu'on eſſaie ſous d'autres règnes d'ébranler des actes qui auront eu pour baſe le bien de l'État, l'augmentation des revenus du Roi, la libération de la dette publique & l'accroiſſement de la richeſſe nationale. L'intérêt même du Trône ſera de protéger des inféodations dont la ſucceſſion des temps ne fera que développer de plus en plus les avantages.

Enfin la régularité avec laquelle cette opération ſera dirigée, la diſtinguera de toutes celles qui ont été infructueuſement tentées juſqu'à préſent, & elle en aſſurera de plus en plus la ſolidité. La Commiſſion qui ſera établie ne procédera aux inféodations & acenſemens qu'en connoiſſance de cauſe, qu'après des eſtimations exactes, & avec autant de meſure & de délai qu'il en faudra pour aſſurer le bon prix de vente. On ne doit pas confondre une telle opération, qui n'a que l'ordre pour principe & l'économie pour but, avec ces miſes en vente que le beſoin commande, & que la précipitation accompagne. Dans celles-ci on n'eſt occupé que de ſe faire des reſſources d'argent. Dans celle dont il s'agit, aucune partie des deniers en provenans, n'eſt deſtinée à entrer dans les coffres de Sa Majeſté ; tout ſera verſé dans la Caiſſe d'amortiſſement; tout ſera conſacré au profit de l'État. Un plan fiſcal fait naître la défiance, mais un plan de ſage adminiſtration eſt le fondement d'une ſécurité raiſonnable.

C'eſt d'après ces réſultats que Sa Majeſté s'eſt propoſé d'ordonner :

1.° Que les inféodations & acenſemens ſeront faits ſur eſtimation, affiches, publications & adjudications, au plus offrant & dernier enchériſſeur, par parties auſſi diviſées qu'il ſera poſſible, pour en faciliter l'acquiſition aux Cultivateurs les moins riches.

2.° Que l'état & conſiſtance des objets inféodés ou acenſés, ſeront préalablement bien & dûement conſtatés.

3.° Que les objets adjugés à titre d'inféodation relèveront du Roi & de ſa Couronne, à cauſe du fief dont ils auront été démembrés, à la charge de la foi & hommage, aveu & dénombrement, comme auſſi de tous droits ſeigneuriaux aux mutations, ſuivant les coutumes des lieux.

4.° Que ceux adjugés à titre d'acenſement, le ſeront à la charge d'un cens emportant ſaiſine, amende, & les droits dûs aux mutations, conformément aux coutumes.

5.° Que toutes les charges foncières, frais de juſtice, réparations & autres généralement quelconques, ſeront à la charge des adjudicataires.

6.° Que les biens inféodés ou acenſés ſeront ſoumis aux charges & impoſitions ordinaires, dont ſont tenus les autres fonds du Royaume.

7.° Qu'un tiers du prix, tant des adjudications que des acenſemens, ſera conſtitué en rentes en grains, foncières, & irraquitables, & les deux autres tiers payés en deniers comptans.

8.° Qu'il ſera loiſible à tous les engagiſtes actuels de rendre leur propriété incommutable, par la même voie d'inféodation ou d'acenſement, en payant, pour les Domaines qu'ils tiennent en engagement, une nouvelle finance ſur le pied du denier trente de leur produit actuel, dont un tiers en grains, & les deux autres tiers en deniers, ſur lequel prix il leur ſera tenu compte de la première finance de leur engagement.

9.° Qu'il ſera expédié ſur chaque inféodation ou acenſement, toutes Lettres patentes à ce néceſſaires, Sa Majeſté ſe réſervant d'en régler modérément les frais, & les exemptant dès-à-préſent du droit de marc d'or.

10.° Que les deniers provenans des inféodations ou acenſemens, ſeront verſés dans la Caiſſe établie par l'Édit du mois d'Août 1784, pour être invariablement employés à l'extinction des rentes conſtituées légalement, ſpécialement à celles dont le Domaine eſt chargé, & auſſi au rembourſement d'Offices que Sa Majeſté voudroit ſupprimer pour le bien de ſon État.

11.° Enfin pour veiller à l'emploi deſdits deniers, & en vérifier le compte qui ſera imprimé chaque année, ainſi que pour préparer & régler les opérations néceſſaires & préliminaires aux adjudications, Sa Majeſté établira une Commiſſion compoſée d'un Conſeiller d'État Préſident, de deux Maîtres des Requêtes, de deux Conſeillers au Parlement de Paris, d'un Maître & d'un Auditeur de la Chambre des Comptes de Paris, d'un Procureur général & d'un Greffier; ſur les ordres de laquelle Commiſſion & d'après les inſtructions qui émaneront d'elle, il ſera procédé aux adjudications par les Juges ordinaires des Provinces ou arrondiſſemens dans leſquels ſont aſſis leſdits Domaines, après que les appoſitions d'affiches & les publications auront été faites dans la forme ordinaire.

Sa Majesté a cru devoir ajouter à ce plan, celui d'un établiſſement qui lui a paru néceſſaire pour la conſervation, tant de la propriété féodale & des droits de directe qu'Elle ſe réſerve ſur tous ſes Domaines, que de ſes forêts, dont Elle entend conſerver la pleine propriété.

Jamais les titres du Domaine n'ont été raſſemblés. Il en exiſte une partie dans différens dépôts diſperſés par-tout le Royaume; une autre partie non moins précieuſe, a été livrée aux échangiſtes, aux engagiſtes & autres conceſſionnaires; enfin il s'en trouve dans des archives particulières, & dans les mains de diverſes perſonnes qui n'ont ni titre, ni intérêt pour les conſerver.

L'intention de Sa Majesté est de réunir dans un seul dépôt l'ensemble de tous ces titres, & d'en confier la surveillance à la Commission qu'Elle compte établir pour suivre les opérations de l'inféodation.

Le Procureur général de cette Commission sera chargé en conséquence de faire toutes les diligences nécessaires pour le recouvrement de ces titres; il se fera délivrer des copies collationnées de tous ceux qu'il jugera utiles à l'établissement de la propriété & consistance des Domaines, & qui peuvent se trouver dans les archives du Louvre, Chambres des Comptes, Trésor des Chartes, Chambres du Trésor & du Domaine, Bureaux des Finances, Tables de marbre & autres dépôts publics, dans quelque partie du Royaume qu'ils se trouvent & à quelque Cour ou Juridiction qu'ils se trouvent attachés. Il fera pareillement la révendication de tous les titres qui sont dans ces dépôts particuliers ou dans les mains d'aucunes personnes. Ces titres, pièces, plans & autres documens seront rassemblés dans le lieu qui sera destiné à cet effet; ils y seront classés par ordre de féodalité, & ils ne pourront être tirés de ce dépôt sous aucun prétexte: il en sera seulement, en cas de besoin, expédié des copies collationnées, certifiées par l'Archiviste, auquel la garde en sera confiée sous l'autorité de la susdite Commission, & la surveillance du Procureur général en icelle.

Les actes d'inféodation ou d'acensement, les procès-verbaux d'adjudication de Domaines, les plans des forêts, les règlemens nouveaux y relatifs, & toutes pièces concernant le Domaine de la Couronne, seront pareillement déposés dans le même lieu, & ne pourront en être distraits sous aucun prétexte.

S'il est quelques moyens (& pourquoi n'y en auroit-il pas!) de rendre les Domaines plus utiles à la Couronne à qui ils appartiennent, plus utiles à l'Agriculture qui semble les revendiquer, plus utiles à l'État dont l'intérêt, moteur de la prohibition de les aliéner, doit auſſi en être l'interprète ; ces moyens paroiſſent ſe réunir dans le plan accueilli par Sa Majeſté. Loin de bleſſer la loi de l'inaliénabilité, il la confirme, il en ſuit l'eſprit, il en remplit l'intention. Elle avoit pour but de préſerver le *Patrimoine royal* de toute atteinte : il tend à en prévenir l'entière deſtruction. Elle devoit en maintenir le revenu dans ſon intégrité : il fait plus, il l'améliore. Elle vouloit qu'il fût toujours conſidéré comme *un des principaux nerfs de l'État ;* s'il n'eſt plus poſſible aujourd'hui de l'enviſager comme tel, du moins, le plan propoſé le ramène, autant que faire ſe peut, à cette première deſtination, puiſque ſans en altérer l'eſſence, ſans en diminuer le produit, il en fait ſortir une reſſource intéreſſante pour le bien public. Enfin, c'eſt ſur le vœu de la Nation qu'en 1566, le Domaine du Roi fut conſacré également à la dignité du Trône, & aux beſoins du Royaume; c'eſt auſſi avec le ſuffrage de la Nation que Sa Majeſté veut aujourd'hui le conſacrer de nouveau à ce double objet, par le parti qu'Elle compte en tirer, pour l'accroiſſement du revenu dont Elle eſt reſponſable envers les Rois ſes ſucceſſeurs, & pour la libération des dettes de ſon État, dont Elle eſt redevable à ſes Peuples.

N.° II.

MÉMOIRE

Sur les Forêts Domaniales.

LES forêts du Roi, cette *noble & précieuſe partie du Domaine de la Couronne,* ainſi que s'exprime la célèbre Ordonnance de 1669, forment aujourd'hui la portion la plus conſidérable de ce Domaine. Il eſt néceſſaire pour l'intérêt public de les conſerver dans la main du Roi; il l'est aussi de prendre les mesures les plus promptes & les plus efficaces, pour les préserver d'un entier dépérissement.

Les aliéner & en livrer, à quelque titre que ce puisse être, la possession à des particuliers qui pourroient en faire un usage destructeur, ce seroit exposer le Royaume à voir augmenter encore la rareté & la cherté des bois; ce seroit risquer de perdre une ressource nécessaire pour les constructions les plus importantes, & pour les approvisionnemens de la Marine.

C'est ce qui a déterminé Sa Majesté, non-seulement à ne pas comprendre ses forêts dans *l'inféodation* de ses Domaines, mais même à s'en interdire pour toujours & à ses successeurs, toute espèce d'*engagement*, d'*échange*, de *concession.* Elle n'exceptera de cette loi générale, que les parties de bois éparses contenant moins de quatre cents arpens. Il est reconnu que ces *Bocquetaux* trop exposés aux dégâts des bestiaux & à tous genres de délits, par leur attenance aux héritages des particuliers, ne peuvent produire un revenu proportionné aux frais de garde qu'ils exigent. Par cette raison, les Ordonnances en ont toujours permis & même ordonné l'aliénation à perpétuité; c'est notamment la disposition précise de la Déclaration du 8 Avril 1672, & des articles 2 & 7 de l'Édit d'Août 1708.

A cette seule exception, Sa Majesté conservera toutes ses forêts; & son intention n'est pas seulement de les conserver, Elle veut les améliorer, Elle veut les repeupler, Elle veut, par des aménagemens bien entendus, en augmenter le revenu, & assurer ainsi à son Royaume une plus grande abondance de bois.

Depuis plusieurs années, cet objet intéressant a fixé l'attention du Gouvernement. Des personnes recommandables par leur probité & leurs lumières, ont été chargées de parcourir les Provinces où se trouvent les principales forêts du Royaume, de les visiter & de rassembler toutes les inſtructions qui pourroient mettre à portée d'en connoître le véritable état.

Le réſultat de ce travail a été que la plupart des forêts du Roi ſont dans un état de dégradation manifeſte. Dans pluſieurs on ne trouve *preſque plus de futaie;* dans d'autres, il n'a pas été conſervé *un ſeul arbre ſur les taillis.* Des terreins immenſes, qui étoient couverts de bois, n'offrent plus que *des terres vaines & vagues.* Ailleurs le ſol même des forêts a été *donné à cens* par des Officiers des Maîtriſes, & défriché par des poſſeſſeurs qui n'ont eu d'autre titre que cette malverſation, qui a excité l'animadverſion de la juſtice. Les coupes *par jardinage,* ſi ſévèrement défendues par les Ordonnances, ſont pratiquées dans pluſieurs forêts; enfin les aménagemens, quoiqu'on s'occupe depuis quelques années de les mieux régler, ſont encore très-imparfaits; & malgré la cherté des bois dans preſque tout le Royaume, Sa Majeſté ne tire des ſiens qu'un revenu très-diſproportionné à leur étendue.

Ce revenu, ſuivant le montant des adjudications de 1786, auroit dû être de .... 7,309,000#

Le produit effectif en argent, n'a été que de.......................... 6,611,000.

Il eſt vrai qu'il n'étoit, il y a vingt-cinq ans, que de...................... 4,400,000.

Ainſi il y a environ un tiers d'augmentation, nonobſtant les diſtractions occaſionnées par les apanages.

Mais ſi la ſurveillance qui a été apportée depuis quelques années à l'adminiſtration des forêts du Roi, a pu contribuer à cette bonification, on ne peut en même temps ſe diſſimuler qu'elle eſt en partie & même preſque entièrement l'effet de la valeur extraordinaire que les bois du Royaume ont priſes dans ces derniers temps. Ce ſeroit donc une erreur d'en conclure que les forêts domaniales produiſent ce qu'on en tireroit, s'il n'y avoit pas d'abus.

Quelque

Quelque ſages que ſoient les diſpoſitions de l'Ordonnance de 1669, elles n'ont pu, en réprimant une partie des déſordres qui exiſtoient alors, obvier à ceux qu'il n'étoit pas poſſible de prévoir. La ſucceſſion des temps en a fait éclorre de nouveaux, & l'expérience a découvert des abus dans l'emploi des précautions mêmes qui avoient été priſe pour les prévenir.

La réunion des fonctions d'Adminiſtrateurs avec celles de Juges, & leur inamovibilité, auſſi incompatible avec la première de ces qualités, que néceſſaire pour la ſeconde, ont amené & favoriſé les négligences. D'un autre côté, l'inſuffiſance des traitemens attachés à des places, qui, par elles-mêmes ne donnent ni relief ni profit, a paru excuſer les voies illicites employées pour les rendre lucratives. Enfin l'aſſurance de l'impunité a multiplié les abus de pouvoir, qui ſemblent n'être le tort de perſonne, quand ils ſont celui de tout un Corps.

Trop d'exemples anciens ou récens, confirment ces vérités. Il en eſt qui ont excité dans pluſieurs Cours, la vigilance du miniſtère public; il en eſt dont les plaintes ſont parvenues juſqu'au Trône, & dont les auteurs n'ont échappé à la punition, qu'en ſe démettant de leurs Offices. Souvent pour ſauver l'honneur d'un particulier, ou pour ménager la conſidération du Corps auquel il appartient, on perd le fruit d'un exemple ſévère qui pourroit ſeul en impoſer.

Mais quand ces déſordres éclatans ſeroient plus rares qu'ils ne ſont, combien d'abus, moindres ſans doute, mais plus multipliés, excitent depuis long-temps le cri public & réſiſtent à tous les ſoins de l'Adminiſtration!

Pluſieurs Mémoires préſentés au Gouvernement, dénoncent une foule de contraventions & de déprédations dont le tableau retrace les mêmes déſordres que Louis XIV diſoit, dans ſon Édit d'Avril 1667, *procéder principalement de la mauvaiſe conduite de pluſieurs des Officiers des Maîtriſes.*

Ce Prince jugeoit dès-lors nécessaire d'en supprimer un grand nombre, *estimant que le mal avoit pénétré si avant, qu'il ne restoit plus d'autre voie pour sa guérison que de le couper dans sa racine.*

On lit encore dans cet Édit, que *la trop grande quantité des Officiers des Maîtrises particulières, au lieu d'apporter de l'utilité au service du Roi, se trouve souvent nuisible à la conservation de ses forêts, chacun desdits Officiers ayant une conduite différente & un dessein particulier, qui ne se peut accommoder avec la manière uniforme qu'il seroit nécessaire d'observer pour le bien des forêts.*

Les mêmes motifs ont fait reconnoître depuis long-temps que la suppression totale des Maîtrises étoit le seul moyen de rétablir un meilleur ordre; elle n'a été suspendue qu'à cause de la difficulté du remboursement de ces charges, qui est un objet d'environ quinze millions.

Une telle dépense peut paroître effrayante, sur-tout dans un moment où tant de raisons obligent de s'occuper de retranchemens & d'économies; mais ces remboursemens pourront se faire, sans aucune surcharge pour le Trésor royal, si l'inféodation des Domaines a lieu, & ce ne sera pas en détourner les produits de leur destination, que de les faire servir à un amortissement aussi utile. D'ailleurs y a-t-il à hésiter, quand il s'agit, comme disoit François I.er, dans son Ordonnance du mois de Décembre 1543, *de la chose la plus utile & la plus requise dans le Royaume!* L'amélioration qu'on doit éprouver dans le revenu des forêts du Roi, lorsqu'enfin on aura écarté les causes de leur dépérissement, compensera & au-delà l'intérêt des sommes qui seront employées à ce remboursement.

Il faut d'ailleurs précompter sur cet intérêt le montant des gages de plus de quatre cents Officiers, qui seront supprimés & non remplacés.

Ces gages sont, à la vérité, très-modiques; mais leur modicité même est le prétexte dont les pourvus de ces

Offices se sont de tout temps autorisés pour se faire des traitemens illimités aux dépens du public, pour qui, par conséquent, le nouveau régime, en faisant cesser cette contribution arbitraire, sera une source de soulagemens.

Sa Majesté a donc voulu qu'il lui fût présenté un plan de réforme sur cet objet.

Pour se conformer à ses vues, on a cru qu'il falloit distinguer la *partie contentieuse* & la *partie d'administration.*

A l'égard du CONTENTIEUX, c'est-à-dire, l'*instruction des procès*, la *poursuite des délits*, les *questions de propriété*, l'intention de Sa Majesté n'est pas de s'écarter des Règlemens portés par l'Ordonnance de 1669. Elle a seulement trouvé convenable d'en renvoyer l'exécution aux Juges ordinaires des lieux, & par appel aux Cours qui en doivent connoître. C'est un retour au droit primitif, qui sera avantageux aux juridictions royales, & leur donnera un nouveau degré de considération.

La partie D'ADMINISTRATION consiste dans l'*assiette des ventes*, les *récollemens*, les *visites*, les *repeuplemens*, les *nouveaux aménagemens*, enfin dans une surveillance exacte & assidue. Les règles fixées sur tous ces objets, par l'Ordonnance de 1669, seront également respectées; elles sont dignes de la sagesse qui présida à la confection de cette loi, & des lumières des Magistrats qui y furent employés. Si Sa Majesté se propose quelque changement, ce ne sera que pour mieux assurer l'observation de ces règles. En établissant un autre ordre, Elle ne changera que la forme & non le fond du régime.

Le plan que Sa Majesté est disposée à adopter à cet égard, est infiniment simple.

Douze Inspecteurs généraux, qui prêteront serment aux Parlemens, auront chacun un département composé de deux ou trois Provinces, où ils feront tous les ans, au moins deux tournées ou visites, dans le cours desquelles ils procéderont aux adjudications des bois & forêts, reconnoîtront leur état, & donneront les ordres & inſtructions convenables pour leur exploitation, ſuivant le régime qui aura été réglé.

Vingt-quatre Inſpecteurs particuliers qui prêteront ſerment aux Bailliages royaux, ſeront deſtinés à réſider continuellement près des forêts, ſuivront l'exécution des ordres & inſtructions qui leur auront été donnés, ſurveilleront les Gardes, prépareront le travail des Inſpecteurs généraux, & leur rendront compte.

Les uns & les autres ſeront en Commiſſion ſans finance, & révocables. Ils ſeront dirigés & continuellement ſurveillés par un Bureau du Conſeil, dont le travail ſera préparé par un Comité d'Adminiſtration.

Le *Comité d'Adminiſtration* qui ſera tenu toutes les ſemaines par l'Intendant au département des Eaux & Forêts, ſera compoſé de douze Inſpecteurs généraux, ſauf ceux qui ſeront abſens pour leurs tournées. Il s'occupera de l'examen de toutes les affaires relatives au régime & à l'amélioration des forêts, & des principaux objets que l'Intendant du département devra mettre enſuite ſous les yeux du Miniſtre des Finances, dans le travail qu'il continuera d'avoir avec lui.

Le *Bureau du Conſeil* ſera compoſé du Contrôleur général des Finances, de deux Conſeillers d'État, de l'Intendant général des Eaux & Forêts, des douze Inſpecteurs généraux, d'un Procureur général & d'un Greffier. Dans ce Bureau qui s'aſſemblera tous les mois, ou même plus ſouvent s'il en étoit beſoin, il ſera rendu compte de tout ce qu'il y aura de plus important pour l'adminiſtration des bois & forêts, des Règlemens & déciſions générales qu'il y aura lieu de rendre, des procès-verbaux de tournée de chaque Inſpecteur général, de l'état de toutes les forêts, des dépenſes, des augmentations de produits, des projets d'aménagement, en un mot, de tout ce qui exigera une déciſion définitive de quelque conſéquence.

Ainsi tous les pouvoirs administratifs, au lieu d'être livrés à la diversité des opinions, au lieu d'être épars entre les différens Grands-maîtres qui ne les exercent que pendant leurs tournées, & les Maîtrises, qui le reste du temps en usent à leur gré, vont désormais être réunis dans cette Commission permanente du Conseil, comme dans un point central destiné à maintenir l'unité des principes, & l'observation constante des règles uniformes, fondées sur les dispositions de l'Ordonnance de 1669, & des loix postérieures. Il ne sera fait aucune innovation, aucune coupe de bois, aucune opération extraordinaire, qu'elle n'ait été discutée au Bureau, & soumise à un mûr examen. Les plans de toutes les forêts du Royaume y seront reconnus, vérifiés & déposés ensuite au Greffe de ce Bureau; la manutention générale de ces forêts y sera continuellement surveillée, & le Ministre des Finances, à qui les Intendans des Provinces enverront aussi leurs observations, particulièrement sur ce qui concerne les quarts de réserve des Communautés, & l'emploi des deniers provenans de leurs ventes, sera en état de mettre tous les ans, sous les yeux du Roi, un résumé qui instruira Sa Majesté du véritable état de ses forêts, & d'après lequel Elle pourra commettre tels Magistrats de ses Cours qu'Elle voudra, pour faire les visites extraordinaires qu'Elle jugera nécessaires.

Il y a lieu d'espérer que cette forme nouvelle d'administration dont le Roi se réserve de fixer tous les détails, par des Règlemens particuliers, opérera le bien, écartera les inconvéniens d'un régime variable, préviendra les abus, fera cesser les plaintes des habitans des campagnes, & rétablira enfin un meilleur ordre dans les forêts de Sa Majesté.

Le discours de Monsieur le Contrôleur général fini, les trois Commissaires du Roi se sont levés & s'étant avancés vers l'estrade, ont remis à

MONSIEUR des exemplaires imprimés des deux nouveaux Mémoires que ce Miniſtre avoit annoncés, ſavoir: celui *ſur les Domaines du Roi* & celui *ſur les Forêts domaniales,* qui ſe trouvent ci-deſſus; après quoi MONSIEUR a levé la ſéance, & s'eſt retiré.

Changemens ſurvenus dans le Miniſtère pendant l'intervalle entre la Séance du 29 Mars & celles qui va ſuivre.

Le Dimanche 8 Avril, le Roi ſur la démiſſion de Monſeigneur Hüe de Miroménil, Garde des Sceaux de France, a nommé pour le remplacer, Monſeigneur Chrétien-François de Lamoignon, Préſident à mortier au Parlement de Paris & l'un des Notables convoqués, qui a prêté ſerment en cette qualité entre les mains de Sa Majeſté, le 13 du même mois.

Le lendemain, ſur la démiſſion de Monſieur de Calonne, Sa Majeſté a nommé Contrôleur général des Finances, Monſieur Michel Bouvard de Fourqueux, Conſeiller d'État ordinaire & l'un des Notables convoqués, qui a prêté ſerment à la Chambre des Comptes.

CINQUIÈME SÉANCE

Le Lundi 23 Avril 1787.

LA Salle ayant été disposée de nouveau pour recevoir le Roi, Sa Majesté s'y est rendue dans le même cérémonial & accompagnée des mêmes personnes qu'à la première séance; Elle y est entrée à midi & demi.

Le Roi étant monté au trône, MONSIEUR, Monseigneur Comte d'Artois & les Princes, ayant pris séance, Sa Majesté après avoir ôté & remis son chapeau, a prononcé le discours suivant:

DISCOURS DU ROI,

MESSIEURS, j'ai vu avec satisfaction le zèle que vous avez porté dans l'examen des trois premières parties du plan que je vous ai fait communiquer pour le rétablissement de l'ordre dans mes Finances.

J'ai déjà examiné une partie des observations que vous avez faites, & je donnerai à toutes la plus sérieuse attention. J'ai donné des ordres pour rédiger une loi sur les Assemblées provinciales; je conserverai aux deux premiers Ordres de l'État, la préséance qu'ils ont toujours eue dans les Assemblées nationales, & leur organisation sera telle, qu'elles pourront avoir l'activité nécessaire pour bien administrer les objets que je leur confierai.

Je ſuis content de l'empreſſement avec lequel les Archevêques & Évêques ont déclaré ne prétendre aucune exemption pour leur contribution aux charges publiques; & j'écouterai les repréſentations de l'Aſſemblée du Clergé ſur ce qui peut intéreſſer ſes formes & ſur les moyens qu'elle me propoſera pour le rembourſement de ſes dettes.

J'examinerai avec ſoin les idées qui m'ont été données par les différens Bureaux, ſur la deſtruction de la Gabelle, & je regarderai comme un jour heureux pour moi, celui auquel je pourrai abolir juſqu'au nom d'un impôt auſſi déſaſtreux.

Dans ce que je vous ai fait communiquer, Meſſieurs, je ne vous ai point diſſimulé la différence que je trouve entre la recette & la dépenſe; & vous en verrez la malheureuſe réalité par les états que j'ai ordonné qui fuſſent remis aux Préſidens des Bureaux: la maſſe de ce déficit doit paroître effrayante au premier coup-d'œil, & c'eſt pour trouver les moyens d'y remédier que je vous ai aſſemblés.

Je ſuis fermement réſolu à prendre les meſures les plus efficaces pour faire diſparoître le déficit actuel, & pour empêcher qu'il ne ſe reproduiſe dans aucun autre cas.

Je ſais qu'un des meilleurs moyens pour y parvenir eſt de porter l'ordre & l'économie dans les différentes branches de revenu. Je chercherai dans l'amélioration de mes Domaines & dans d'autres bonifications, les moyens de diminuer l'impoſition à laquelle je ſuis forcé d'avoir recours par les circonſtances. J'ai déjà ordonné pluſieurs retranchemens de dépenſe, & d'autres ſont projetés qui auront lieu ſucceſſivement; j'eſpère d'abord les porter juſqu'à quinze millions, ſans diminuer ce qui eſt eſſentiel à la ſûreté de l'État & à la gloire de la Couronne, dont je ſais bien que les François ſont plus jaloux que je ne pourrois l'être moi-même.

Les Mémoires qui vont être mis ſous vos yeux, offrent pluſieurs moyens efficaces pour couvrir une partie du déficit.

1.° Une

1.° Une impoſition ſur le Timbre qui, par ſa nature, ſera preſque inſenſible à la partie la plus pauvre de mes Sujets.

2.° Des meſures à prendre pour remplir les engagemens pris relativement aux rembourſemens à époques; engagemens que je regarde comme ſacrés, & auxquels je ne manquerai jamais, mais qui peuvent être remplis par des moyens qui, à la vérité, opéreront la liquidation des dettes de l'État d'une manière moins prompte, mais qui n'exigeront pas d'auſſi fortes impoſitions.

Tous ces moyens réunis n'étant pas ſuffiſans pour couvrir totalement le déficit, le dernier moyen, & celui qui me coûte le plus à prendre, eſt celui d'une augmentation d'impoſition ſur les terres; la ſeule manière de la rendre moins à charge, & qui a déjà été ſentie par l'Aſſemblée, eſt de la répartir avec la plus grande égalité & qu'elle ſoit ſupportée par tous les propriétaires ſans aucune exception. Cette impoſition ne peut être déterminée, quant à ſa quotité & à ſa durée, que par la ſomme du déficit qui reſtera à couvrir après l'emploi des moyens que je viens d'indiquer.

Tels ſont, Meſſieurs, les objets importans que j'ai voulu vous communiquer; vous ſentirez combien il eſt eſſentiel de s'en occuper avec célérité; les maux qui ont été dévoilés ſont grands, & ont dû cauſer de l'inquiétude dans le public; mais je n'ai pas craint d'en faire part à l'Aſſemblée que j'ai convoquée, aſſuré qu'elle me donnera dans cette occaſion une nouvelle preuve de ſon zèle & de ſa fidélité. Il s'agit de la gloire de la France dont la mienne eſt inſéparable, & de montrer à l'Univers l'avantage que j'ai de commander à une Nation fidèle & puiſſante, dont les reſſources, comme l'amour pour ſes Rois, ſont inépuiſables.

Dès que le Roi a eu ceſſé de parler, Monſeigneur le Garde des Sceaux s'eſt approché du trône en faisant trois profondes inclinations; la première avant de quitter sa place, la seconde après avoir fait quelques pas, & la troisième lorsqu'il a été sur le premier degré du trône, & a pris à genoux les ordres du Roi.

Il est ensuite retourné à sa place, en faisant de même trois profondes inclinations à Sa Majesté.

Lorsqu'il a été à sa place, il a dit: *le Roi ordonne que l'on prenne séance;* toute l'Assemblée a pris séance; alors s'étant assis, il a dit: *le Roi permet que l'on se couvre;* tous ceux qui avoient droit de se couvrir se sont couverts, ainsi que Monseigneur le Garde des Sceaux, qui a prononcé le discours suivant, assis & couvert:

DISCOURS

De Monseigneur le Garde des Sceaux.

MESSIEURS,

LORSQUE le Roi vous a rassemblés près de sa Personne, pour vous consulter sur les moyens de réprimer les abus qui s'étoient introduits dans ses Finances, de remédier aux maux qui en étoient résultés, & de subvenir au soulagement de ses Peuples, vous n'étiez pas & ne pouviez pas être instruits du véritable état des affaires.

Vous avez dû faire ce que vous avez fait, élever des doutes, proposer des objections, demander des éclairciſſemens, & du ſein de ces grandes diſcuſſions, faire ſortir des vérités utiles.

Vous auriez trahi tout-à-la-fois, & vos devoirs & le vœu de Sa Majeſté, ſi dans ces circonſtances, vous euſſiez manqué de ce noble courage qui tient à la fidélité du Sujet, comme au patriotiſme du Citoyen.

Sa Majeſté comptoit ſur votre zèle & votre loyauté; & Elle a vû avec la plus vive ſatisfaction que ſon attente n'a point été trompée.

Mais il faut achever ce grand ouvrage qu'Elle a projeté dans ſa ſageſſe, & que ſes vues de juſtice & la néceſſité lui ont fait entreprendre.

Vous connoiſſez maintenant toutes ſes réſolutions, & le diſcours que le Roi vient de vous adreſſer, n'a pu frapper vos eſprits, ſans porter dans vos cœurs l'émotion de la reconnoiſſance.

Les vues de Sa Majeſté ont reçu de tous les Bureaux, l'hommage dû à leur pureté & à leur utilité. Des Aſſemblées dans les Provinces vont établir la juſtice & l'égalité en impoſant tous les fonds ſans exception, & en répartiſſant elles-mêmes l'impoſition.

Le deſir du Roi de délivrer ſon Royaume de la Gabelle, droit ſi onéreux, & dont l'exercice eſt pour ſes Sujets la ſource de tant de calamités, eſt le garant le plus ſûr pour la Nation, de voir ce droit ſupprimé, auſſitôt que les circonſtances permettront d'effectuer les moyens d'en remplacer le produit.

Il exiſte une grande différence entre la recette & la dépenſe. Les états que le Roi ordonne de remettre entre les mains des Princes préſidant les Bureaux, vous en prouveront la réalité & le montant.

La volonté du Roi eſt de ne plus ſouffrir qu'à l'avenir un ſemblable déficit introduiſe le déſordre dans les Finances, & Sa Majeſté en prendra tous les moyens.

La juſtice fait à la Nation un devoir de ſe ſoumettre aux

charges qui feront néceffaires pour le maintien rigoureux de la foi publique envers les créanciers de l'État, ainfi que pour fubvenir aux dépenfes annuelles qu'exigent la dignité & la fûreté du Royaume.

Il eft néceffaire & inftant de combler le déficit. Il peut être diminué par différens moyens dont vous allez entendre le détail & fur lefquels le Roi vous demande vos obfervations; il le fera encore par tous les moyens d'économie dans les dépenfes & de bonification dans les recettes; le Roi les veut tous employer & foutenir.

Sa Majefté recevra, Meffieurs, comme une nouvelle marque de zèle pour fon fervice & d'attachement pour fa Perfonne, toutes les obfervations des Bureaux fur les bonifications & améliorations de fes revenus.

Le Roi a déjà déterminé différens retranchemens qui pourront s'élever à quinze millions. L'intérêt de la Nation eft lié à la ftabilité de fes intentions & en affure l'exécution la plus conftante.

Mais l'impôt feul peut achever de combler entièrement le déficit; il fera réglé pour fa durée, par la combinaifon que préfentera le Mémoire relatif aux rembourfemens, & pour fa quotité, par le réfultat des états dont le Roi a ordonné la remife aux Princes préfidant les Bureaux.

Vous avez entendu, Meffieurs, l'expreffion des fentimens du Roi, fur la néceffité de recourir à un moyen auffi fâcheux.

Ces fentimens ont pénétré vos cœurs, & le Roi eft perfuadé de votre zèle.

Tout tendra donc au même but, au bien général de l'État; le Roi n'a point d'autre vœu; fes Sujets n'ont point d'autre intérêt.

Ne perdez pas de vue que, quand le mal eft connu, le remède doit être prompt pour être efficace, & qu'il faut fe hâter de bannir l'inquiétude, dès qu'on peut regagner la confiance.

Sa Majesté compte donc que vous réunirez la célérité à la sagesse de vos délibérations ; & c'est ainsi, Messieurs, qu'en contribuant à la régénération des différentes branches de l'administration publique, vous aurez justifié la confiance du Souverain & mérité l'estime de la Nation.

Monseigneur le Garde des Sceaux, après son discours fini, est remonté aux pieds du trône pour prendre les ordres du Roi; redescendu & remis à sa place, il a fait signe à Monsieur le Contrôleur général qui, après avoir salué, s'être assis & couvert, a dit :

Le Roi m'a ordonné de faire la lecture des Mémoires suivans.

Il a lû d'abord le Mémoire *sur le droit de Timbre*, & le *tarif* qui y est annexé ; & ensuite le Mémoire *sur les Remboursemens à époques fixes*, tels qu'ils sont ici.

MÉMOIRES DE LA QUATRIÈME DIVISION.

N.° I.er

MÉMOIRE

Sur le Droit du Timbre.

LE ROI ayant formé la résolution de mettre les recettes au niveau des besoins de l'État, par les voies les moins onéreuses à ses Peuples, & même de remplacer avec plus d'économie, d'équité & de douceur les droits trop pesans & trop vexatoires, que son amour pour ses Sujets le porte à supprimer; SA MAJESTÉ a préféré entre les moyens qui lui ont été proposés, le droit du Timbre, qui lui a paru celui qui pouvoit le plus efficacement faire concourir à la formation du revenu public les personnes riches en papiers qui échappent aux autres contributions, celui qui de lui-même doit se proportionner le mieux aux facultés des contribuables, & celui qu'il est le plus aisé de lier à des vues de police & d'utilité générale réclamées depuis long-temps pour l'intérêt du Commerce, prescrites même par les plus sages Ordonnances.

Le droit de Timbre en usage dans la plus grande partie de l'Europe a été établi en France par Édit de Mars 1655. Les principes de sa perception sont simples & connus; les établissemens qu'elle exige sont formés; sa législation particulière est réglée; & il présente un moyen facile de se conformer à l'esprit des dispositions du Titre III de l'Ordonnance du mois de Mars 1673, qui ont pour objet d'empêcher qu'il puiſſe être ſupprimé ou ſuppléé aucun feuillet dans les livres, regiſtres & journaux de Commerce, & de mettre ainſi à portée de diſtinguer les faillites que le malheur entraîne, des banqueroutes que la fraude produit ou accompagne.

La nature de cette taxe, & les circonſtances qui obligent le Roi de l'établir, n'admettent aucune exception. Lintention de Sa Majeſté eſt de l'étendre à tous les pays de ſon obéiſſance, en accordant néanmoins aux Provinces où le Timbre n'a pas actuellement lieu, les indemnités qu'elles pourroient avoir droit de réclamer en raiſon de la portion de ce droit dont elles ont été exceptées juſqu'à ce jour, & de manière qu'elles n'ayent à ſupporter réellement que la portion qui en ſera nouvelle, & qui devra être une charge commune pour tout le Royaume.

Le tarif qui ſera communiqué à l'Aſſemblée des Notables, détermine tous les cas où le droit de Timbre doit être perçu, & il en fixe la quotité. On y verra qu'elle eſt graduée dans une proportion qu'on s'eſt appliqué à rendre la plus équitable qu'il étoit poſſible, ſoit par rapport aux choſes, ſoit par rapport aux perſonnes.

Voici les principaux articles que Sa Majeſté ſe propoſe d'ordonner à ce ſujet:

1.° Sa Majeſté ne changera rien à ce qui s'obſerve dans tout ce qui eſt contentieux & judiciaire, comme les jugemens, arrêts, exploits, actes & productions judiciaires quelconques, en quelque Tribunal que ce ſoit, dans les Provinces actuellement ſoumiſes pour tous ces actes à l'uſage du papier & du parchemin timbrés.

2.° Il ne ſera non plus rien innové dans les mêmes Provinces pour les actes & contrats qui ſe paſſent devant Notaires.

Le droit de Timbre y reſtera préciſément le même ſur ces [illegible] ſans aucune augmentation.

3.° Dans les Provinces où l'ufage du Timbre n'eft pas actuellement établi, les actes dénommés dans les deux articles précédens, y feront foumis; mais ils y feront timbrés d'un timbre différent, & il fera tenu par les Prépofés au débit du papier & du parchemin timbrés, un regiftre particulier du produit des papiers & parchemins de cette efpèce, duquel regiftre ils feront tenus de juftifier aux États ou Affemblées provinciales de ces Provinces.

Sa Majefté fera remife auxdites Provinces fur la Taille, ou fur les Impofitions analogues, d'une fomme égale à ce qu'aura produit la vente du papier & du parchemin timbrés deftinés à ces fortes d'actes, déduction faite de la valeur réelle du papier & du parchemin.

4.° Sa Majefté fe propofe d'affujettir au Timbre toutes provifions de charges & offices, toutes commiffions de places, offices & emplois, toutes nominations, brevets d'élections ou préfentations aux bénéfices, toutes lettres ou brevets de nobleffe, d'érection de terres en dignité, de réhabilitation, confirmation, commiffion, lettres d'état, de répit, de paffeports, de naturalité, de furannation, de grâce & autres, de quelque nature que ce foit.

Les feuilles périodiques, les journaux, les affiches & annonces, les mercures, gazettes, almanachs, profpectus, les affiches, placards, avis divers, billets de mariage, de profeffion, d'enterrement, & même les ouvrages périodiques venant de l'étranger feront pareillement timbrés.

La formalité du Timbre fera auffi de rigueur pour toutes refcriptions & mandats délivrés dans les caiffes de finance, toutes lettres de change & billets; les reconnoiffances, quittances & décharges; les billets & coupons de loteries; les lettres de voiture, bulletins & bordereaux des Agens de change; comptes arrêtés ou certifiés en banque; factures de marchands, banquiers & autres, connoiffemens, rôles d'équipage; certificats & déclarations pour les entrées de Paris & autres objets de même nature.

Enfin

Enfin il ne ſera permis de ſe ſervir que du papier timbré pour toutes commiſſions, obligations, promeſſes, teſtamens, codiciles, traités, marchés, baux, devis, contrats maritimes, polices d'aſſurance & autres actes ſous ſeing privé, de quelque nature qu'ils ſoient, & entre telles perſonnes qu'ils ſoient faits & paſſés.

Et tous leſdits actes, pièces, billets & titres obligatoires généralement quelconques, ne pourront valoir & ſervir en juſtice, ni être mis à exécution, s'ils ne ſont pas écrits ſur papier timbré.

5.° Tous actes, titres & pièces de la nature ci-deſſus exprimée, antérieurs à la loi qui ſera donnée, devront être portés au bureau du Timbre, & timbrés pour qu'on puiſſe s'en ſervir en juſtice.

Et les droits ſeront payés ainſi qu'ils ſont fixés par le tarif.

6.° Les reconnoiſſances des Directeurs & Prépoſés des Mont-de-piété, au-deſſous de cent livres, & les billets, quittances & décharges au-deſſous de douze livres, ne ſeront point aſſujettis à la formalité ni au droit du Timbre.

7.° Il ne ſera rien innové concernant le Timbre des quittances des rentes & autres objets dûs par Sa Majeſté.

8.° Sa Majeſté entend que pour le bien & la police du Commerce, les diſpoſitions du Titre III de l'Édit du mois de Mars 1673, ſervant de règlement pour le Commerce, & tendantes à conſtater la nature, la date & le nombre des feuillets des livres, journaux, répertoires & regiſtres de Commerce, ſoient exécutés, le Timbre tenant lieu de la cotte & paraphe ordonnées par les articles III & IV du Titre III dudit Édit; & les Prépoſés à la diſtribution du papier timbré, demeurant chargés à l'avenir de certifier le nombre des feuillets deſdits regiſtres & journaux.

A l'effet de quoi les Prépoſés à la diſtribution du papier timbré, ſeront tenus d'avoir en leurs bureaux, des regiſtres des différens formats uſités dans le Commerce, d'un papier qui fera particulièrement à ce destiné ; lesquels livres de Commerce seront marbrés sur les bords, timbrés en première & dernière feuille d'un timbre indicatif du nombre de leurs feuillets, & reliés avec des précautions propres à prévenir la falsification.

A l'instant de la délivrance desdits livres & registres aux Négocians & Marchands, le Préposé sera tenu de les dater & d'y inscrire un numéro correspondant à celui de son registre de débit, en telle sorte qu'il soit toujours possible de constater la véritable date de l'ouverture d'un registre, & l'identité des feuilles qu'il contenoit lors de la délivrance.

Ne pourront faire foi en justice les livres, registres & journaux de Commerce qui n'auroient pas été timbrés; & quant à ceux actuellement existans, les Négocians & Marchands qui voudront leur donner l'authenticité juridique, devront les présenter au bureau du Timbre, où ils seront timbrés sur le premier & le dernier des feuillets qui resteront blancs, & le nombre desdits feuillets blancs, sera certifié au bas dudit timbre par le Préposé, auquel sera pour ce travail & pour celui de compter les feuillets, payé une rétribution égale à ce que le timbre aura dû coûter.

Ne pourra ledit Préposé prendre aucune lecture ni connoissance de la portion desdits registres ou journaux qui ne seroit pas totalement blanche.

9.° Il ne sera rien innové en ce qui concerne les papiers de musique assujettis au Timbre par l'Arrêt du Conseil du 15 Septembre 1786 ; mais l'apposition du Timbre & la perception du droit sur ces papiers seront confiés aux Préposés de l'Administration générale, sauf le dédommagement qui pourra se trouver dû à l'école de déclamation & de chant, à laquelle le produit de ce droit particulier a été attribué.

10.° Il sera enjoint à tous Notaires & Secrétaires du Roi, de ne délivrer de copie collationnée que des actes

& pièces ſur papier timbré. Celles qui ne le feroient pas, ſeront timbrées à cet effet, & les Secrétaires du Roi ou Notaires en feront mention dans leur certificat de collation.

11.° Les eſtampes ſeront ſoumiſes au droit de Timbre: il ſera ajouté au droit actuel ſur les cartes à jouer; les dés à jouer & les pièces de jeu de domino ſeront auſſi timbrés.

12.° Pour l'aſſurance de l'obſervation de la formalité & du payement du droit, toutes injonctions néceſſaires ſeront faites aux Juges, Greffiers, Notaires royaux & apoſtoliques, & autres perſonnes quelconques, pouvant concourir à l'exécution deſdits actes.

13.° Pour rendre cette formalité plus facile à remplir, il ſera établi dans tous les chefs-lieux de Bailliages & Sénéchauſſées, un bureau général du papier & parchemin timbrés, où ſeront dépoſés les Timbres néceſſaires; & il y aura en outre des bureaux particuliers de diſtribution dans tous les lieux où ils ſeront jugés convenables au ſervice & à la commodité publique.

Le papier & le parchemin contiendront, indépendamment du timbre, une légende indicative de la deſtination & du prix du timbre, lequel ſera réglé, eu égard à la qualité des actes.

Et il ſera libre à toutes perſonnes de faire timbrer le papier dont on entendra ſe ſervir.

14.° Les peines contre les contrefactions ne ſeront point autres que celles portées par les anciens Règlemens.

15.° La connoiſſance des conteſtations qui pourroient ſurvenir ſur l'exécution des différens articles de la loi, appartiendra pour Paris, au Lieutenant général de Police, & pour les Provinces, aux Commiſſaires départis en icelles; ſauf les cas où il y auroit lieu de procéder par la voie extraordinaire, leſquels cas ſeront de la compétence des Élections en première inſtance, & des Cours des Aides ſur l'appel.

TARIF DES DROITS

Qui seront perçus sur les objets ci-après, assujettis au Timbre.

Actes judiciaires & notariés.

POUR les jugemens, procédures & actes judiciaires & notariés, ainsi qu'il est d'usage, & conformément aux anciens Règlemens actuellement exécutés.

Requêtes & Mémoires.

Pour les Requêtes & Mémoires au Conseil, aux sieurs Intendans & Commissaires départis, leurs ordonnances & celles de leurs Subdélégués, les Requêtes & Mémoires aux Prévôts des Marchands, Lieutenans-généraux & particuliers de police, Maires ou Jurats, Syndics des Provinces & États, conformément à ce qui est prescrit par les Règlemens qui s'exécutent actuellement.

Répertoires, Livres & Registres-journaux.

Pour les Répertoires des Notaires, Tabellions, Greffiers & Huissiers; pour les livres, journaux & registres des Marchands, Fabriquans, Agens de change, Trésoriers, Receveurs généraux & particuliers, tant laïcs qu'ecclésiastiques, Officiers, Corps & Communautés, & généralement tous comptables & personnes publiques, par feuille de deux feuillets ou quatre pages.................. *un denier.*

Mémoires imprimés.

Pour les Mémoires, Précis, Consultations & autres Écrits imprimés, servant à l'instruction des procès & autres, sous quelque titre que ce soit, ainsi que pour les pièces justificatives y annexées, trois deniers par chaque feuille de quatre pages de format in-4°, ci. 3ᵈ

Et pour celles de format in-folio, six deniers, ci. 6.

Les premières & dernières feuilles de chaque exemplaire desdits Mémoires, Précis & Consultations, seront seulement timbrées; mais le droit de Timbre sera perçu sur la totalité des feuilles, & chaque exemplaire sera présenté au Timbre, broché, avec une déclaration signée de l'Imprimeur, de la quantité de feuilles dont il sera composé.

Ouvrages périodiques & autres.

Pour le journal de Paris, deux deniers, ci. 2ᵈ

Pour les Affiches & Annonces, un denier, ci. . . 1.

Pour la Gazette de France & autres Gazettes de ce genre, deux deniers, ci. 2.

Pour Prospectus à raison du premier mille seulement, Almanachs, Journaux, Mercures & tous autres Ouvrages périodiques, deux deniers, ci. . . . . 2.

Le tout par chaque feuille composée de quatre pages, de quelque format que ce soit, & y compris les supplémens.

Pour toutes Annonces de Spectacles, trois deniers pour chacune, ci. 3ᵈ

Pour chaque Avis, Affiche, Placard, Billets de mariage, de profession & d'enterrement, un sou, ci. . 1ˢ

Papiers de Musique.

Pour les Papiers de Musique, suivant l'Arrêt du Conseil du 15 Septembre 1786.

Estampes, Cartes à jouer, Dés, & autres pièces de Jeu de Domino.

Les Estampes Françoises, d'une feuille entière de papier,
Les Estampes étrangères,
Le sixain de Cartes à jouer, ci........
Les Dés à jouer, la pièce, ci.........
Les pièces de Jeu de Domino, ci.....

Commissions & Procurations d'Employés.

Pour les Commissions & Procurations d'Emplois quelconques, sans aucune exception, même pour ceux pour lesquels il n'auroit point été délivré jusqu'à présent de commission, qui seront au-dessous de 1000 livres, une livre dix sous, ci.................. 1l 10s

De 1000 livres à 2000 livres, trois livres, ci.................................. 3. 0.

De 2000 livres à 4000 livres, six livres, ci.................................. 6. 0.

Celles au-dessus, douze livres, ci...... 12. 0.

Et pour celles des Maîtres de Postes aux chevaux, des Directeurs des Postes aux lettres & des Directeurs des Messageries, deux livres, ci.................. 2. 0.

Le prix fixé par le présent Tarif, sera perçu pour les procurations notariées en sus du Timbre actuel du papier employé pour lesdites procurations.

Rescriptions & Mandats.

Pour les Rescriptions & Mandats qui seront délivrés

par les caiſſes de finance, au-deſſous de 500 livres, dix ſous, ci. . . . . 0[l] 10[ſ]

De 500 livres juſqu'à 2000 livres, une livre, ci. . . . . 1.

De 2000 livres à 10,000 livres, deux livres, ci. . . . . 2.

Et au-deſſus de 10,000 livres, trois livres, ci. . . . . 3.

Lettres de Change & Billets.

Pour ceux au-deſſous de 500 livres, cinq ſous, ci. . . . . 0[l] 5[ſ] 0[d]

De 500 livres à 2000 livres, dix ſous, ci. . 0. 10.

De 2000 livres & au-deſſus, une livre, ci. 1. 0.

Pour chaque billet ou coupon des grandes Loteries, cinq ſous, ci. . . . . 0. 5. 0.

Pour chaque billet des petites Loteries, ou de la Loterie Royale de France, ſix deniers, ci. . . . . 0. 0. 6.

Actes ſous ſignatures privées.

Pour tous actes ſynallagmatiques, conventions, teſtamens olographes, & autres actes entre-vifs & de dernière volonté, baux à loyer, traités, marchés, contrats maritimes, polices d'aſſurance, lettres de voitures, bulletins & bordereaux de négociation des Agens de Change, comptes de retour en change & rechange, comptes arrêtés ou certifiés en banque, factures des Marchands, Banquiers, Agens de Change, Commiſſionnaires & autres, comptes de tutelle & de geſtion, certificats, mémoires d'Ouvriers & Fourniſſeurs, quittances au-deſſus de douze livres, reconnoiſſances, quittances & décharges du Mont-de-piété, au-deſſus de cent livres,

& tous autres actes sous signature privée, cinq sous par feuille, demi-feuille ou quart de feuille, de quelque format que ce soit, sans cependant que le plus grand format puisse excéder les dimensions actuellement en usage, ci.............................. 0l 5f

Pour chaque certificat délivré par les Syndics, Curés & Marguilliers des paroisses, aux Propriétaires, pour jouir de l'exemption des entrées des productions de leur crû, ainsi que pour chaque certificat d'enregistrement, & pour chaque déclaration fournie au même effet par les Propriétaires, trois livres, ci... 3.

Et pour chaque certificat à remettre aux barrières, deux sous, ci................ 0. 2.

Actes expédiés en la grande Chancellerie.

Pour les lettres de Noblesse, d'érection de justices, de terres en Baronie, Comté, Marquisat, Duché & autres, trente livres, ci. 30.

Provisions de tous Offices dans le Conseil, à la Chancellerie, aux Requêtes de l'Hôtel, & dans toutes les Cours & Conseils Souverains & Provinciaux, douze livres, ci.. 12.

Provisions des Offices des Bureaux des Finances & Chambres du Domaine, du Châtelet de Paris, du Bailliage du Palais, Siége de la Connétablie & Maréchaussées de France, Siéges des Amirautés, Tables de Marbre, Élections, Chambres des Bâtimens, de la Marée, Juridictions des Greniers à Sel, des Traites, Capitaineries royales, Connétablie, Robe-courte, Maréchaussée & Prévôté des Monnoies, Juridictions Consulaires, Bailliages, Sénéchaussées, Présidiaux, Vigueries,

Châtellenies,

Châtellenies, Mairies, Hôtels-de-ville, Prévôtés & autres Juridictions royales, tant ordinaires qu'extraordinaires, celles des Receveurs des Consignations, Commissaires aux Saisies-réelles, Notaires, Commissaires, Jurés, Inspecteurs de police; Gardes du Commerce, Jurés-Experts, Greffiers des Bâtimens & autres Officiers établis près lesdites Juridictions, six livres, ci. . . . . 6[l]

Celles des Huissiers ordinaires esdits Tribunaux, Cours & Juridictions, trois livres, ci. 3.

Celles des Offices de la Prévôté de l'Hôtel, & celles des Majors, Aides-majors, Commissaires aux revues, Lieutenans & Sous-lieutenans, six livres, ci. . . . . 6.

Celles des Maréchaux-des-logis, Brigadiers & Gardes, trois livres, ci. . . . . 3.

Celles des Offices de Receveurs généraux des Finances, Trésoriers généraux de la Guerre, de la Marine & de l'Artillerie, des autres Trésoriers dans les différens Départemens & Maisons du Roi, de la Reine & des Princes du Sang, vingt-quatre livres, ci. 24.

Celles des Receveurs particuliers, des Payeurs des charges assignées sur les domaines & bois, & sur les fermes, des Payeurs & Contrôleurs des rentes sur l'Hôtel-de-ville de Paris, & des Agens de change, douze livres, ci. . . . . 12.

Celles des charges dans la Maison du Roï, dans celles de la Reine & des Princes & Princesses du Sang, deux livres, ci. . . . . 2.

Celles d'Offices dépendans de l'Université de Paris, notamment de Messager, trois livres, ci. . . . . 3.

Et pour tous les autres actes émanés de la grande Chancellerie & commissions du grand Sceau, six livres, ci 6l

Actes émanés de la petite Chancellerie.

Pour tous les actes émanés de la petite Chancellerie & commissions du petit Sceau, trois livres, ci . . . . 3.

Pour les sauf-conduits, lettres de répit & passeports, une livre, ci . . . . 1.

Le prix du Timbre fixé par le présent Tarif, sera payé en sus de celui qui se perçoit actuellement pour les actes émanés de la grande & de la petite Chancellerie, qu'il est d'usage de timbrer.

Provisions des Officiers des Seigneurs.

Pour celles des Baillis, Lieutenans & Procureurs fiscaux des Seigneurs, trois livres, ci . . . . 3.

De leurs Greffiers, Procureurs, Tabellions & autres Officiers, deux livres, ci . . . . 2.

De leurs Sergens, Gardes & Messiers, une livre, ci . . . . 1.

Commissions d'Offices.

Pour les commissions de tous les Offices dans le Conseil, à la Chancellerie, aux Requêtes de l'Hôtel, & dans toutes les Cours & Conseils Souverains & Provinciaux, douze livres, ci . . . . 12.

Dans les autres Juridictions, six livres, ci. 6.

Grades Militaires.

Pour les brevets ou commiſſions de grades d'Officiers généraux de terre & de mer, & Gouvernemens militaires, vingt-quatre livres, ci .... 24^{l}

Pour celles des Colonels & autres Officiers ſupérieurs, ſix livres, ci .... 6.

Pour tous les autres grades militaires, excepté les Cadets-gentilshommes, trois livres, ci... 3.

Brevets ou Commiſſions.

Pour les brevets ou commiſſions de charges ou places dans la Maiſon du Roi, dans celles de la Reine & des Princes & Princeſſes du Sang, tant celles délivrées par les Secrétaires d'État, que par les grands Officiers de la Couronne & autres, deux livres, ci ..... 2.

Pour les brevets ou commiſſions de places ou Offices dans les Capitaineries royales, dans la Connétablie, Robe-courte, Maréchauſſée & Prévôté de l'Hôtel des Monnoies, ſix livres, ci .... 6.

Ceux des Gardes deſdites Capitaineries, une livre, ci .... 1.

Ceux des Archers & Gardes de la Connétablie, Robe-courte, Maréchauſſée, Prévôté des Monnoies, trois livres, ci.......... 3.

Ceux de Directeur général & d'Inſpecteurs généraux des Ponts & Chauſſées, du Commerce, de l'École des mines, des Secrétaires des Chambres du Commerce & des Députés deſdites Chambres, ſix livres, ci .... 6.

Ceux des Ingénieurs en chef, Inſpecteurs particuliers, Sous-inſpecteurs & Inſpecteurs des haras, trois livres, ci . . . . 3l.

Ceux des principaux Officiers municipaux des villes, ſix livres, ci . . . . 6.

Ceux des Officiers inférieurs, trois livres, ci. 3.

Ceux du Colonel des Gardes, du Lieutenant-colonel, des Majors, Capitaines & Aides-majors, neuf livres, ci . . . . 9.

Ceux des Inſpecteurs, Contrôleurs, Huiſſiers, Sergens, Majors, Gardes & autres Offices deſdits Hôtels-de-ville, trois livres, ci. 3.

Pour les commiſſions des Commis-mouleurs, des Porteurs de charbon & autres commiſſions pour vendre, expoſer, détailler & colporter dans les rues, une livre dix ſous, ci. 1. 10ſ

Amirautés.

Pour les brevets & commiſſions délivrés par le Grand-amiral de France ou ſes Officiers, trois livres, ci . . . . 3.

Pour les permiſſions accordées par ledit Grand-amiral ou ſes Officiers, & pour autres actes de cette nature émanés de ſon autorité, une livre, ci . . . . 1.

Pour les commiſſions des Capitaines & autres Officiers des navires, trois livres, ci. . 3.

Pour chaque connoiſſement, une livre, ci. 1.

Pour les rôles d'équipage, dix ſous par chaque feuille, ci . . . . 0. 10.

Penſions & Gratifications.

Pour les brevets & dons de penſions &

ordonnances de gratifications, tant ordinaires qu'extraordinaires, au-dessous de 1000 livres, deux livres, ci 2ˡ

Pour ceux au-dessus de 1000 livres, six livres, ci . . . . 6.

Nominations aux places de Finances.

Pour les Arrêts du Conseil, qui nommeront à des places ou adjonctions de Fermiers généraux, de ceux des Postes, de Régisseurs & Administrateurs généraux des droits du Roi, des Loteries, Régisseurs des poudres & salpêtres, Entrepreneurs ou Régisseurs des vivres & étapes, Fermiers des messageries & autres, vingt-quatre livres, ci. 24ˡ

Nominations aux Bénéfices.

Pour les nominations aux Archevêchés, Évêchés & Abbayes, quarante-huit livres, ci. 48ˡ 0ˢ

Aux Prieurés & Canonicats, douze livres, ci. 12.

Aux Cures, Chapelles, Prébendes, Vicariats perpétuels & Bénéfices quelconques, trois livres, ci . . . . 3.

Pour les démissoires, lettres d'ordination, visat, exeat, dispenses & autres actes, deux sous, ci 0. 2ˢ

Pour les lettres, brevets ou commissions des Recteurs des Universités, des Professeurs desdites Universités, des Chaires publiques du Collége royal, de l'École des mines & des Professeurs émérites, deux livres, ci. . . . .

Pour les lettres de Doctorat, de Licence & de Baccalaureat, dix sous, ci. . . . . . . 0. 10.

Celles des Maîtres ès Arts, cinq sous, ci. 0. 5.

Pour les brevets d'élections ou nominations quelconques à des places dans les Universités, une livre, ci 1l

Et généralement pour tous autres actes quelconques de la nature de ceux dénommés au présent Tarif, quoique non exprimés en icelui, les droits de Timbre seront payés sur le même pied que pour les objets auxquels ils seront dans le cas d'être assimilés.

N.° II.

MÉMOIRE

Sur les Remboursemens à époques fixes.

UNE des principales causes du déficit qui se trouve dans les Finances, résulte des remboursemens à époques fixes.

Le desir bien fondé de rendre plus rapide le succès des emprunts que les besoins de l'État ont nécessités, a fait imaginer, sur-tout depuis dix ans, d'en indiquer le remboursement à des époques certaines & rapprochées. L'avantage d'assurer l'aisance du moment a, pour lors, principalement frappé. L'embarras où des remboursemens accumulés & précipités pourroit jeter dans les années suivantes, a fait moins d'impression. Tous les emprunts qui se sont faits depuis 1776, & qui n'ont pas été à fonds perdu, ont eu cette forme aggravante.

Les remboursemens qu'ils exigent s'élèvent à environ cinquante millions, & doivent être incessamment portés à plus de cinquante-deux. Le tableau en sera joint à ce Mémoire.

Ces engagemens publics forment un article de dépense

qui ne peut souffrir ni retard, ni réduction, & sur lequel ne s'étend pas le pouvoir de l'économie.

Ils sont considérables jusqu'en 1797, ils vont ensuite en diminuant progressivement jusqu'en 1811.

Plusieurs moyens se présentent pour y faire honneur.

Le premier seroit d'imposer, & il n'y pas de doute que ce seroit celui qui devroit être préféré par la Nation, s'il s'agissoit d'une dépense médiocre ou qui dût être perpétuelle. Mais dans les circonstances actuelles un surcroît d'impôts de cinquante millions ajouté à ceux qui sont indispensables, affligeroit la bonté du Roi.

Un autre moyen lui a été proposé, ce seroit d'emprunter annuellement vingt-cinq millions, dont on renverroit les remboursemens à des époques plus éloignées, & de n'imposer que le surplus des sommes nécessaires pour parfaire les remboursemens.

Cette vue, qui auroit diminué d'environ vingt-cinq millions le déficit actuel & la nécessité présente de l'imposition, auroit eu plusieurs avantages.

Mais Sa Majesté a jugé que les Finances étant dans un état de déficit considérable, & la Nation étant deja soumise à de très-lourds impôts, elle ne devoit être imposée de nouveau qu'à ce qui seroit absolument nécessaire pour subvenir à ses besoins publics & faire face à ses engagemens.

La dépense des remboursemens accumulés lui a paru devoir être regardée comme une suite des accidens de la guerre. Elle a trouvé préférable d'y satisfaire comme aux dépenses de la guerre elle-même, (& comme à toute dépense inévitable trop forte & qui doit être trop promptement acquittée) par une suite d'emprunts sagement combinés, qui rejettassent sur un plus grand nombre d'années le fardeau de la libération, de sorte qu'on ne fût pas obligé de trop surcharger le Peuple.

Sa Majesté a fait calculer l'ordre le plus avantageux pour effectuer, conformément à ce principe, les remboursemens dont l'époque eſt fixée. Le réſultat de ce travail a été, qu'en empruntant pendant quatre années, *cinquante millions* par an; dans la cinquième & la ſixième, *quarante millions* ſeulement; *trente-cinq millions* à la ſeptième; *trente-trois millions* par année, dans la huitième, la neuvième & la dixième, & ſeulement *vingt-quatre millions* tous les ans, dans les années ſuivantes; & partageant ſur quinze années le rembourſement de chacun de ces emprunts, la libération de l'État ſeroit au bout de vingt-cinq ans à *cent mille francs* près, au même point où elle l'auroit été par un emprunt annuel de *vingt-cinq millions*, toujours rembourſable de même en quinze années; que l'augmentation des charges du Tréſor royal ſuivroit à peu-près la marche naturelle des améliorations propres à la compenſer, & que le déficit actuel ſeroit diminué de *cinquante millions*, ce qui rendroit infiniment plus facile l'établiſſement de l'ordre dans les finances, & permettroit d'y ramener le niveau ſans ſurcharge, peut-être même avec un véritable ſoulagement pour le Peuple.

En effet, l'ordre apporté dans les rembourſemens, ſans ceſſer de remplir avec exactitude les engagemens du Roi, peut, comme on vient de le voir, diminuer de près de *cinquante millions* le déficit actuel.

Et ce déficit étant ainſi réduit, les économies pourront vraiſemblablement s'élever aſſez haut pour que l'augmentation de revenu procurée par le droit de Timbre & par la répartition égale & juſte d'une charge que ſupporte déjà en entier la claſſe des plus pauvres contribuables, ſuffiſe aux beſoins de l'État, tandis que le Peuple profitera de tous les encouragemens donnés à l'Agriculture, & de toutes les facilités accordées au Commerce.

Il faut obſerver, en terminant ce Mémoire, que les rembourſemens à époques fixes ne doivent pas être confondus avec les rembourſemens réguliers, effectués par la Caiſſe d'amortiſſemens en conſéquence de l'Édit d'Août 1784.

Les

Les opérations de cette Caiſſe, qui ne coûte au Roi que *trois millions* par an, mais qui s'accroît du produit des extinctions de rentes viagères & de celui des intérêts des contrats qu'elle rembourſe, ne doivent jamais être interrompues Elles tiennent aux meilleurs principes d'adminiſtration. ; mais on ne peut y aſſigner que le terme indéfini de la libération générale des dettes de l'État, qui peuvent ſe perpétuer par pluſieurs cauſes, & même s'accroître par des événemens politiques, ſans qu'il ſoit poſſible d'en prévoir exactement l'intenſité, ni la fin: tandis que les rembourſemens à époques fixes, deviennent à ces époques des dettes exigibles, qu'il faut acquitter avec exactitude à leur échéance, & qui, ſi elles le ſont pour lors par des capitaux, eux-mêmes empruntés, exigent au moins qu'on ne les dénature pas, & qu'on en détermine irrévocablement l'extinction.

La lecture des Mémoires finie, le Roi a levé la Séance; Sa Majeſté s'eſt retirée dans le même ordre qu'Elle étoit arrivée.

CHANGEMENS ſurvenus dans le Miniſtère, pendant l'intervalle entre la Séance précédente & la ſuivante.

Le 1.er Mai, le Roi a nommé Chef de ſon Conſeil royal des Finances, Monſieur Étienne-Charles de Lomenie de Brienne, Archevêque de Toulouſe, l'un des Notables convoqués, qui a prêté ſerment en cette qualité entre les mains de Sa Majeſté le 3 Mai.

Le même jour, Monſieur de Fourqueux a envoyé au Roi ſa démiſſion, de la place de Contrôleur général des Finances. Le 6 du même mois, Sa Majeſté a fait choix pour le remplacer de Monſieur Pierre-Charles Laurent de Villedeuil, Maître des Requêtes ordinaire de l'Hôtel du Roi, auſſi l'un des Notables convoqués, qui a prêté ſerment à la Chambre des Comptes.

SIXIÈME ET DERNIÈRE SÉANCE.

Le Vendredi 25 Mai 1787.

LE ROI étant parti du Château dans le même cérémonial & accompagné des mêmes personnes qu'à la Séance précédente, à l'exception de Monseigneur le Prince de Lambesc, Grand-écuyer de France, qui ne s'y est pas trouvé; Sa Majesté est entrée sur le midi dans la salle d'Assemblée.

Sa Majesté est montée sur son trône, & après s'être assise, avoir ôté & remis son chapeau, a prononcé le discours suivant :

DISCOURS DU ROI,

MESSIEURS, en vous appelant autour de moi pour m'aider de vos conseils, je vous ai choisis capables de me dire la vérité, comme ma volonté étoit de l'entendre.

J'ai été content du zèle & de l'application que vous avez portés à l'examen des différens objets que j'ai fait mettre sous vos yeux. Je vous ai annoncé des abus qu'il étoit important de réformer; vous me les avez dévoilé sans déguisement; vous m'avez en même-temps indiqué les remèdes que vous avez jugé les plus capables pour y remédier.

Aucun ne me coûtera pour établir l'ordre & le maintenir: il falloit pour y parvenir mettre de niveau la recette & la dépense. C'est ce que vous avez préparé, en constatant vous-même le déficit; en recevant de ma part l'aſſurance de retranchemens & de bonifications conſidérables; en reconnoiſſant la néceſſité des impoſitions que les circonſtances me contraignent à exiger de mes Sujets.

J'ai au moins la conſolation de penſer que la forme de ces impoſitions en allégera le poids, & que les changemens utiles, qui ſeront la ſuite de cette Aſſemblée, les rendront moins ſenſibles. Le vœu le plus preſſant de mon cœur, ſera toujours celui qui tendra au ſoulagement & au bonheur de mes Peuples.

Vous allez voir, Meſſieurs, dans l'expoſé qui va vous être fait de ce que j'ai réſolu, les égards que je me propoſe d'avoir pour vos avis.

Le diſcours du Roi fini, Monſeigneur le Garde des Sceaux s'eſt approché du trône en faiſant trois profondes inclinations; la première avant de quitter ſa place, la ſeconde après avoir fait quelques pas, & la troiſième, lorſqu'il a été ſur le premier degré du trône, puis il a pris à genoux les ordres de Sa Majeſté.

Il eſt enſuite retourné à ſa place, en faiſant de même trois profondes inclinations au Roi.

Lorſqu'il a été à ſa place, il a dit: *Le Roi ordonne que l'on prenne ſéance;* toute l'Aſſemblée a pris ſéance. Alors s'étant aſſis, il a dit: *Le Roi permet que l'on ſe couvre;* ceux qui avoient droit de ſe couvrir ſe ſont couverts ainſi que Monſeigneur le Garde des Sceaux qui a prononcé aſſis, le diſcours ſuivant:

DISCOURS

De Monseigneur le Garde des Sceaux.

MESSIEURS,

LES travaux que vous terminez aujourd'hui, seront une époque mémorable du règne de Sa Majesté. Nos descendans les compteront avec reconnoissance parmi les titres de gloire qui doivent honorer le Roi & sa Nation.

Les augustes prédécesseurs de Sa Majesté avoient fréquemment appelé auprès du trône les représentans ou l'élite de leur Empire, pour concerter des loix, remédier aux abus, pacifier des troubles, prévenir des orages, & pour faire rendre à leur autorité tutélaire la liberté d'assurer le bonheur des Peuples.

On avoit vu trop souvent avec douleur dans ces conseils Nationaux, les précieux momens consacrés à de si importantes délibérations, se perdre en vaines disputes ou en projets chimériques. Les grands Corps de l'État ne s'assembloient presque jamais que pour se diviser.

Une triste expérience sembloit avoir condamné ces orageuses Assemblées à une plus longue désuétude, depuis plus d'un siècle & demi que l'autorité royale s'est inébranlablement affermie.

Le Roi a observé dans sa sagesse les changemens qu'ont amené parmi nous le progrès des lumières, les relations de la société & l'habitude de l'obéissance.

Tout étoit calme au-dedans & au-dehors de son Royaume, quand Sa Majesté frappée dans le silence de ses Conseils, d'une foule d'abus qui appeloient de prompts & puissans remèdes, a conçu le projet d'interroger des Membres distingués des divers Ordres de son État, & de leur confier le plus douloureux ſecret de ſon cœur, en mettant ſous leurs yeux le tableau de ſes Finances.

Sa Majeſté vous a choiſis, Meſſieurs, ſur la foi de la renommée qui ne trompe jamais les Rois, pour concourir au rétabliſſement de l'ordre dans toutes les parties de l'Adminiſtration.

Vous avez dignement répondu à ſes eſpérances.

Vos délibérations ont conſtamment atteſté l'union des cœurs & l'unité des principes ; & la gloire de ce concert unanime commencera, Meſſieurs, à cette Aſſemblée dans les annales de la Monarchie.

Admis à la noble fonction d'éclairer votre Souverain ſur les plus grands objets de la proſpérité publique, vous avez trouvé toutes les avenues du trône ouvertes à la vérité.

Vous avez peſé avec un reſpect religieux dans vos conférences les facultés du Peuple, mais vous avez cédé à la néceſſité qui eſt la première loi ; & en balançant les beſoins de l'État avec ſes moyens, cette Aſſemblée a préſenté à l'Univers le ſpectacle touchant d'une généreuſe émulation de ſacrifices entre le Roi & la Nation.

Tout vous a été révélé ſans déguiſement : le myſtère ne convient qu'à la méfiance ou à la foibleſſe.

L'incertitude auroit aggravé le mal, en livrant aux inquiétudes de l'imagination des beſoins qui ſemblent diminuer, dès qu'ils ſont rigoureuſement déterminés par la préciſion du calcul.

On a découvert ſous vos yeux le tableau des revenus & des charges de l'État ; & pour la réduction des dépenſes, comme pour l'accroiſſement & la durée des tributs, le concours des différens *Bureaux* de l'Aſſemblée a formé le réſultat ſolemnel de l'opinion publique.

C'eſt ainſi, Meſſieurs, que vous avez été le conſeil de votre Roi, & que vous avez préparé & facilité la révolution la plus deſirable, ſans autre autorité que celle de la confiance, qui eſt la première de toutes les puiſſances dans le gouvernement des États.

La Nation fidèle à ſon ancien caractère de loyauté, n'a fait entendre aux pieds du trône que les nobles conſeils de l'honneur & de cet amour héréditaire pour ſes Rois, qui eſt le patriotiſme des François.

Vous avez cherché le remède d'un déſordre dont la ſoudaine révélation vous a affligé ſans vous abattre; & vous l'avez trouvé, comme le Roi l'avoit prévu, dans l'économie, les retranchemens, les bonifications, & dans une augmentation limitée des tributs.

En exécutant des réformes ſi dignes de ſon cœur, le Roi va être glorieuſement ſecondé par ſon auguſte Famille.

La Reine, dont la bonté recherche avec tant d'ardeur les moyens de contribuer à la félicité publique, s'eſt empreſſée d'ordonner qu'on lui préſentât le tableau de tout le bien & de tous les ſacrifices qu'Elle peut faire.

Les auguſtes Frères de Sa Majeſté, qui viennent de donner de ſi grands exemples de zèle & de patriotiſme, préparent au Tréſor public tous les ſoulagemens qu'il peut attendre des réductions dans leurs Maiſons, & de leur amour pour les Peuples.

Tout ſera donc réparé, Meſſieurs, ſans ſecouſſe, ſans bouleverſement des fortunes, ſans altération dans les principes du Gouvernement, & ſans aucune de ces infidélités dont le nom ne doit jamais être proféré devant le Monarque de la France.

L'Univers entier doit reſpecter une Nation qui offre à ſon Souverain de ſi prodigieuſes reſſources; & le crédit public devient plus ſolide aujourd'hui que jamais, puiſque tous les plans propoſés daus cette Aſſemblée ont eu pour baſe uniforme la religieuſe fidélité du Roi à remplir ſes engagemens.

Pour atteindre à un but ſi digne de ſa ſollicitude, le

cœur du Roi a été profondément affecté de la nécessité d'établir de nouveaux impôts; mais des sacrifices dont Sa Majesté abrégera fidèlement la durée, n'épuiseront pas un Royaume qui posséde tant de sources fécondes de richesses, la fertilité du sol, l'industrie des habitans & les vertus personnelles de son Souverain.

La réforme arrêtée ou projetée de plusieurs abus, & le bien permanent que préparent de nouvelles loix concertées avec vous, Messieurs, vont concourir avec succès au soulagement actuel des Peuples.

La Corvée est proscrite; la Gabelle est jugée; les entraves qui gênoient le Commerce intérieur & extérieur seront détruites; & l'Agriculture encouragée par l'exportation libre des grains, deviendra de jour en jour plus florissante.

Les nouvelles charges des Peuples finiront avec les besoins qui les font naître.

Le Roi a solemnellement promis que le désordre ne reparoîtroit plus dans ses Finances; & Sa Majesté va prendre les mesures les plus efficaces pour remplir cet engagement sacré dont vous êtes les dépositaires.

Une nouvelle forme dans l'Administration, sollicitée depuis long-temps par le vœu public, & récemment recommandée par les essais les plus heureux, a reçu la sanction du Roi, & va régénérer tout son Royaume.

L'autorité suprême de Sa Majesté accordera aux Administrations Provinciales les facultés dont elles ont besoin pour assurer la félicité publique. Les principes de la constitution Françoise seront respectés dans la formation de ces Assemblées, & la Nation ne s'exposera jamais à perdre un si grand bienfait de son Souverain, puisqu'elle ne peut le conserver, qu'en s'en montrant toujours digne.

L'évidence du bien y réunira tous les esprits. L'Administration de l'État se rapprochera de plus en plus du gouvernement & de la vigilance d'une famille particulière;

& une

& une répartition plus équitable que l'intérêt perſonnel, ſurveillera ſans ceſſe, allégera le fardeau des impoſitions.

Pour rendre à jamais durables dans ſon Royaume les utiles réſultats de vos travaux, le Roi va imprimer à tous ſes bienfaits le ſceau des loix.

Sa Majeſté deſire que le même eſprit qui vous anime, Meſſieurs, ſe répande dans les Aſſemblées qu'Elle daigne honorer de ſa confiance; & Elle eſpère qu'après avoir montré ſous ſes yeux un amour ſi éclairé du bien public, vous en developperez le germe dans toutes ſes Provinces.

Après ſon diſcours, Monſeigneur le Garde des Sceaux eſt remonté aux pieds du trône avec le même cérémonial que ci-deſſus, pour prendre les ordres du Roi; redeſcendu & remis à ſa place, il a fait ſigne à Monſieur l'Archevêque de Toulouſe, qui, après avoir ſalué & s'être couvert, a prononcé, aſſis, le diſcours ſuivant:

DISCOURS

De Monſieur l'Archevêque de Toulouſe, Chef du Conſeil Royal des Finances.

MESSIEURS,

LE ROI m'a ordonné de remettre en peu de mots ſous vos yeux, le réſultat de vos délibérations & le précis des réſolutions que Sa Majeſté a formées en conſéquence. L'Aſſemblée y verra le bien auquel elle a concouru, & celui que le Roi prépare; elle y remarquera ſur-tout la ſatisfaction & la confiance de Sa Majeſté, juſte récompenſe de votre zèle pour ſon ſervice, & le bien de l'État.

Les troubles & les diſſentions, ſuite ordinaire des guerres civiles, & que le règne glorieux de Henri IV n'avoit pu entièrement éteindre, avoient obligé Louis XIII à ramener à ſon Conſeil, l'adminiſtration directe des moindres détails. Tout alors dut être ſoumis immédiatement à l'autorité, pour qu'elle pût reprendre ſes droits, & elle dut avoir d'autant plus d'action, qu'elle avoit eu moins d'influence. Le Roi n'a pas cru qu'un régime dicté par les circonſtances dût ſubſiſter lorſque ces circonſtances n'exiſtoient plus. Il a ſenti que plus l'autorité avoit de force, plus elle pouvoit avoir de confiance, & que ce ne ſeroit pas l'affoiblir, mais l'éclairer & même la rendre plus active, que de remettre à des Aſſemblées Provinciales une partie de l'adminiſtration.

Sa Majeſté s'eſt en conſéquence déterminée à en établir dans toutes les Provinces de ſon Royaume où il n'y auroit pas d'États particuliers, & Elle a cru devoir vous conſulter ſur la formation & la compoſition de ces Aſſemblées.

Sa Majeſté a vu avec ſatisfaction, & les Peuples verront avec reconnoiſſance, qu'aucun ſentiment, aucun préjugé perſonnel, n'ont influé dans vos délibérations. Vous avez penſé que la Nation étoit une, & que tous les Ordres, tous les Corps, toutes les aſſociations particulières dont elle étoit compoſée, ne pouvoient avoir d'autres intérêts que les ſiens. Vous avez en conſéquence abjuré toute diſtinction lorſqu'il ſeroit queſtion de contribuer aux charges publiques; la liberté civile, étendue à tous les états, n'admet plus ces taxes particulières, veſtiges malheureux de la ſervitude dont elles ont été la compenſation. Le Gouvernement mieux ordonné, rejette en conſéquence toutes ces exemptions pécuniaires qui ont été la ſuite de ces taxes, & il n'eſt plus permis de penſer que celui qui recueille moins doive payer davantage.

Unis & aſſimilés par une antique aſſociation, les deux

premiers Ordres en ont resserré les liens sans jalousie ni rivalité; & lorsqu'ils ont réclamé des formes & des priviléges, l'opinion des Députés des villes, qui s'est jointe à leurs instances, a bien fait voir que l'amour du bien public avoit seul dicté leurs réclamations.

Le Roi est bien éloigné, Messieurs, de vouloir donner atteinte à ces formes & à ces priviléges. Il sait qu'il y a dans une Monarchie des distinctions qu'il est important de conserver; que l'égalité absolue ne convient qu'aux États purement républicains ou despotiques; qu'une égale contribution ne suppose pas la confusion des rangs & des conditions; que les formes anciennes sont la sauve-garde de la constitution, & que leur ombre même doit être ménagée, lorsqu'elles sont obligées de céder à l'utilité générale.

C'est d'après ces principes que seront établies les Assemblées Provinciales. Les deux premiers Ordres y auront la présidence & la préséance dont ils ont toujours joui dans les Assemblées Nationales; & cette prérogative ne peut leur être précieuse qu'autant qu'elle tourne à l'avantage des Peuples. Ce n'est pas une vaine égalité démentie à chaque instant par des besoins toujours renaissans, que le Peuple a intérêt de réclamer; c'est du secours & de l'appui que sa foiblesse invoque, & c'est dans le Clergé & la Noblesse qu'il peut & doit les trouver. Ces temps malheureux, pendant lesquels les Nobles étoient les fléaux des campagnes, n'existent plus; leur présence en éloigne l'oppression & la misère; & dès qu'une fois il est convenu que la contribution doit être égale & également répartie, l'élévation des Grands n'est plus qu'un moyen de défendre le foible, de soulager ses peines, & d'assurer l'accès de ses réclamations.

Puisqu'un seul & même intérêt doit animer les trois Ordres, on pourroit croire que chacun devroit avoir un égal nombre de représentans. Les deux premiers ont préféré d'être confondus & réunis ; & par-là le Tiers-état, assuré de réunir à lui seul autant de voix que le Clergé & la Noblesse ensemble, ne craindra jamais qu'aucun intérêt particulier n'en égare les suffrages. Il est juste d'ailleurs que cette portion des Sujets de Sa Majesté, si nombreuse, si intéressante & si digne de sa protection, reçoive au moins par le nombre des voix, une compensation de l'influence que donnent nécessairement la richesse, les dignités & la naissance.

En suivant les mêmes vues, le Roi ordonnera que les suffrages ne soient pas recueillis par Ordre, mais par tête. La pluralité des opinions des Ordres ne représente pas toujours cette pluralité réelle, qui seule exprime véritablement le vœu d'une Assemblée.

Excepté la première convocation, personne ne sera partie des Assemblées Provinciales qu'il n'ait été élu ; & si Sa Majesté se réserve d'approuver le choix qui aura été fait du Président, ce choix ne pourra jamais tomber que sur un Membre de l'Assemblée, & qui en aura réuni les suffrages.

La forme des élections, celle des Assemblées subordonnées à l'Assemblée générale, tout ce qui concerne les unes & les autres, sera déterminé d'après ces premières bases, & aussi d'après les circonstances locales auxquelles Sa Majesté se propose d'avoir égard. L'uniformité des principes n'entraîne pas toujours l'uniformité des moyens, & le Roi ne regardera pas comme indignes de son attention, les ménagemens que peuvent exiger des coutumes & des usages auxquels il est possible que les Peuples de certaines Provinces attachent leur bonheur.

L'activité des Assemblées Provinciales sera déterminée de manière qu'elles puissent procurer tous les avantages pour lesquels elles sont établies. Le Roi est bien persuadé que des Assemblées qui lui devront leur existence, en sentiront assez le prix pour ne pas s'exposer à la perdre en abuſant de ſa confiance; & le pouvoir néceſſaire pour l'exécution ſe concilie facilement avec l'intervention indiſpenſable de l'autorité & la ſurveillance de ceux qui ſont chargés de ſes ordres.

Le Roi commencera par ſuivre à cet égard, les Règlemens dont l'expérience a confirmé la ſageſſe dans les provinces de Guyenne & de Berri. Si quelques articles de ces Règlemens ont beſoin d'être modifiés, Sa Majeſté recevra les Mémoires qui lui ſeront envoyés par les Aſſemblées Provinciales; Elle ne négligera rien pour porter à ſa perfection ce grand & important établiſſement qui immortaliſera ſon règne par les biens ſans nombre qu'il doit produire.

Un des grands objets qui ſeront confiés aux Adminiſtrations Provinciales, eſt la confection des chemins; & peut-être l'exiſtence de ces Adminiſtrations étoit-elle néceſſaire pour aſſurer l'abolition de la Corvée en nature. Tout le monde étoit frappé depuis long-temps de la rigueur & de l'injuſtice de cet impôt terrible, dont la durée parmi nous fera l'étonnement des ſiècles ſuivans. Mais l'impoſition en argent avoit auſſi ſes abus & ſes inconvéniens, on pouvoit craindre ſon intervention; on diſoit que dans des temps malheureux, elle pourroit ſubſiſter & la Corvée en nature être rétablie: la confiance manquoit, & ſans elle, le bien même ne peut s'opérer. L'établiſſement des Aſſemblées Provinciales diſſipera ces inquiétudes; les travaux publics ne feront plus arroſés des larmes du pauvre & du malheureux; les fonds deſtinés à ces travaux ne pourront être employés à d'autres uſages, & chaque propriétaire contribuera ſans regret, à des ouvrages délibérés & dirigés par ceux qu'il aura choiſis lui-même pour ſes repréſentans.

La Loi qui détruira la Corvée ſera encore un de ces bienfaits ſignalés qui illuſtreront le règne de Sa Majeſté; elle répandra la joie dans les campagnes, en même-temps que la libre exportation des grains animera l'Agriculture & entretiendra l'abondance. Les criſes qui affligent quelquefois les États deviennent presque toujours l'époque d'heureuses révolutions. L'horreur des guerres civiles a donné naissance à ces belles Ordonnances qui sont encore parmi nous la règle des jugemens. Du sein d'un désordre passager, naîtront des institutions utiles qui en répareront le malheur & le feront oublier.

Un de ces changemens importans sera le reculement des traites à l'extrême frontière. Des barrières innombrables séparoient les Provinces du même Royaume, & les rendoient étrangères les unes aux autres; le Roi en consommera la destruction, tentée, méditée depuis plus de trente ans, & qu'il lui étoit réservé d'opérer.

Si les intérêts particuliers de quelques Provinces peuvent demander des délais, si les rapports des traites avec la perception de la Gabelle, peuvent faire croire que les unes ne peuvent être aussi utilement changées, tant que l'autre subsistera, le Roi trouvera dans la liaison même de ces deux objets, une raison de plus de s'en occuper sans interruption. Il avoit songé à adoucir le régime de la Gabelle; vous avez pensé, Messieurs, qu'un impôt vicieux en lui-même ne pouvoit être amélioré: la Nation n'oubliera pas que cette grande pensée est dûe au Prince auguste qui, en l'absence de Sa Majesté, a présidé cette Assemblée; elle n'oubliera pas l'ardeur généreuse avec laquelle son auguste Frère l'a suivie & protégée. Fidèles à leur impulsion, vous avez fait naître dans le cœur du Roi l'espérance d'effacer jusqu'au nom du plus fâcheux des impôts; & quoique l'expression de la satisfaction paroisse convenir mieux à la Majesté Royale, que celle de la reconnoissance, Sa Majesté me permet de vous dire qu'Elle a vivement ressenti la délibération de l'Assemblée à ce sujet: c'est la servir de la manière la plus chère à son cœur, que de lui montrer qu'un grand bien n'est pas impossible.

Le Roi vous a aussi consultés sur le régime de ses forêts & de ses Domaines. Vous avez fait, sur les Mémoires qui vous ont été communiqués, plusieurs observations qui produiront d'utiles améliorations.

Mais ce n'étoit pas assez, Messieurs, d'avoir ainsi concouru, par vos avis, à l'exécution des grands projets que Sa Majesté méditoit pour le bonheur de ses Peuples; une tâche plus pénible & plus douloureuse vous restoit à remplir, & vous avez su, en vous y livrant, concilier tout ce que vous deviez au Roi & au Peuple; leurs intérêts sont en effet les mêmes, & le moment le plus terrible pour un État, seroit celui où ils seroient séparés ou contraires.

Un déficit énorme vous avoit été annoncé dès la première Séance de cette Assemblée. Vous avez senti que puisque la plaie de l'État étoit connue, il falloit la sonder dans sa profondeur; que le plus grand malheur pour une Nation puissante, étoit de n'être pas éclairée sur l'étendue des maux auxquels elle avoit à remédier, & que si la circonstance devoit la porter à des efforts extraordinaires, il falloit au moins s'assurer à quel point ces efforts devoient s'étendre ou s'arrêter.

Le Roi a approuvé votre zèle; il vous a communiqué tous les états qui étoient entre ses mains, & après un examen pénible, vous avez constaté, autant qu'il étoit en votre pouvoir, le déficit dont il falloit établir la réalité. Quelques Bureaux l'ont porté entre cent trente & cent quarante millions; quelques-uns l'ont porté encore plus haut; le terme moyen qui résulte de leurs recherches, peut être fixé à cent quarante millions: triste, mais importante vérité dont la connoissance est dûe à votre zèle. Le plus grand service que vous ayez pu rendre à l'État, a été d'avoir presqu'entièrement dissipé le nuage qui empêchoit de connoître au juste la situation des Finances.

On ne peut sans doute, Messieurs, s'empêcher d'être frappé d'un déficit si considérable; mais qu'on ne croye pas qu'il est impossible de le faire disparoître. Une grande Nation peut éprouver de grandes secousses; mais elle ne ſuccombe jamais, & dès que le mal eſt connu, la néceſſité du remède aſſure ſon efficacité.

Pluſieurs dépenſes qui forment ce déficit, ſont occaſionnées par des rembourſemens à époques fixes, qui paſſent cinquante millions. Ces rembourſemens peuvent être opérés par des emprunts ſucceſſifs, qui reculeront un peu la libération, mais pas aſſez pour nuire au crédit public; & celui-ci bien ménagé, empêchera que ces emprunts ne ſoient une nouvelle charge pour l'État.

Si dans une grande fortune particulière il y a toujours des reſſources, comment n'y en auroit-il pas à eſpérer dans celles d'un grand Royaume! La principale eſt l'ordre & l'économie: vous avez indiqué à Sa Majeſté des retranchemens & des bonifications; Elle vous avoit prévenus en vous faiſant connoître pluſieurs économies qu'Elle avoit ordonnées, & depuis, Elle vous a aſſuré qu'Elle les porteroit au moins à quarante millions, & vous ne devez pas être étonnés, ſi elles n'ont pas encore été réaliſées; les abus qui s'introduiſent inſenſiblement, ne peuvent auſſi en un moment être réformés. Une dépenſe inutile peut être attachée à un ſervice néceſſaire auquel il faut ſuffire à moins de frais; ce ſeroit une eſpèce de déſordre que de remédier au déſordre même avec précipitation. Déjà la Reine a recherché Elle-même, & fait rechercher encore tous les retranchemens dont ſa Maiſon eſt ſuſceptible; déjà les Princes, Frères du Roi, ſe propoſent de remettre au Tréſor royal une partie des ſommes qu'ils en reçoivent; déjà le Roi a ordonné à ſes Miniſtres & à tous les Ordonnateurs, de préparer toutes les économies que chaque partie peut ſupporter. La Bouche, la Vénerie, les Écuries, les Poſtes, les Haras, les dons, les grâces, le plus grand comme le plus foible des départemens, tout ſubira l'examen que les circonſtances rendent néceſſaire; chaque eſpèce de dépenſe recevra ſa réduction, chaque eſpèce de recette la bonification qui lui eſt propre. La volonté de Sa Majeſté vous eſt connue; Elle ne vous

a pas

a pas demandé de suppléer à ces quarante millions, qui doivent être produits par les bonifications qu'Elle se propose. L'année ne se passera pas sans qu'elles soient exécutées ou évidemment préparées, & ce court délai ne servira qu'à assurer le succès & la durée des mesures que Sa Majesté aura préparées.

Ces emprunts & ces bonifications réduiront le déficit à cinquante millions, & encore faut-il compter dans ces cinquante millions, quinze à seize millions de dépenses qui auront un terme, & qui par-là, ne demandent que pour un temps les moyens d'y satisfaire.

Ces cinquante millions ne pourront être sans doute comblés sans de nouveaux impôts; Sa Majesté ne l'a vu & ne l'a annoncé qu'avec douleur. Vous avez partagé sa peine & hésité vous-mêmes sur le choix des impôts. Le Roi pésera vos observations; il se décidera pour l'imposition la moins onéreuse, pour celle qui établira le plus l'égalité si desirable entre les contribuables, pour celle qui portera le moins sur le Commerce & l'Industrie, enfin pour celle dont les frais & la perception seront moins sensibles; s'il n'est pas en son pouvoir d'affranchir ses Peuples d'une charge nouvelle, il est dans son cœur d'en adoucir le poids & d'en abréger la durée.

Cette intention de Sa Majesté est clairement exprimée par les précautions qu'Elle a annoncées aux Bureaux, & qu'Elle se propose de prendre pour que le déficit actuel ne se reproduise jamais.

En conséquence de ces précautions, Sa Majesté se propose de faire publier, dès la fin de cette année (& Elle espère qu'Elle en aura la possibilité), un état exact de la recette & de la dépense; & si la nécessité évidente d'une augmentation de revenu exige, dès le moment, que les impositions soient accrues, Sa Majesté ne les portera au taux jugé jusqu'à ce moment nécessaire, que lorsque cet état, fait avec précision & exactitude, ne laissera aucun doute sur le produit des premiers impôts qui auront été établis, sur le résultat des retranchemens & bonifications annoncés, enfin sur le déficit qui pourroit rester encore après que toutes ces bonifications auront été portées au moins à quarante millions.

Cet état de recette & de dépense sera discuté & arrêté dans un Conseil de finance, dont Sa Majesté fera connoître dans peu la composition; Elle sent l'insuffisance de celui qui existe, & sur-tout des fonctions qui lui sont attribuées. C'est dans un Conseil de finance qu'Elle veut que les emprunts, les impôts, toutes les grandes opérations soient concertés; c'est dans un Conseil de finance qu'Elle entend que soit faite & vérifiée tous les ans la distribution des revenus publics entre les Départemens; c'est par ce Conseil & la publicité de ses résultats, que Sa Majesté se garantira des surprises & des erreurs. Louis XIV en avoit conçu la nécessité; le Roi ne tardera pas à faire revivre & perfectionner cette essentielle institution.

Ajoutez à ces deux grandes précautions, la publication annuelle du montant de la dette publique & des fonds qui lui seront affectés; ajoutez la réduction & la publication des dons, des grâces & des pensions; ajoutez l'engagement d'affecter à chaque emprunt un fonds qui lui serve de gage; ajoutez le rapprochement de la comptabilité & la réduction des acquits de comptant, aux seules dépenses pour lesquelles ils sont absolument nécessaires, & vous verrez, Messieurs, découler de ces principes d'ordre inaltérables, la réformation des principaux abus, pour la suppression desquels Sa Majesté vous a appelés. Il en existera sans doute encore; & comment supposer qu'ils pourront être totalement détruits dans une grande Monarchie! mais au moins ceux qui seront connus ne seront pas négligés; ceux qui seront inévitables ne seront pas protégés; ceux qui sauront pour un temps, se soustraire à la réforme, n'échapperont pas au desir de la procurer. Ce desir constant dans

Sa Majesté, les sera peut-être s'évanouir d'eux-mêmes. Les règles les plus austères, disoit un grand Ministre à « une Assemblée de Notables, sont & semblent douces « aux esprits les plus déréglés, quand elles n'ont en effet « comme en apparence, autre but que le bien public & « le soutien de l'État. Nul n'osera se plaindre, ajoutoit-il, « quand on ne sera aucune chose qui n'ait cette fin, & « quand le Roi même, qui, en tel cas, est au-dessus des « règles, voudra servir d'exemple ».

Telles sont, Messieurs, les assurances que vous allez reporter à vos concitoyens, & si quelques-uns vous demandoient avec inquiétude, ce qu'a donc produit cette longue & célèbre Assemblée! vous leur direz avec confiance, que la Nation y a reçu de son Souverain une nouvelle vie & une nouvelle existence dans les Assemblées Provinciales; que l'égalité de la contribution, la suppression de la Corvée en nature, la liberté du commerce des Grains, y ont été établies par le vœu national; que les Traites, les Gabelles, plusieurs droits onéreux seront détruits ou considérablement adoucis; vous leur direz que la dette publique est solidement assurée, que la balance sera posée entre la recette & la dépense, que celle-ci sera incessamment diminuée, que l'autre sera proportionnée aux besoins réels; vous leur ajouterez qu'il leur en coûtera des sacrifices, mais que ces sacrifices seront ménagés avec soin, qu'ils porteront principalement sur les plus aisés, qu'ils ne dureront qu'autant que la nécessité d'y avoir recours subsistera; vous leur direz enfin que ces espérances vous ont été données par le Roi même, & que vous en avez pour gage les précautions qu'il a prises, & qu'il vous a communiquées.

Ce que vous direz à vos concitoyens, les Nations étrangères se le diront à elles-mêmes. Jusqu'à présent elles n'ont connu la France que par des aperçus & des conjectures; maintenant elles peuvent juger de l'immensité de ses ressources. La crise actuelle deviendra l'époque d'une nouvelle ſplendeur; & ſi les vues du Roi ſont fidèlement remplies, je ne crains pas de dire que la ſituation du Royaume ſera plus aſſurée & plus impoſante qu'elle ne l'a jamais été. Il eſt encore poſſible de porter au plus haut point le bonheur au dedans, & la conſidération au dehors. Il ne faut que de l'ordre dans un grand Royaume, & il n'eſt rien que les Peuples ne doivent attendre des intentions paternelles de Sa Majeſté.

Après le diſcours de Monſieur l'Archevêque de Toulouſe, Monſeigneur le Garde des Sceaux a été prendre les ordres du Roi; revenu à ſa place, aſſis & couvert, il a dit: *ſi quelqu'un deſire exprimer au Roi ſes ſentimens, Sa Majeſté lui permet de parler.*

Toute l'Aſſemblée s'eſt alors levée pour entendre MONSIEUR, qui a exprimé les ſentimens de la Nobleſſe par le diſcours ſuivant, qu'il a prononcé debout & couvert, après avoir ſalué Sa Majeſté.

DISCOURS

De MONSIEUR, Frère du Roi.

SIRE,

L'HONNEUR que j'ai d'être le premier des Gentilshommes que Votre Majeſté a convoqués à cette Aſſemblée, m'eſt bien précieux en ce moment, puiſqu'il me procure l'avantage d'être leur organe auprès de Vous. Conſultés par

Votre Majesté sur les affaires les plus importantes de l'État, nous nous sommes acquittés du devoir qu'Elle nous avoit imposé, avec ce zèle, cette franchise & cette loyauté, qui furent dans tous les temps les caractères distinctifs de la Noblesse Françoise. Votre Majesté a daigné nous dire qu'Elle étoit satisfaite de nos travaux; c'est la récompense la plus flatteuse que nous en pussions espérer. Il ne nous reste plus qu'à supplier Votre Majesté d'accueillir avec bonté les assurances de notre respect, de notre amour & de notre reconnoissance, pour la confiance dont Elle a bien voulu nous honorer.

Monsieur l'Archevêque de Narbonne, le plus ancien de sacre des Évêques convoqués, est resté debout, ainsi que tous les Membres du Clergé, & a prononcé son discours après avoir salué Sa Majesté.

DISCOURS

De Monsieur l'Archevêque de Narbonne.

SIRE,

LE Clergé de votre Royaume a toujours tenu à honneur & à gloire d'être un des premiers anneaux de la chaîne nationale.

Nous disions à Votre Majesté, lors de notre dernière Assemblée (& c'est le langage que nous ont transmis les Pontifes vénérables qui ont perpétué d'âge en âge la célébrité de l'Église Gallicane), que la qualité de Ministres des Autels, ajoutoit encore aux devoirs que nous impose celle de Sujets & de Citoyens: ces dispositions ne se démentiront jamais, & chacun de nous s'est empressé de déclarer, dans cette auguste Assemblée, combien nous étions éloignés de toute prétention, qui pût aggraver le fardeau des contributions publiques. Penser autrement, eût été manquer à l'esprit de la religion, dont nous sommes les Ministres. Il n'existera jamais aucune nuance dans l'ordre social, sur laquelle la religion ne répande l'impression de sa grandeur, de son utilité & de sa bienfaisance.

Nous avons réclamé la conservation de nos formes: elles tiennent à la constitution de la Monarchie; elles reposent, ainsi que toutes les propriétés, sous la garde des loix & sous la protection spéciale de Votre Majesté.

Nous respectons, nous chérissons les liens qui nous sont communs avec tous les Sujets qui vivent sous vos loix; & aux leçons de zèle, de patriotisme, de dévouement à votre Personne sacrée, que notre Ministère nous prescrit de donner à nos concitoyens, nous ajouterons toujours la plus puissante de toutes, celle de l'exemple.

Daigne le Dieu qui veille à la conservation de cet Empire, écarter les obstacles qui pourroient s'opposer à la prompte exécution des plans d'ordre, de justice & d'économie, que votre sagesse a formés!

Puisse le concours des forces & des volontés particulières, hâter le rapprochement de l'époque heureuse où le développement & l'action de tous les ressorts de cette puissante Monarchie, doivent lui faire goûter le bonheur qu'elle a droit de se promettre de la tendre affection d'un Roi pour son Peuple, & de l'amour inépuisable d'un Peuple pour son Roi!

Monsieur le Premier Président du Parlement de Paris a pris aussitôt la parole; & après avoir salué le Roi, a prononcé son discours, pendant lequel il s'eſt tenu debout, ainſi que tous les Premiers Préſidens, Préſidens & Procureurs généraux des Parlemens & Conſeils Souverains.

DISCOURS

De Monſieur le Premier Préſident du Parlement de Paris.

SIRE,

LE zèle ſeul a dicté les ſentimens que vous nous avez permis de dépoſer aux pieds de votre Trône, au commencement de cette Aſſemblée mémorable. Permettez que le même intérêt pour la gloire de votre règne & pour le bonheur de vos Sujets, nous dicte encore à la fin de ces Séances les expreſſions de l'amour & du reſpect dont vos Peuples ſont pénétrés pour Votre Majeſté.

Les Notables animés par une émulation patriotique ont tous concouru, avec une égale activité, à vous propoſer les moyens qu'ils ont jugé les plus utiles pour ſeconder les vues de Votre Majeſté; ils ont vu avec effroi la profondeur du mal.

Une adminiſtration prudente & meſurée doit aujourd'hui raſſurer la Nation contre les ſuites fâcheuſes, dont votre Parlement avoit prévu plus d'une fois les conſéquences.

Les promeſſes que Votre Majeſté a bien voulu faire, & dont la publicité eſt annoncée dans tout le Royaume, vont conſoler vos Peuples & leur faire entrevoir l'avenir le plus heureux. Les différens plans propoſés à Votre Majeſté, méritent la délibération la plus réfléchie ; le temps qu'Elle veut prendre pour faire connoître ſes volontés, ne peut que ranimer & affermir la confiance publique.

Il feroit indifcret à nous, Sire, dans ce moment, d'ofer indiquer les objets qui pourroient de préférence mériter votre choix. C'eft à votre prudence qu'il appartient de déterminer vos fages réfolutions ; le filence le plus refpectueux, eft dans ce moment notre feul partage. Daignez, Sire, en fuivant les mouvemens de votre cœur, & de votre amour pour vos Sujets, maintenir l'ordre que vous allez établir dans vos Finances, & recevoir les humbles hommages que nous dictent la tendreffe, l'amour & le refpect dont toute la Nation eft pénétrée pour Votre Majefté.

Monfieur le Premier Préfident de la Chambre des Comptes de Paris, après avoir obfervé les mêmes formalités, a fait connoître au Roi les fentimens de la Cour qu'il préfide, par le difcours fuivant.

DISCOURS

De Monfieur le Premier Préfident de la Chambre des Comptes de Paris.

SIRE,

LA Chambre des Comptes s'unit par ma voix aux fentimens de cette augufte Affemblée; elle vouloit faire entendre l'accent de fa douleur, mais elle ranime fes efpérances, en voyant Votre Majefté s'éclairer fur les befoins de fes Peuples, & laiffer approcher la vérité du Trône. Diffimuler nos malheurs, ce feroit affoiblir la gloire de les réparer. Votre Majefté vient de mefurer l'abîme, fon cœur en a frémi,

frémi, ſon courage & notre amour vont bientôt en combler la profondeur.

Les Puiſſances rivales de la France, l'Europe entière ont été inſtruites de nos déſaſtres: hâtons-nous de leur annoncer que Votre Majeſté va les faire oublier; hâtons-nous de leur montrer ce que peut l'exemple du Monarque ſur une Nation libre & généreuſe.

Vous gouvernez, Sire, les mœurs publiques: ces abus deſtructeurs qui précipitoient l'État ſur le penchant de ſa ruine, aujourd'hui dévoilés & déjà flétris par l'opinion, ne ſoutiendront point vos regards; votre ſageſſe les fera diſparoître, comme les ombres de la nuit ſe diſſipent à la clarté du jour.

Les loix ſont la ſauve-garde des Empires; la France repoſe auſſi à l'ombre de ſa légiſlation: mais il eſt un genre de ſtabilité qui lui eſt propre & qui fait ſon bonheur; c'eſt l'amour réciproque du Souverain & des Peuples.

Premier Potentat de l'Univers, vos Sujets, Sire, ſe glorifient de vous dire, comme autrefois Pline à cet Empereur, les délices du genre humain & le modèle des Rois; *la Nation ne peut être heureuſe ſans vous ; vous ne pouvez l'être ſans elle.*

Les Notables rendus à leurs concitoyens, enorgueillis de leur Maître, après avoir plaidé les intérêts de votre gloire en plaidant pour la Patrie aux pieds du Trône, auront encore des conſolations à offrir en annonçant des ſacrifices.

Ils diront que l'immuable probité a gravé en caractères ineffaçables dans le cœur de Votre Majeſté, l'obligation des réformes & la volonté de les effectuer. Ils garantiront à vos Sujets que les nouveaux ſubſides, dont l'accablante néceſſité vous déchire, n'auront que la durée des beſoins.

Ils préſenteront l'émulation du bien public, embraſant tous les cœurs, & votre Royale Famille s'empreſſant à donner les premiers exemples du patriotiſme.

Ils diront que notre Souveraine, ſi digne de régner ſur les François, vient de ſe montrer tout ce que devoit être l'auguſte Compagne du Roi, & la Mère du Dauphin.

Ils annonceront les jours deſirés de l'économie, le rétabliſſement de l'ordre, l'égale diſtribution des charges publiques; toutes les ſources de la proſpérité ſeront rétablies & mieux dirigées, & la Nation attendrie verra dans cette régénération l'aurore du règne le plus heureux de la Monarchie.

Puiſſe l'Aſſemblée des Notables, Sire, devenir l'époque de votre bonheur & de votre gloire; puiſſe l'amour pour nos Souverains, ce ſentiment précieux qui nous diſtingue autant des autres Nations, que votre race s'élève au-deſſus des Rois de l'Univers, s'accroître & s'étendre encore; puiſſent reſter à jamais gravées au fond de nos cœurs ces paroles d'un auteur célèbre.

Je rends grâces au Ciel de m'avoir fait naître dans un ſiècle & ſous le gouvernement où je vis, & de ce qu'il a voulu que j'obéiſſe à ceux qu'il m'a fait aimer.

Que ces expreſſions touchantes paſſent de bouche en bouche; qu'elles deviennent un cantique national, & qu'elles ſoient comme la prophétie du règne de Votre Majeſté.

Monſieur le Premier Préſident de la Cour des Aides de Paris a ſuivi l'exemple de Monſieur le Premier Préſident de la Chambre des Comptes, en faiſant ſon diſcours.

DISCOURS

De Monſieur le Premier Préſident de la Cour des Aides de Paris.

SIRE,

CETTE Aſſemblée ſera à jamais époque dans les annales de la Monarchie.

Une heureuſe harmonie a, dès le premier inſtant, uni tous ſes Membres: une noble franchiſe, & l'expreſſion de la vérité ont accompagné toutes leurs délibérations. Un reſpect profond, un amour ſans bornes, un intérêt vif & ſincère à la gloire de Votre Majeſté ſuffiſoient pour animer & ſoutenir leur courage.

L'exécution des réformes que Votre Majeſté diſpoſe, & les ſoulagemens qu'Elle promet ſucceſſivement à un Peuple qui l'adore, & qu'Elle chérit, préparent à la Nation des jours plus fortunés.

Ils atteſteront à la poſtérité que Votre Majeſté s'occupe ſans ceſſe du bonheur de ſes Sujets; ils apprendront à l'Univers entier quelles ſont les reſſources d'un grand Empire.

Ces différens diſcours prononcés, Monſieur l'Abbé de la Fare, Élu général du Clergé de la Province de Bourgogne, en qualité de premier Député du premier Pays d'États, s'eſt levé, a ſalué Sa Majeſté & prononcé ſon diſcours, tel qu'il eſt rapporté ici; & pendant ce temps tous les Députés des Pays d'États ſont reſtés debout.

DISCOURS

De Monſieur l'Abbé de la Fare, Élu Général du Clergé des États de Bourgogne.

SIRE,

QU'IL ſoit auſſi permis aux Pays d'États de votre Royaume, d'exprimer à Votre Majeſté les ſentimens d'amour & de fidélité dont ils ſont pénétrés ; la plus belle de leurs prérogatives eſt de porter librement aux pieds du Trône les tributs que réclament les beſoins de l'État. Pleins de confiance dans la parole ſacrée de Votre Majeſté & dans celle des Rois vos auguſtes prédéceſſeurs, les Députés des Pays d'États vont porter à leurs concitoyens, l'aſſurance que les priviléges des Corps & des Provinces, ces reſtes antiques & précieux des formes & de la conſtitution nationale, ſeront religieuſement conſervés & maintenus; ils leur retraceront les plans de bienfaiſance, d'ordre & d'économie que Votre Majeſté a conçus ; & tous enſemble réuniront leurs vœux pour la gloire de leur Monarque & pour la plus grande proſpérité de ce Royaume.

Ce diſcours a été ſuivi par celui de Monſieur le Lieutenant Civil du Châtelet de Paris, qui a témoigné à Sa Majeſté ſa gratitude particulière de l'avoir mis du nombre des Notables convoqués.

DISCOURS

De Monſieur le Lieutenant Civil du Châtelet de Paris.

SIRE,

LE reſpect me feroit une loi de me tenir dans le ſilence, s'il m'étoit poſſible de renoncer au glorieux avantage de joindre un nouvel hommage aux juſtes acclamations de l'auguſte Aſſemblée à laquelle Votre Majeſté a daigné m'appeler.

Je m'abſtiendrai de parler des matières importantes dont les Bureaux ſe ſont occupés; il me ſuffit d'obſerver qu'elles y ont été traitées dans l'eſprit & par les principes des loix. Mais ſeul de ma claſſe, j'oſe croire qu'il m'eſt permis, que je dois même lui déférer le témoignage des tranſports d'admiration, de reconnoiſſance, de fidélité, d'amour & de zèle, non-ſeulement de la Compagnie à laquelle il lui a plu de m'attacher, mais également de toutes les Juridictions auxquelles Votre Majeſté a confié le premier degré de l'adminiſtration de ſa juſtice.

Enfin Monſieur le Prévôt des Marchands de Paris, a été l'interprète des ſentimens des Corps Municipaux, & les a exprimés dans le diſcours qui ſuit, pendant lequel tous les Maires ſe ſont tenus debout.

DISCOURS

De Monſieur le Prévôt des Marchands de la Ville de Paris.

SIRE,

IL eſt heureux, il eſt honorable pour moi d'être aujourd'hui dans cette Aſſemblée auguſte, l'organe & l'interprète de votre bonne Ville de Paris, dont le patrimoine le plus cher a toujours été le bonheur de ſes Maîtres. Votre bonne Ville de Paris, Sire, ne peut aujourd'hui que répéter les vœux de tous les Ordres, de toutes les villes de votre Royaume : leur dévouement, leurs ſentimens ſont égaux. Votre Majeſté eût été l'exemple & le modèle du meilleur de nos Rois, ſi notre deſtinée toujours heureuſe ne l'avoit réſervée à notre propre bonheur. Tous vos Sujets, Sire, vous ſont également chers. Quelle conſolation pour vos Provinces en apprenant les ſacrifices perſonnels que daigne faire Votre Majeſté & tout ce qui l'environne, en y ajoutant les propres paroles de Votre Majeſté, que ce ſont ceux qui coûtent le moins à ſon cœur; en voyant enfin que Votre Majeſté deſtine & conſacre ces mêmes ſacrifices à la partie la plus indigente & peut-être juſqu'à vous, Sire, la plus oubliée de vos Sujets.

Depuis votre avénement au Trône, Sire, vos regards paternels ſe ſont toujours portés ſur cette claſſe ſi intéreſſante, qui vivifie l'État, le nourrit par ſes travaux, le régénère par de nouveaux Sujets qui apprennent en naiſſant à aimer leurs Maîtres, à le bénir avec leurs pères, à vivre & à mourir pour leurs Rois.

Je dois à la Province dont il avoit plu à Votre Majeſté

de me confier l'adminiſtration, ce tribut auſſi pur que vrai des ſentimens qui ne s'y éteindront jamais, des bienfaits que Votre Majeſté m'avoit ordonné en la quittant d'y répandre, pour réparer les déſaſtres qu'elle venoit d'éprouver. Cette claſſe d'hommes, Sire, eſt le tréſor, la première richeſſe, la ſeule richeſſe inépuiſable d'un grand Empire. Dans cette bonne & excellente Nation, l'amour des Maîtres eſt un héritage qui ſe tranſmet d'âge en âge.

Votre Majeſté a joui dans ſa province de Normandie du raviſſement, des acclamations de ſon Peuple, du plus grand bonheur d'un bon Roi, celui d'être aimé. Combien doublera l'impatience de vos Sujets, de ceux auxquels il reſte à ajouter à la même faveur dont Votre Majeſté, toujours juſte, ne les privera pas, le tribut de leur reconnoiſſance! Il ne nous reſte plus, Sire, qu'à les mettre & les laiſſer ſous la ſauve-garde des bontés paternelles de Votre Majeſté.

Puiſſent nos neveux, Sire, jouir long-temps du bonheur de vivre ſous les loix de Votre Majeſté. Daignez réaliſer les eſpérances que vous donnez à vos Peuples que vous aimez & qui vous aiment. Le ſeul, le vrai bonheur d'un grand Roi eſt dans la félicité publique, & la félicité de vos Peuples peut ſeule faire la proſpérité, la gloire & le bonheur de votre règne.

Le Roi a enſuite levé la Séance, & Sa Majeſté s'eſt retirée dans le même ordre qu'Elle étoit arrivée.

N. B. Le Roi a permis que les Huiſſiers de la Chancellerie qui auroient dû être à genoux pendant toute la Séance, derrière Monſeigneur le Garde des Sceaux, ſe tinſſent debout quand il a eu fini de parler.

Le Roi, nonobſtant ſa Déclaration du 22 Février dernier, lûe dans la première Séance de l'Aſſemblée, qui ordonne que les rangs que Sa Majeſté a voulu y être tenus par les Notables, ne pourront tirer à conſéquence ni préjudicier à leurs droits, pour ceux qu'ils ont coutume de tenir dans de pareilles Séances, ayant daigné permettre que les Corps qui croiroient avoir à ſe plaindre de l'ordre dans lequel ils ſont placés dans la liſte, en fiſſent inſérer à la fin du préſent Procès-verbal, toutes proteſtations d'uſage, Meſſieurs les Maréchaux de France ont remis à Monſeigneur le Garde des Sceaux, la réclamation ſuivante,

RÉCLAMATION

De Meſſieurs les Maréchaux de France.

LES Maréchaux de France qui ſont en toute occaſion les Chefs de la Nobleſſe, n'ont pas cru devoir, au commencement de l'Aſſemblée, réclamer contre la préſéance qui y a été accordée aux Pairs, le Roi ayant déclaré que les rangs qu'on y tiendroit ne tireroient à aucune conſéquence.

Les Maréchaux de France ſupplient le Roi de vouloir bien ordonner qu'il ſoit inſéré dans le Procès-verbal de l'Aſſemblée, que s'ils ſe ſont abſtenus de toute réclamation pendant qu'elle a duré, ils ne s'en réſervent pas moins tous les droits & prérogatives attachés à leur dignité.

N. B. Le Roi au moment de ſon arrivée, avoit permis que quelques perſonnes qui ſe trouvoient dans l'enceinte de l'Hôtel des Menus plaiſirs, entraſſent dans la Salle d'Aſſemblée, & y reſtaſſent derrière les barrières pendant toute la Séance.

Le Roi

Le Roi ayant décidé que Monsieur, Monſeigneur Comte d'Artois, Meſſeigneurs les Duc d'Orléans, Prince de Condé, Duc de Bourbon, Prince de Conti & Duc de Penthièvre, Monſeigneur le Garde des Sceaux de France, Monſieur l'Archevêque de Toulouſe, Chef du Conſeil Royal des Finances, Meſſieurs les Secrétaires d'État Commiſſaires de Sa Majeſté, Monſieur Laurent de Villedeuil, alors Contrôleur général des Finances, & tous les Notables convoqués ſigneroient, après la clôture de cette ſixième & dernière Séance, la minute du préſent Procès-verbal, qui ſera dépoſée au Tréſor des Chartes de la Couronne; les ſieurs Hennin & du Pont, Secrétaires-greffiers de l'Aſſemblée, ont reçu dans la Salle même, la ſignature de tous les Notables, à l'exception de Monſieur le Maréchal de Contades, de Monſieur le Procureur général de la Chambre des Comptes de Paris, & de Monſieur le Maire Royal de Nancy, dont les deux premiers étoient abſens pour cauſe de maladie, & le dernier ne s'eſt pas trouvé au moment de la ſignature. Ils ont depuis été prendre celle des Princes, de Monſeigneur le Garde des Sceaux & des Miniſtres Secrétaires d'État & Commiſſaires de Sa Majeſté.

Signé Louis-Stanislas-Xavier; Charles-Philippe; L. P. J. d'Orléans; Louis-Joseph de Bourbon; L. H. J. de Bourbon; L. F. J. de Bourbon; L. J. M. de Bourbon.

DE LAMOIGNON; + L'ARCH. DE TOULOUSE; le B.[ON] DE BRETEÜIL; le C.[TE] DE MONTMORIN; LAURENT DE VILLEDEUIL.

+ ALEX. AUG. Arch. Duc de Reims; + C. G. ÉV. Duc de Langres; MONTMORENCY DE LUXEMBOURG; BÉTHUNE Duc DE CHAROST; + ANT. E. L. Arch. de Paris; le Duc DE HARCOURT; M. M. Duc DE NIVERNOIS; le Duc DE LA ROCHEFOUCAULD; le Duc DE CLERMONT-TONNERRE.

; le M.[AAL] Duc DE BROGLIE; N. M.[AAL] Duc DE MOUCHY; le M.[L] DE MAILLY; le M.[AL] D'AUBETERRE; le M.[AL] P.[CE] DE BEAUVAU; le M.[AL] DE CASTRIES; le M.[AL] DE VAUX; le M.[AL] DE SÉGUR; le M.[AL] DE CHOISEUL-STAINVILLE.

Le Duc DE CROŸ; le Comte D'EGMONT; le C.[TE] DE PÉRIGORD; ESTAING; MONTMORENCY P.[CE] DE ROBECQ; le Duc DE CHABOT; le Duc DE GUINES; le Duc DU CHÂTELET; le Duc DE LAVAL; le C.[TE] DE THIARD; CHASTENET DE PUYSÉGUR; le C.[TE] de MONTBOISSIER; le B.[ON] DE FLACHSLANDEN; le M.[IS] DE CHOISEUL-LA-BAUME; le C.[TE] DE ROCHECHOUART; le M. DE LANGERON; LEVIS

MIREPOIX; le C.^{TE} DE BRIENNE; BOÜILLÉ; le M.^{QS} DE CROIX-D'HEUCHIN; LA FAYETTE; LA TOUR-DU-PIN DE GOUVERNET.

BERTIER DE SAUVIGNY; BOUTIN; LENOIR; DE VIDAUD; LAMBERT; DUPLEIX DE BACQUENCOURT; DE CHAUMONT DE LA GALAISIÈRE; ESMANGART; BERTIER; LE CAMUS DE NÉVILLE.

+ ARTHUR, RICHARD DILLON, Arch. & Primat de Narbonne; + JEAN-DE-DIEU RAIMOND DE BOISGELIN, Arch. d'Aix; + J. M. Arch. d'Arles; + J. M. Arch. de Bordeaux; + MARIE-JOSEPH DE GALARD TERRAUBE, Évêque du Puy; + AL. Év. de Blois; + SEIGNELAY, Évêque & Comte de Rodèz; + PIERRE, Év. de Nevers; + FRANÇOIS, Évêque de Nancy; + LOUIS-FRANÇOIS DE BAUSSET, Évêque d'Alais.

D'ALIGRE............	JOLY DE FLEURY.
LE FEVRE D'ORMESSON DE NOYSEAU........	
BOCHART DE SARON...	
DE SENAUX...........	DE CAMBON.
LE BERTHON..........	DUDON.
DE BÉRULLE..........	REYNAUD.
LE GOUZ DE S. SEINE.....	PÉRARD.

CAMUS DE PONTCARRÉ.	BELBEUF.
DES GALLOIS DE LA TOUR.	LE BLANC DE CASTILLON.
DU MERDY DE CATUÉLAN.	DE CARADEUC.
GILLET DE LA CAZE.....	BORDENAVE.
HOCQUART..........	LANÇON.
PERRENEY DE GROSBOIS...	DE BEAUMEZ.
DE POLLINCHOVE.....	DOROZ.
CŒURDEROY.........	DE MARCOL.
LE B.[on] DE SPON.......	LOYSON.
MALARTIC...........	

NICOLAY...........	
BARENTIN..........	HOCQUART.

ANGRAN.

L'Abbé DE LA FARE; le Cte DE CHASTELLUX; NOIROT; + FRANÇOIS, Archev. de Damas, Co-adjuteur d'Alby; le Mis D'HAUTPOUL SEIRÉ; le Chevalier DESUC DE SAINT-AFFRIQUE; + URB. R. Évêque de Dol; LE PROVOST, Chevalier de la Voltais; FABLET DE LA MOTTE-FABLET; l'Abbé DE FABRY; le Marquis D'ESTOURMEL; DUQUESNOY.

LE PELETIER; GOBLET; TOLOZAN DE MONTFORT; ISNARD; le Vicomte DU HAMEL; DUPERRÉ DUVENEUR; le M. DE BONFONTAN; GÉRARD; HUVINO DE BOURGHELLES.......... GIRAUD DUPLESSIX; MAUJEAN; le CH.[er] DEYDÉ; PUJOL; SOUYN; LE CARON DE CHOCQUEUSE;

HUEZ; LE FORESTIER Cte de Vendeuvre; CRIGNON DE BONVALET; DE BEAUVOIR; BENOIT DE LA GRANDIÈRE; ROULHAC; DUVAL DE LA MOTTE, CH.[er] de St-Louis, Maire de Montauban; REBOUL, Maire de Clermont; & VERDIER.

L'Aſſemblée étant ſéparée & le Roi rentré dans ſon appartement, MONSIEUR, Monſeigneur Comte d'Artois & les Princes furent faire leurs révérences à Sa Majeſté, qui avoit permis que tous les Notables convoqués paruſſent de nouveau devant Elle avant de ſe retirer. Pour cet effet, le Roi ſe plaça dans ſon Cabinet, entouré des Princes & des perſonnes ayant leurs entrées, qui avoient accompagné Sa Majeſté. Les Notables défilèrent ſuivant l'ordre qu'ils avoient tenu dans l'Aſſemblée, en entrant par la Chambre de parade, & reſortant par la porte de glaces qui rend dans la galerie; les deux Secrétaires-greffiers fermoient la marche.

Nous ſouſſignés, Secrétaires-greffiers de l'Aſſemblée, après avoir reçu ou été prendre les ſignatures, comme il a été dit ci-deſſus, avons clos le préſent Procès-verbal, qui ſera par nous dépoſé au Tréſor des Chartes de la Couronne, ſuivant les ordres de Sa Majeſté, auſſitôt que l'impreſſion en aura été faite à l'Imprimerie Royale, où nous en remettrons une copie collationnée ſur l'original.

Et ayant en notredite qualité & en vertu deſdits ordres,

rassemblé les Procès-verbaux des délibérations prises dans les sept Bureaux, entre lesquels l'Assemblée étoit partagée, duement signés des Princes qui les présidoient, des Conseillers d'État-Rapporteurs, de nous séparément pour chacun des deux premiers, & des Secrétaires des Commandemens des Princes, tant pour lesdits deux premiers que pour les autres, nous en ferons en même temps le dépôt audit Trésor des Chartes.

FAIT *à Versailles le lundi deuxieme jour du mois de juillet de l'année mil sept cent quatre-vingt-sept.*

Signé HENNIN & DU PONT.

FIN.

www.ingramcontent.com/pod-product-compliance
Ingram Content Group UK Ltd.
Pitfield, Milton Keynes, MK11 3LW, UK
UKHW020200250726
13967UKWH00003B/1170